Cuando Bill habl‹
Tiene una mezcla única d
sus palabras!

Max Lucado
Escritor y ministro principal,
Iglesia Oak Hills

Bill ha consagrado su vida a buscar el bien de las personas que necesitan conocer el amor de Cristo. Él ha reordenado su vida privada de manera que pueda involucrar a los perdidos para poder transmitirles el evangelio. Si deseas aprender de uno de los mayores ganadores de almas de nuestra generación, lee este libro.

John C. Maxwell
Fundador de INJOY
Stewardship y EQUIP

Bill Hybels es un regalo de Dios para el cuerpo de Cristo. Estoy convencido de que estos pasos básicos son las herramientas necesarias para la evangelización en el siglo veintiuno.

Rev. James T. Meeks
Pastor principal,
Iglesia Bautista Salem
de Chicago

Este libro redefine nuestra manera de pensar acerca del evangelismo, transformándolo de algo que «hacemos» a veces en algo que naturalmente «somos» cada día.

Dan Kimball
Escritor,
The Emerging Church
[La iglesia emergente]

Acepta la invitación de Bill de cruzar una habitación para acercarte a una persona e introducirte en una emocionante aventura que podría transformar la vida de esa persona... y la eternidad.

Lee Strobel
Escritor,
El caso de Cristo y
El caso del Creador

Bills nos convoca a todos a la acción como testigos de Cristo, nuestro Señor. Lee este libro, escucha y ten en cuenta el impulso del Espíritu Santo.

Chuck Colson
Fundador y presidente,
Prison Fellowship

Simplemente
acércate
a
ellos

Bill Hybels

SIMPLEMENTE ACÉRCATE A ELLOS
Edición en español publicada por
Editorial Vida – 2007
Miami, Florida

©2007 por Bill Hybels

Originally published in the USA under the title:
Just Walk Across the Room
© 2006 por Bill Hybels
Por The Zondervan Corporation.

Traducción: *Adriana Tesore*
Edición: *Madeline Díaz*
Diseño interior: *Good Idea Productions Inc.*
Adaptación cubierta: *Grupo Nivel Uno, Inc*

ISBN: 978-0-8297-4996-0

CATEGORÍA: *Ministerio cristiano / Evangelismo*

Al grupo de South Haven, cuyo espíritu
vivificador ha hecho mucho más por mí
de lo que podrían imaginar.

CONTENIDO

Agradecimientos

Nunca he logrado nada significativo sin la ayuda de un gran equipo. Este proyecto no fue la excepción. Desde el principio, Ashley Wiersma me ayudó a desarrollar y editar el manuscrito. Además, ella dirigió el plan de estudio para grupos pequeños y el vídeo que lo acompaña. La habilidad y la pasión que volcó en este trabajo han sido de enorme inspiración. Garry Poole compartió de forma desinteresada los descubrimientos de «Vivir en 3D» mientras se convertía en pionero de una nueva manera de hablar sobre el evangelismo del vecindario en Willow. Scott Bolinder y el equipo de Zondervan expresaron de manera constante un nivel tal de entusiasmo por este libro que fue contagioso para todos los que estaban cerca. Muchos de mis amigos transmitieron sus vivencias e historias en este libro, y me dieron permiso para publicarlas. Este es un gesto generoso que no podré olvidar con facilidad.

*I*NTRODUCCIÓN

Hace dos veranos experimenté un inesperado choque de circunstancias mientras navegaba por las aguas del lago Michigan alejándome de la costa de Wisconsin. Estaba solo, con mi corazón en una actitud de adoración, y contaba con algo de tiempo libre. Atraqué en un pequeño muelle, amarré el bote, y me puse a ordenar un poco el lugar antes de disponerme a descansar el resto de la tarde. Luego de estudiar mis cartas de navegación para definir hacia dónde me dirigiría al día siguiente, noté que estaba tan solo a unos quince kilómetros del campamento donde había aceptado a Cristo en mi vida siendo adolescente.

Había visitado aquel sitio varias veces con el paso de los años, pero por alguna razón divina aquel día en particular me sentí impulsado a detenerme en aquella colina donde tuve mi primer encuentro con Cristo. Cuanto más pensaba en ello, más me entusiasmaba la idea, así que decidí conseguir un modo de transportarme hasta allá. Después de encontrar una cabina telefónica, llamé a la única empresa de taxis de la ciudad. Seguro no tendrían inconvenientes en llevarme los treinta kilómetros entre ida y vuelta.

La persona que me atendió no estaba dispuesta a ceder. «Señor, es un viaje demasiado largo», se lamentaba. «Sencillamente, no lo hacemos». Intenté regatear con ella e incluso le ofrecí más dinero, pero a medida que pasaban los minutos se hizo evidente que no me estaba acercando a mi significativo recorrido por el lugar de mis recuerdos.

«¿Sabe de *alguien* que estaría dispuesto a hacer el viaje?», le rogué.

Entonces, con renovado optimismo, me dijo que sí. Conocía a un joven desafortunado que probablemente haría *cualquier cosa* por dinero. (Esa debió haber sido mi primera pista). Si yo estaba dispuesto a correr el riesgo con él, ella me daría su número.

Nunca me opuse a correr riesgos razonables, de manera que a los veinticinco minutos un desvencijado Ford Explorer ingresó al estacionamiento del puerto deportivo. El propietario lucía igual de desgreñado, lo cual no me sorprendía, ya que mi llamado lo había despertado de un profundo sueño a las cuatro de la tarde. Podría haber apostado a que tenía más piel cubierta de tatuajes que libre de ellos, pero nada podría empañar el encanto de mi misión.

Subí al auto, y al iniciar la marcha, noté que todas las cosas que estaban supuestas a permanecer quietas en un automóvil en movimiento, en este se movían, vibraban, se sacudían y amenazaban con caerse en cualquier momento. De modo irónico, las cosas que se suponía que debían moverse no lo hacían, como la ventanilla del acompañante. No obstante, era un joven agradable y, para ser sincero, estaba contento de estar ya en camino.

El tanque de combustible estaba casi vacío, y cuando le sugerí que nos detuviéramos a comprar gasolina, el hombre dijo con incredulidad:

—¿En serio? No... no puedo permitirlo.

—Vamos, insisto —le dije—. Me estás siendo de gran ayuda y quisiera devolverte el favor.

Nos detuvimos en la estación de servicio y él se bajó a llenar el tanque de combustible.

—Dos dólares. Eso es lo que le voy a echar —me dijo como solicitando mi permiso.

—Pero vamos, hombre —le increpé—. ¡Échale diez!

Cuando bromeó diciendo que en los seis meses que tenía el vehículo nunca le había llenado el tanque, acordamos hacerlo por primera vez.

Al proseguir nuestro camino, comentó con una sonrisa:

—¡Se siente distinto con el tanque lleno!

—Tú ocúpate de mantenerlo en la calzada, amigo —agregué con una carcajada.

Pocos minutos después llegamos a la entrada del campamento y él me preguntó qué se suponía que hiciera mientras yo hacía mis cosas. Me di cuenta que él estaba un tanto inseguro acerca de por qué yo había contratado a un extraño para que me llevara hasta un campamento desierto.

—Necesito adelantarme por unos minutos para ocuparme de algo —le expliqué—. ¿Por qué no me esperas en el auto? Me llevará alrededor de quince minutos y luego regresamos.

Esto le pareció razonable porque asintió de forma breve mientras yo abría la puerta para salir del automóvil.

Apenas apoyé los pies en el piso me alejé trotando del vehículo, cubriendo con rapidez los trescientos metros que me separaban del lugar preciso donde hallé gracia por primera vez. Y mientras llegaba hasta aquella pequeña parcela de bienes raíces en la ladera de aquella colina, con el sol dándome de lleno en el rostro, los recuerdos vinieron a mi mente a gran velocidad. ¡Este era el lugar preciso!

A los diecisiete ya había acumulado muchas experiencias en mi vida. Incluso entonces sabía lo suficiente como para reconocer que la acumulación de más juguetes, la búsqueda desesperada de aprobación, y el incesante esfuerzo por alcanzar el éxito, no estaban consiguiendo nada. Mi experiencia espiritual aquella noche en el campamento no había sido inducida por alguien que diera un conmovedor mensaje o que me formulara tres preguntas profundas. Me encontré con Cristo porque mientras caminaba esa noche desde el ruidoso salón de regreso a mi cabaña, de pronto vino a mi mente un solo versículo que había memorizado de niño: «Él nos salvó, no por nuestras propias obras de justicia sino por su misericordia. Nos salvó mediante el lavamiento de la regeneración y de la renovación por el Espíritu Santo».

Él *nos* salvó. Él... nos... salvó.

Poco después de las nueve aquella noche, las palabras que había leído tantas veces antes me impactaron de una manera renovada. ¿Podría ser cierto que Dios se preocupara tanto por mí como para proveerme la salvación? ¿Aun para *mí*?

Por primera vez en mi vida me enfrenté a la más grande de las dudas: *No puede ser que yo le importe tanto a Dios como para que él me ofrezca la salvación como un regalo, sin que me cueste nada.* A esas alturas, toda mi existencia había girado en torno a una palabra: «Gánatelo». Mi padre me había infundido una ética de trabajo monstruosa y había reforzado mi mantra de «Gánatelo» todos los días. «Tienes que *ganarte* cada centavo», me decía. «Tienes que *ganarte* tu puesto en el equipo de baloncesto. Tienes que *ganarte* las buenas calificaciones. Tienes que *ganártelo* todo. ¡Nada es gratis!».

Durante toda mi vida he intentado impresionar a Dios, recuerdo haber pensado. *Centré todo mi esfuerzo en presentarle con orgullo mis buenas obras: mi rectitud, mi arduo trabajo, mis esfuerzos.* Sin embargo, todo el tiempo me sentía escéptico, ¿alguna vez sería suficiente? En verdad, me preguntaba si alguna vez conseguiría alcanzar la norma de Dios para que él me considerara aceptable.

Aquella noche al este de Wisconsin, el Espíritu Santo iluminó mi mente para que pudiera comprender Tito 3:5 y me encontrara con Jesucristo de una forma auténtica. Recuerdo haberle abierto las puertas de mi corazón en aquel momento en lo que entonces sentí como una gran oleada de gracia admirable. No conozco tu camino de fe, pero yo sentí el impacto de mi experiencia de salvación *de forma física*.

Corrí enseguida a mi cabaña para encontrarme con mis amigos, eufórico por mi descubrimiento y preparado con una serie de preguntas del tipo: «Muchachos, ¿sabían...?», relacionadas con la gracia que había hallado. Como se había encendido una luz para mí, estaba seguro de que mis amigos seguían en la oscuridad.

«Sí, sí, Bill... ya sabemos eso», me dijeron. «Acuéstate de una vez».

En la oscuridad y el silencio que reinaba en la cabaña, pensé para mí: *No lo había comprendido hasta ahora.* Y desde aquella noche hasta el día de hoy no dejo de asombrarme del poder de la gracia.

Mientras mi no muy profesional conductor me esperaba en su camioneta, permanecí en aquel lugar unos minutos más y le agradecí al Dios del universo por haberme buscado. Le agradecí por haber impreso en mi mente ese extraordinario versículo en aquel preciso momento de mi camino y por haber alterado de forma radical la historia de mi vida. Le agradecí por reorientarme del mundo de los negocios hacia el mundo del trabajo en la iglesia y por haberme bendecido con una esposa cristiana y dos hijos maravillosos... que ya son adultos y aman servir a Dios y a su iglesia.

Como si todo eso no fuera suficiente, también me rodeó de grandes amigos, desafíos que lograr y una visión que seguir. ¡Cuán asombrosa es su gracia!

Mi lista de agradecimiento parecía ser eterna a medida que mi mente recorría los regalos dados por Dios desde aquella noche en el campamento. Miré hacia abajo, donde mis pies se apoyaban en aquella colina, y secándome las lágrimas pensé: *Todo comenzó aquí. Gracias, Padre... gracias.*

Preocupado por no perder mi transporte, corrí de regreso hasta donde estaba estacionada la camioneta. Nunca sentí tanto alivio como cuando vi el vehículo destartalado en aquel lugar. Apenas me subí a la vieja Explorer, mi conductor encendió el motor y enfilamos hacia el puerto deportivo del que habíamos partido.

Habrían pasado un par de minutos cuando me miró y dijo:

—¿De qué se trata todo esto?

Lo miré mientras él no apartaba los ojos del camino.

—¿Te refieres a que haya ido hasta la ladera de aquella colina?

—Reconozcamos que es un poco raro —comentó—. Creí que te ibas a encontrar con alguien o con algo. Sin embargo, hiciste todo este viaje justo para pararte allí, a solas, en la ladera de una colina. ¿Qué significa todo esto?

—¿En verdad quieres saberlo? —le pregunté.

Asintió y entonces le dije que deseaba estar parado en el sitio exacto donde me había encontrado con Dios.

—¿En serio? —comentó, ocultando su cinismo—. ¿Y cómo es que sucede algo así exactamente?

Comencé a explicarle cómo había sido la experiencia más poderosa de toda mi vida en aquella montaña. Le conté cómo había crecido escuchando de Dios y aprendiendo acerca de la iglesia, pero que había estado en un plan de mejoramiento personal durante años, con la esperanza de ganarme el favor divino.

—Todo cambió para mí en aquel lugar. Fue allí donde aprendí que todo lo que estaba tratando de conseguir jamás me conduciría a tener una relación con Dios.

Mi comentario permaneció en el aire por unos segundos mientras esperaba alguna clase de respuesta que me indicara que debía continuar hablando. De pronto, él saltó con otra pregunta:

—¿Y bien? ¿Qué diablos hiciste entonces?

Disfrutando de su franqueza, le dije que la manera en que había sucedido fue a través de un solo versículo de las Escrituras.

—Se encuentra en el libro de Tito. Para ser exactos, se trata de Tito 3:5, y dice que Cristo nos salvó no por las obras justas que hayamos hecho sino por su misericordia.

Más silencio. Luego, con cierta incomodidad, señaló:

—Bueno, eso sí que es asombroso, ¿no?

Era más una afirmación que una pregunta. Luego me preguntó qué había hecho después de que ese versículo me impactara tanto, y le expliqué todo el proceso por el que pasé de entregarle a Cristo mi voluntad y mi corazón, de pedirle que perdonara mi pecado, de implorarle que guiara mi vida por medio del grandioso regalo de su gracia en vez de a través de mis propios esfuerzos.

Cuando terminé mi relato no hacía más que preguntarme cuál sería su postura en cuanto a las cuestiones espirituales. El silencio que siguió fue roto por sus sentidas palabras:

—Mira lo que soy. Soy un perdedor. Solo soy un perdedor. Quiero decir... ¿podría algo como eso sucederle a alguien como yo?

Qué momento tan glorioso, pensé mientras ordenaba mis pensamientos.

—En primer lugar, no eres un perdedor —le aseguré—. Para nada. Eres tan importante para Dios que te ha estado buscando desde el día en que naciste. Y puedes tener con Dios la misma relación que yo hallé a fines de la adolescencia. Puede sucederte en cualquier momento y en cualquier lugar. Si aceptas su regalo de gracia, serás hecho una nueva criatura y él guiará tu vida por el resto de tus días.

Cuando arribamos al puerto deportivo, le entregué una generosa suma de dinero y le agradecí por su disposición a ayudarme. Mientras se preparaba para partir me dijo:

—Jamás hubiera imaginado que este día terminaría así. Gracias por lo que me dijiste. ¿Sabes? Hay un pastor que está comenzando una nueva iglesia al lado de mi casa. Viene a verme diciendo que esta iglesia presenta el mensaje del evangelio de una manera nueva y que podría gustarme escucharlo. Me parece un buen hombre, pero he sido demasiado obstinado para ir. Quizás este fin de semana me dé una vuelta por ahí.

Al abordar el bote en las primeras horas de la noche, me senté a reflexionar en aquellos noventa minutos. Por mi mente pasaban muchas preguntas. *¿Qué fue todo eso, Dios? ¿Por qué sentí el impulso de visitar el campamento hoy, habiendo estado en este puerto tantas veces antes? ¿Por qué insistí cuando la empresa de taxis se negó a llevarme? ¿Por qué estuve*

de acuerdo en llamar a un completo extraño para pedirle que me llevara? ¿Y cómo se me ocurrió subirme a una camioneta en ese estado?

Mis preguntas terminaron con esta idea: *¿No será que tenía que conocer a aquel joven?*

No sé si esta experiencia se debía a mi propia necesidad de reflexionar en una experiencia de conversión impactante o si se trataba de una caminata por el estacionamiento del puerto deportivo para ofrecerle esperanza a alguien desafortunado. No obstante, aprendí algo: Los grandes momentos de la vida se desarrollan a partir de simples actos de cooperación con el misterioso accionar de Dios… de leves impulsos que siempre tienden a encontrar lo que se ha perdido y a liberar lo que ha estado esclavizado.

La aventura de colaborar con Dios incluye ofrecer el regalo más grande que una persona puede recibir —el regalo de su admirable gracia— a personas inmerecedoras (las cuales muchas veces ni siquiera lo saben) como tú y yo.

PRIMERA PARTE

El único y más grande regalo

El SUPREMO ACERCAMIENTO

DIEZ MIL PASOS.

E sa es, más o menos, la distancia que recorres desde que te levantas hasta que te acuestas cada día de tu vida. Eso suma unos ciento ochenta y cinco mil kilómetros durante una vida entera, lo que equivale a dar más de cuatro vueltas alrededor de este gran planeta que habitamos.[1]

Dicho esto, quisiera formular una pregunta: ¿Estás usando tus pasos con sabiduría?

Supongamos que la distancia promedio para cruzar una habitación sea de cinco metros, unos diez pasos. La pregunta a la que quisiera dar respuesta es la siguiente: ¿Qué sucedería si diez pasos (una milésima parte de tu promedio diario) pudieran producir un impacto eterno?

De ser así, esto bien podría cambiar el sentido con el que caminas.

Este concepto surgió hace varios meses, luego de asistir a un almuerzo en un estado del sur. Éramos cientos de personas, que representábamos a una amplia variedad de etnias, las que estábamos reunidas en el salón de un hotel, y tuve la sensación de estar allí para una experiencia interesante. Una vez que los demás participantes que ocupaban mi mesa se sentaron, descubrí que nuestra diversidad iba más allá de la raza, ya que evidenciaba una amplia gama de edades, trasfondos, profesiones y religiones.

El presentador dio algunas indicaciones iniciales y solicitó que todos dedicáramos unos minutos antes de almorzar a presentarnos, diciéndonos dónde vivíamos, a qué nos dedicábamos y por qué habíamos asistido a ese evento. Mientras lo hacíamos, descubrí a un imponente caballero afroamericano sentado frente a mí. Cuando le llegó el turno, se presentó con un nombre evidentemente musulmán. Luego, mientras se desarrollaba el programa, nuestras miradas se cruzaron, y en medio de las charlas ensordecedoras y el tintineo de los cubiertos, dijo exagerando los movimientos de sus labios para que lograra entenderlo:

—Me *encantan* sus libros.

De manera reflexiva, giré la cabeza para ver si algún destacado escritor se había aproximado a la mesa por detrás. Como no vi a nadie, me di la vuelta y apuntando atónito a mi pecho con el dedo moví los labios diciendo:

—¿Se dirige a mí?

—Sí, hablemos luego del almuerzo —respondió riendo.

Una dosis de intriga recorría mi mente. *De acuerdo, hagamos eso.*

El almuerzo siguió su curso mientras yo me estrujaba el cerebro buscando una explicación racional a cómo este musulmán podía haber estado en contacto con mis libros, identificados de manera específica como cristianos.

Más tarde nos reunimos y comenzó a hacer que las piezas del rompecabezas encajaran.

—Comprendo que mi comentario puede haberlo confundido porque quizás usted suponga que soy musulmán —dijo el hombre.

—Trato de no suponer nada en situaciones como estas —respondí riendo—, pero sí, tengo cierta curiosidad.

Mientras él relataba su historia, mi corazón y mi mente

fueron renovados ante el poder del evangelismo personal. La perspectiva que Dios me daría como consecuencia de la conversación mantenida con este hombre arrojaría una nueva luz sobre la manera en que el Espíritu Santo se manifiesta en la vida de los seguidores de Cristo cuando estos se comprometen a mantener una comunión vibrante y dinámica con Dios. Luego de ese encuentro, pasé semanas pensando en sus comentarios, y cada vez me atemorizaban más mis descubrimientos acerca de lo que *debería* ocurrir en la vida de los seguidores de Cristo para que las mismas produjeran un impacto.

Mi compañero de mesa había sido musulmán la mayor parte de su vida. Señaló que ser un musulmán afroamericano en una ciudad del sur, sumado a su actual profesión, hacía que su existencia muchas veces fuera incómoda.

«No ha sido sencillo», me dijo. «Como se puede imaginar, tuve muchos problemas en los escenarios sociales. Y en mi profesión tenemos muchas fiestas y otros eventos nocturnos. Lo que solía hacer era aparecer bastante tarde, aceptar un trago y algo de comer, y concentrarme en hacer algunos contactos comerciales. Era inevitable que terminara solo, parado junto a una pared o en un rincón. En cuanto consideraba que había permanecido lo que el protocolo exigía, planeaba de forma discreta mi salida y abandonaba la fiesta. Fue algo con lo que aprendí a convivir.

»Una noche me encontraba en una fiesta de este tipo. Como era común, noté que las personas se agrupaban en distintos círculos para conversar entre sí acerca de esto o de aquello. Yo no estaba incluido, pero me había acostumbrado a que fuera así.

»En determinado momento, observé a un hombre en el otro extremo de la sala enfrascado en un debate con algunas personas de su mismo tipo. De repente, apartó la mirada del grupo y me vio parado, solo, junto a la pared más alejada. Y así es exactamente cómo sucedió, Bill. Se liberó del grupo con el que conversaba, atravesó la habitación, extendió la mano y se presentó.

»Si hubiera visto, fue algo muy sencillo y natural», continuó el musulmán. «Enseguida nos pusimos a conversar sobre nuestra profesión, nuestra familia, de negocios y deportes. Por último, la conversación giró hacia temas relacionados con la fe. Corrí el riesgo de mencionarle que era musulmán, ya que dudaba de cómo iría a reaccionar. Me dijo que él era seguidor de Cristo pero que, a decir verdad, no sabía casi nada acerca del Islam. Podrá imaginar mi sorpresa cuando me preguntó si tendría la amabilidad de explicarle los fundamentos del Islam en alguna oportunidad en que nos juntáramos a tomar un café. ¿Puede creerlo? Dijo que era curioso por naturaleza, y deseaba con sinceridad entender mi fe y por qué había dedicado mi vida a ella.

»Cuando nos volvimos a reunir, cualquier duda que pudiera haber albergado en cuanto a sus verdaderos deseos de escuchar acerca de mis creencias se disipó de inmediato. Él *en verdad* deseaba entender mi vida y mi fe. Comenzamos a reunirnos casi todas las semanas, y todas las veces me asombraba lo atento y considerado que era para escucharme.

»Una semana en específico se presentó la oportunidad de preguntarle acerca de sus creencias. Yo había sido cristiano de niño, pero había dejado a Dios, abandonado la fe y renunciado a todo porque la iglesia a la que asistía mi familia tenía enormes prejuicios raciales. No quería tener nada que ver con *ese* cristianismo. Cuando intercambiamos roles y yo fui el que pasé a escuchar su historia de fe, describió con paciencia por qué le había entregado toda su vida a esta persona llamada Jesucristo. No podía creer con qué facilidad la conversación progresó, y con qué respeto y sensibilidad manifestó su amor a Dios. A pesar de nuestras profundas diferencias religiosas, habíamos hecho amistad con rapidez.

»Seguimos así durante algún tiempo y comenzamos a debatir sobre los matices de nuestras experiencias de fe. En ocasiones me pedía un par de días para hallar la respuesta a una de mis preguntas, mientras que otras veces sabía con exactitud qué me preocupaba y parecía tener las palabras exactas para aclarar mi confusión. Por fin llegó el día (recuerdo que estaba solo en mi casa) cuando sentí un impulso irresistible de orar a Dios. Me arrodillé junto a mi cama y le dije a Dios todo lo que sentía. Al final, le entregué mi vida a Jesucristo. ¡Y en el término de una semana esa sola decisión cambió *todo* mi mundo! Lo cambió todo».

Sentía el corazón henchido a medida que su historia me atrapaba cada vez más. ¡Qué relato tan apasionante! Me enteré que acababa de ingresar al liderazgo de su iglesia local, y que había sido allí donde se topó con algunos de mis libros. Sus pasos de fe habían producido un impacto en su familia, y varios habían comenzado a acercarse a Cristo. En verdad él había iniciado una vida nueva por completo, inmersa en la compañía, el poder y la gracia salvadora de Jesucristo.

Mientras permanecía en aquel salón de hotel que se iba vaciando, en una calurosa tarde del sur de los Estados Unidos, tuve mi propio culto de adoración, dándole las gracias a Dios por haber redimido a este hombre, agradeciéndole por haberlo cambiado para siempre y porque cambiaría muy pronto la eternidad de su familia inmediata.

Y todo porque un hombre se atrevió a cruzar la habitación para acercarse a él.

INGRESO A LA ZONA DE LO DESCONOCIDO

Amigo, suelo escuchar una docena de historias de salvación por semana mientras viajo y ministro en Willow Creek. Son de todo tipo y provienen de toda clase de hombres, mujeres y niños… ¡y celebro con cada uno de ellos! Sin embargo, al sentarme aquel día en el avión que me llevaría a la siguiente ciudad, por mi mente cruzó un pensamiento interesante que promovió la siguiente reflexión: *¿Y si el redireccionamiento del futuro de alguien fuera en realidad tan simple como cruzar una habitación para acercarse a esa persona?*

Había algo en esa historia que Dios quería marcar en lo profundo de mi ser, y tenía que ver con mucho más que el resultado final de un hombre que había creído en Cristo. Fue como si Dios mismo dijera: «Si inviertes algo de energía en pensar en esta historia, te daré una imagen que te llenará de entusiasmo durante mucho, mucho tiempo».

Y al reflexionar en ello, lo que pude ver fue una imagen clara de cómo habrían sido las cosas para ese seguidor de Cristo durante aquella fiesta. Él estaba en un escenario social, involucrado en lo que siempre denominé como un «círculo de comodidad conversacional». Se hallaba con un grupo con el que le resultaba sencillo relacionarse y no le costaba nada involucrarse. No había ninguna amenaza de algo que implicara riesgo o inseguridad, por lo que él tenía toda razón para desear permanecer dentro de los límites de su círculo de comodidad, un lugar que todos hemos disfrutado en una u otra oportunidad.

Sin embargo, atraído por el hecho de que había un hombre que estaba solo, sin intención de que así fuera, y se sentía sumamente incómodo, abandonó aquel círculo y avanzó paso a paso hasta cruzar la habitación y acercarse al hombre solitario. Fue como si una repentina percepción interna le hiciera escuchar una palabra de aliento proveniente del mismo Espíritu Santo: «¿Por qué no te acercas y le extiendes una mano amistosa a aquel sujeto? Ve a ver si quizás necesite un poco de conversación o de aliento. ¿Quién sabe lo que podría suceder?».

A medida que seguía meditando en la idea, me di cuenta de que él no solo vio y escuchó algo cuando lo guió el Espíritu, sino que también *sintió* algo que lo hizo actuar en consecuencia. El Espíritu que habita en él le hizo sentir tal compasión por el hombre que estaba allí, parado y solo, que abandonó su círculo de comodidad, giró hacia el otro extremo del salón, y comenzó a avanzar hacia un lugar que denomino «la zona de lo desconocido».

Esta zona es un territorio extraño. Él no tenía idea de lo que sucedería cuando extendiera su mano hacia el alto caballero musulmán. No tenía noción de hacia dónde derivaría la conversación o siquiera si habría alguna. No sabía cuál sería la reacción del extraño hacia él. Sin embargo, estaba comprometido. Ya había abandonado su círculo de comodidad y caminado por fe atravesando la habitación, y había resuelto en su corazón, tal vez orando con cada paso, ingresar en la zona de lo desconocido y ver lo que Dios podría hacer. (Opino que es dentro de esta zona donde Dios hace su *mejor* trabajo).

No podía pensar en otra historia transformadora de vida que tuviera semejante impacto en mi existencia. ¿*Pero por qué?*, le preguntaba a Dios. ¿*Qué tiene esta historia?*

Llegué a la conclusión de que el poder de este relato radicaba en que me dio un marco para algo que había estado pensando desde mi propia experiencia de salvación hacía más de treinta años: el evangelismo personal en realidad *puede* ser tan simple como cruzar la habitación para acercarse a otros. Tan solo unos cuantos pasos guiados por el Espíritu pueden producir resultados extraordinarios.

CRISTO CRUZÓ LA HABITACIÓN Y SE ACERCÓ A NOSOTROS

Había un intrigante argumento subyacente en lo que Dios estaba revelando. Fue como si él me dijera: «Ahora, indaga con una nueva visión en lo que hizo mi Hijo».

Recorramos juntos las frases metafóricas y creo que concordarás en que la obra original (y consumada) del evangelismo personal comenzó con un «cruzar de la habitación», una habitación muy grande, por cierto. En determinado punto de la historia, Jesucristo mismo abandonó la maravillosa comunión de la Trinidad y la adoración y la alabanza de los ángeles, se manifestó en carne humana, y atravesó el cosmos para estrechar la mano de personas como tú y yo, muchas de las cuales estaban justo a punto de arruinar su vida.

En Romanos 5:8 se resumen los pasos redentores de Cristo: fue cuando estábamos sin esperanza en la agonía del pecado que Cristo salió de su supremo círculo de comodidad (el mismo cielo) para atravesar el tiempo y el espacio para rescatarnos. Jesús dio un paso decidido hacia lo impío, abrazando con aceptación, amor y perdón lo peor que este mundo tiene para ofrecer. De forma milagrosa, la muerte de Cristo por los rebeldes y los marcados por el pecado declaró la amnistía para *todos*.

Piensa en esto: dar tu vida por una persona noble es una cosa, pero ¿darla por vagabundos como nosotros? Esta fue una acción inmerecida e inesperada, como mínimo. Y la correlación resulta revolucionaria para los seguidores de Cristo: nosotros cruzamos la habitación para acercarnos a otros porque él lo hizo primero.

Si alguna vez te has cuestionado por qué Dios llegaría a ese punto para demostrar su amor, ya somos dos. Para aclarar cualquier posible confusión que su auditorio del primer siglo pudiera tener acerca de la razón por la que había venido, Cristo dijo: «Vine a buscar y a salvar lo que se había perdido».

Eso es. Las *personas* eran lo único importante para Jesús. Y lo siguen siendo. Las personas enfermas. Las personas solas. Las personas indecisas, deprimidas y sin esperanza. Las personas que están atadas a hábitos sofocantes y relaciones destructivas.

Pienso en la historia de Juan 8, cuando Cristo se presenta en el atrio del templo y todo está preparado para que le enseñe a la multitud allí reunida. Un grupo de fariseos se aparece y traen a una mujer con un pasado moral accidentado que había sido descubierta en el mismo acto de adulterio. Imagina el horror de ser expuesto en aquel lugar público y que se muestre tu peor pecado para que todos lo vean. El adulterio es una ofensa grave, aducen los fariseos, y para guardar la ley de Dios dada desde la época de Moisés, seguro Jesús estaría de acuerdo en lapidar a esta mujer debido a su horrendo pecado.

Los fariseos saben que Jesús se halla en un dilema, y

se percibe en el texto que lo disfrutan con una especie de goce morboso, obligando al autoproclamado Mesías a colocarse en medio de un dilema moral: Si permitía que la mujer saliera del atolladero, estaría negando la validez de la ley. No obstante, si permitía que fuera lapidada, podrían acusarlo de ser inmisericorde, o incluso ser declarado enemigo del gobierno romano, que era el único grupo que podía llevar a cabo la pena capital.

La reacción de Jesús es fascinante: «Supongo que van a apedrearla», comienza diciendo. «De manera que si esto es cierto, por lo menos hagámoslo de manera ordenada. Adelante, apedréenla, pero formen una fila y los que *no* tengan pecado, colóquense en primer lugar. Ustedes serán los primeros en arrojar la piedra».

Por supuesto, los planes de Cristo le arruinaron el día a los fariseos. Y es evidente que los fariseos, amantes de la ley, no tenían respuesta. Una a una, las piedras fueron cayendo en la arena y los que acusaban a la mujer se marcharon.

Jesús se encuentra de pronto solo con esta mujer que había probado el perdón y la misericordia por primera vez. Aunque él tenía todo el derecho de echarle en cara y criticar sus malas elecciones, la Biblia dice que eligió otra cosa. Sus rodillas, cansadas de tanto andar, apenas si crujieron cuando se arrodilló a su lado, con los ojos bañados en lágrimas. «Yo no te condeno, en serio. No he venido para eso. Vine para redimir tus faltas y no para castigarte por tus errores. Ahora vete y no peques más. Comienza a vivir una vida nueva a partir de hoy. No vuelvas a caer en los mismos hábitos pecaminosos. Te ayudaré a vivir una nueva vida a partir de ahora, en este mismo momento».

Amigo, ¿hay una imagen mejor que esta del corazón de Dios? ¿Un corazón que invita a alguien a la libertad en vez de acusarlo? Sin excusar el pecado de la mujer, Jesús dijo: «Todos han hecho malas elecciones. Todos tienen la necesidad de ser perdonados, redimidos y sanados. Todos necesitan conocer el amor que solo mi Padre puede darles. *Para eso* he venido». Y con su tenacidad acostumbrada, abandonó el atrio del templo aquel día, firme en su creencia de que su visión restauradora algún día sería realidad.

Aun hoy, cuando amas a las personas y las sirves, guías a la gente hacia la fe en Cristo, orientas al díscolo, restauras al herido y ayudas a que desarrollen todo su potencial espiritual, estarás reafirmando tu comprensión de tu principal misión en el mundo.

Sintonizados con el cielo

Hace varios años viajé como copiloto de un avión privado desde la costa oeste hasta Chicago. El piloto era un caballero con quien había volado en varias ocasiones. En todas las oportunidades, una vez que alcanzábamos la altura en la que se mantenía una velocidad constante y se conectaba el piloto automático, disfrutábamos manteniendo una conversación sobre diversos temas.

Aquella noche en particular nuestro diálogo versaba sobre la tarea que teníamos entre manos. Hablábamos de los patrones del vuelo y de las condiciones del tiempo o del cálculo de la altitud; datos provistos por los controladores de vuelo que estaban en tierra y que nos mantenían al tanto de las novedades. Sin embargo, cuando nos faltaban todavía noventa minutos de vuelo, oré en silencio a Dios pidiendo su intervención. *Ayúdame a dirigir la charla hacia temas más fundamentales.*

Luego de la última actualización de datos, me arriesgué a la zona de lo desconocido y le pregunté a mi amigo piloto si alguna vez haría un vuelo como ese sin prestarle atención a los controladores de tráfico aéreo. ¿Había alguna vez considerado, aun por un instante, la posibilidad de apagar la radio y dirigir el avión por sí mismo?

No se demoró nada en responderme:

—Por supuesto que no —dijo riendo—. Sería una locura. Necesito toda la información y la ayuda que pueda obtener... en especial cuando el tiempo es incierto.

Oré por una inyección de confianza y luego dije:

—Aunque te parezca mentira, algunas personas vuelan

toda su vida con la radio del cielo apagada. No reciben ninguna indicación de parte de Dios. No obtienen dirección, ni sabiduría ni consejo. Muchas veces vuelan a ciegas hacia el mal tiempo y terminan estrellándose y prendiéndose fuego. Te sorprendería saber cuántos hacen eso.

El silencio aumentaba en la cabina de mando mientras yo esperaba y oraba.

—Supongo que eso sería muy necio, ¿no? — expresó a los pocos segundos con voz calma.

Comenté que habría maneras mejores de encarar la vida y luego me quedé allí sentado con temor, mientras esperaba que se desarrollara un diálogo de redención durante la hora de vuelo hasta Chicago. —¿Y bien? ¿Cómo haces para «encender» la radio? —preguntó por fin.

Entonces, en el idioma más directo que pude, se lo dije.

Varios días después, me puse a reflexionar en la osadía que demostré en aquel vuelo. No siempre era tan atrevido, pero al pensar en eso hallé una explicación de por qué parecía manifestar esa característica con mayor frecuencia: Yo *en realidad* creo en el mensaje de salvación de Jesucristo. No solo lo predico… ¡lo creo! Pienso con sinceridad que cada persona díscola o caprichosa que conozco podría vivir una vida muchísimo mejor si el amor, la gracia y la redención de Dios obraran en su vida.

¿Lo crees también? Un hombre me dijo que él nunca le transmitía su fe a nadie. Pensé que se trataba de un comentario interesante y explicaba en parte por qué él estaba tan decidido acerca de su rol (o la ausencia de este) dentro de la evangelización.

Su respuesta me impactó: «No querría jamás infligir la carga de Dios a nadie más».

¡Vaya! Este no es para nada el Dios que yo conozco, pensé. El Dios que yo conozco invadió mi mundo con amor, aceptación y gracia, y me colocó en una nave espacial en ele-

vación a la edad de diecisiete años, de la que no me he bajado todavía. ¡Ni tampoco deseo hacerlo!

Sin embargo, este es un pensamiento interesante para considerar: *¿Quién es el Dios que tú conoces?*

¿Está el Dios que tú conoces lleno de gracia, misericordia y compasión? ¿Es el Dios que tú conoces misterioso, sorprendente y cautivador? ¿Es un Dios que no cambia y que, al mismo tiempo, siempre se renueva? ¿Te inspira con sus grandes ideas sobre cómo puede tener verdadero valor tu vida? ¿Es fiel?

¡En mi experiencia, la gente que cruza la habitación para acercarse a otras personas ha asumido primero la creencia de que el Dios que conocen *merece* ser conocido! Han cultivado una postura del corazón que dice: «Bueno, por supuesto que todos los que conozco desearían tener esta clase de relación con Dios. Estoy seguro por completo de que les encantará experimentar lo mismo que yo».

Si estás enamorado del Dios que conoces, permíteme que te pida que retrocedas en tu camino de fe hasta la época anterior a convertirte en cristiano. Recuerda aquel momento de tu vida cuando te levantabas por la mañana y te dabas cuenta una vez más de que no tenías con quién compartir tu día. *Supongo que hoy tendré de nuevo que vérmelas solo*, pensabas. O conducías hasta el trabajo y estabas solo en el automóvil. Tenías largos períodos de tiempo sin una sola palabra del cielo ni nada sobrenatural que invadiera tu tedioso mundo. Sentías tu conciencia turbada y no tenías ningún conocimiento de que la gracia podría cubrirte si tan solo lo pidieras.

Amigo, si has sido impactado por el don divino de una nueva vida —como gracias a Dios lo he sido yo— y deseas vivir tu vida como una expresión de amor por el gran Dios que conoces, arranca tus medidores de osadía y preséntale tantas personas como puedas al Dios que desea con desesperación rodearlos con su gracia.

EL MAYOR REGALO

Mi sistema de creencias no siempre había sido tan firme, pero cuando tenía alrededor de veinte años y estudiaba en la facultad Trinity, mi profesor, el Dr. Gilbert Bilezikian, impartía lecciones inspiradoras que me condenaban y me impulsaban a la acción. A un grupo que liderábamos un ministerio en la escuela secundaria en aquel entonces, el Dr. B. nos dijo: «Durante el transcurso de su existencia dedicarán su vida a algo. Lo harán. Todos lo hacen. Entregan su vida a los placeres o a las posesiones, a conseguir popularidad o más poder. Siempre la entregan a algo».

Mientras él seguía adelante, me quedé ensimismado en mis propias interrogantes. ¿A qué le estaba entregando mi vida? ¿Qué era ese gran *algo* por el que vivía? Comencé a preguntarme si en realidad estaba tan preocupado por las personas como decía o si en verdad ocultaba mis propios intereses tras una fachada. Mi corazón se estremecía ante la evidencia de lo que más cautivaba mis pensamientos. No era algo demasiado loable.

En aquella etapa de mi vida estaba preparándome para una lucrativa carrera en los negocios. Sin embargo, a medida que las palabras del Dr. B. ahondaban en mi corazón, me sentí de inmediato profundamente atraído por una preocupación crucial: la gente. Las personas que se enfrentan a una eternidad sin Cristo. Las personas que están solas, aisladas y sin esperanza. Personas que van detrás de logros que no los llenan, galardones que no los satisfacen y dinero que no les trae una auténtica felicidad.

Quería enfocarme en la vida como lo hizo Jesús. La mente de Cristo no estaba puesta en las ganancias económicas, el dinero o la fama, sino que estaba enfocada de modo constante en una cosa: la gente. Aquellos que estaban perdidos y fueron hallados, los jóvenes y los viejos, los ricos y los pobres, los buscados y los rechazados. Nunca nadie había manifestado una obsesión tan prodigiosa hacia las personas como lo hizo Jesús. Y en su estilo directo, como era su costumbre, el Dr. B.

me recordó que las expectativas de Jesús son que sus seguidores *tengan* esa misma y magnífica obsesión.

«Los verdaderos seguidores de Cristo», decía, «se entregan por completo a las *personas*. Y lo que es más importante, se entregan a procurar que las personas acepten a Cristo. Ese es el más alto y el mejor uso que se puede hacer de la vida: ser como una señal que dirija a las personas hacia Dios». El Dr. B. había resumido todo mi sistema de creencias con una perspectiva brillante: si crees en realidad en el poder redentor y transformador de la presencia de Dios en la vida de una persona, el único y mayor regalo que puedes darle a alguien es la explicación de cómo estar conectado de la manera correcta con él.

Es como si Jesús le dijera a sus seguidores: «Lo que yo hice al atravesar el cosmos hace tantos años, ahora quiero que lo hagan ustedes. Traten de indicarle todos los días a cada persona con la que se encuentren el camino hacia mí. Vivan como si en verdad *creyeran* que sus padres, sus compañeros de trabajo y sus vecinos estarían mejor si conocieran a mi Padre… si recibieran directo de parte de él su consejo, guía y sabiduría. ¡Conviértanse en personas dispuestas a atravesar la habitación y acercarse a la gente siguiendo mi dirección! Sean personas dispuestas a aprovechar cada oportunidad que les doy; no motivados por la culpa, el temor y la obligación, sino con sus ojos puestos en mí, con un corazón obediente y pasión por mi pueblo».

En estos días, reconozco cuán cierto es lo que el Dr. B. decía; porque cuando la mayoría de las personas con las que converso reflexionan en su propio camino de fe, se dan cuenta de que no fue Cristo el único que avanzó hacia ellos para rescatarlos. Prácticamente todos los seguidores de Cristo, sin excepción, me dijeron que su historia de fe incluía a alguien en algún lugar que corrió el riesgo de cruzar la habitación para ser reflejo del interés, la amabilidad y el amor de Cristo. Una persona, en algún lugar, decidió tomar el regalo que le dieron y entregárselo a ellos, que en ese momento eran un alma que vivía muy alejada de Dios.

Cuando eliges vivir por fe en vez de por vista, decides acercarte a las personas y demostrar preocupación y atención hacia aquellos que necesitan ser integrados a la comunidad, hay una gran similitud a Jesús en tu mente y espíritu. Según el apóstol Pablo, fue Jesús «quien, siendo por naturaleza Dios, no consideró el ser igual a Dios como algo a qué aferrarse. Por el contrario, se rebajó voluntariamente, tomando la naturaleza de siervo y haciéndose semejante a los seres humanos. Y al manifestarse como hombre, se humilló a sí mismo y se hizo obediente hasta la muerte, ¡y muerte de cruz!».[2]

Permíteme decirlo de nuevo: el único y más grande regalo que puedes darle a alguien es presentarle al Dios que le pidió a su Hijo que recorriera una distancia imposible de imaginar para redimirlo. Y cuando permitas que tu mayor preocupación en la vida sean las personas, descubrirás que cuando Cristo te pide que cruces una calle, atravieses un restaurante, subas unas escaleras, cruces un vestidor, lo que sea, ¡estarás listo! Estarás dispuesto a abandonar tu círculo de comodidad y seguir su dirección porque recordarás que Jesús cruzó todo el universo para rescatarte... el mismo Jesús que fuera conocido por disfrutar de la comunión profunda de tanto en tanto, pero que se excusaría de modo sistemático y sin dar explicaciones de su círculo de comodidad para acercarse a alguien que podría guiar al Padre.

Hoy, a los seguidores de Cristo de todo el planeta, él les dice: «¡Sean reflejo de mi amor! Y repitan mi modo de actuar».

¡ACÉRCATE!

Cuando mi hijo estaba en quinto o sexto grado, formaba parte de la liga de fútbol. Si bien Todd era un excelente deportista para su edad, estos equipos deportivos le resultaban un tanto intimidantes.

El hombre que ofició como entrenador de fútbol de Todd durante los siguientes tres años fue un empresario llamado Brian, un ser humano fantástico que amaba en realidad a los niños. De manera milagrosa, fomentó la esperanza y la confianza de mi, en otro tiempo temeroso, hijo Todd y le hizo considerar la idea de que podía ser un fantástico jugador de fútbol. Durante tres años estuve a un lado de la cancha en casi todos los juegos. Mi esposa Lynne, mi hija Shauna y yo alentábamos a Todd junto a otros padres que apoyaban a sus muchachos, lanzando todos esos espantosos chillidos que hacen las familias en los partidos de fútbol de jovencitos. Al finalizar, disfrutábamos por lo general de unos minutos de camaradería con otras familias que asistían a Willow.

Una tarde Brian estaba en el centro del campo de juego luego de un largo día, cargando los conos en su automóvil para poder irse a casa. En aquel momento, el Espíritu Santo me dijo: «Atraviesa ese campo de juego y ve a ayudarlo, Hybels. Abandona este grupito donde te sientes seguro, y mira a ver si puedes conocer a Brian». Puedo repasar mentalmente la escena como si hubiera ocurrido ayer.

Al avanzar paso a paso en dirección hacia donde estaba Brian, traté de prepararme para lo que pudiera suceder una vez que abriera la boca. *Sería interesante.*

Luego de haberme presentado, conversamos sobre los niños del equipo, acerca del área de trabajo en que él se desempeñaba, y por último acerca de mi ocupación. No quedó demasiado contento cuando descubrió que yo era pastor, pero con el paso de las semanas seguimos conversando de forma breve luego de los partidos o de los entrenamientos.

Cada vez que hablábamos, le agradecía a Brian por el significativo impacto que él tenía sobre mi hijo. «Aprecio muchísimo el tiempo que dedicas como voluntario dentro de tu agitada agenda para entrenar a estos muchachos», le decía. «Creo que lo que haces es noble y lo llevas a cabo con gran estilo, Brian. Te estaré siempre agradecido».

Un día en particular, cuando se acercaba un culto festivo en Willow, fui impulsado por el Espíritu a volver a cruzar el campo de juego de nuevo para invitar a Brian al culto. Reuniendo valor con cada paso que daba, le pregunté si no le gustaría acompañarme alguna vez a Willow.

Su respuesta borró de un plumazo cualquier esperanza de receptividad de su parte.

—¡Vaya, Bill, *sabía* que llegaríamos a esto! Estaba con-*vencido* de que algún día terminaríamos así. Mira, sé demasia-do de Willow Creek porque me quedo atascado en el tráfico por las personas que asisten allí todas las semanas. Todo eso me resulta sumamente frustrante. Dios no forma parte de mi vida, la iglesia no es parte de mi vida, y quisiera cuanto antes abandonar esta conversación.

¡Bueno, al menos había sido claro!

—De acuerdo, Brian —dije, tratando de calmarlo—. No te presionaré, lo prometo. Respetaré tus deseos.

Y todas las semanas durante el año que siguió cruzaba paso a paso aquel campo de juego para ayudarlo a recoger pelotas y conos. ¡Qué pequeños me parecían aquellos pasos! ¿Estaría en verdad ayudando en algo?

«¿Cómo anduvieron las cosas esta semana?», le pregun-taba. Y él me comentaba acerca de sus asuntos y los negocios en los que estaba trabajando. Luego averiguaba cómo había sido mi semana. Supongo que mi enfoque sin presiones cum-plió su propósito: no volví a ofender a Brian con invitaciones no solicitadas a la iglesia. No obstante, para mí toda esa experien-cia me pareció algo parecido a andar sobre las aguas.

Con el tiempo, Todd abandonó la liga de fútbol y perdí contacto con Brian. A decir verdad pensé que jamás lo volvería a ver. Sin embargo, pasaron varios años y llegó el momento en que el mundo de Brian dio un vuelco. Los negocios cambia-ron. Su vida familiar se tambaleó. Y de formas aleccionadoras e inesperadas el dolor y la desesperación cruzaron la puerta de su vida e ingresaron para quedarse.

Tomó el teléfono y me llamó una tarde para preguntar-me si podía venir a conversar conmigo. «No quiero asistir a un culto», me aclaró. «Solo necesito hablar de algunas cosas».

Luego de aquel primer encuentro en mi oficina, Brian y yo nos reunimos varias veces, pero yo veía escasos adelantos en nuestras conversaciones. En cierto momento, dejó de llamarme. Y aunque me preguntaba cómo le iría en la vida y si habría dejado el dolor atrás, respeté su decisión de mantener la distancia en la relación.

Meses más tarde me encontraba dándole una clase de bautismo a un grupo de recién convertidos. Mientras explicaba el significado, el propósito y la importancia del bautismo en agua, miré hacia mi izquierda y vi a Brian sentado allí, justo en la primera fila. *¡No tiene idea de dónde está!*, pensé. *Está en una clase de bautismo. ¿Cómo se apareció aquí?* Recobré la compostura lo suficiente como para finalizar mi comentario, poniendo especial atención en completar mis instrucciones de una manera que no espantara a alguien como Brian por el resto de su vida. ¡De ninguna manera él estaba preparado para el paso del bautismo!

Finalizada la reunión, me acerqué a Brian y le pedí que me acompañara al estacionamiento.

—Tengo que irme —le expliqué— pero al menos conversemos de camino al auto.

Cuando abandonamos el grupo, me detuve y miré a Brian directo a los ojos:

—¿Qué rayos estabas haciendo en una clase de bautismo?

Su respuesta me dejó helado.

—Hace un par de meses asistí a un culto y me quedé en el fondo. Estabas dando un mensaje sobre abandonar los intentos de mejorar como persona y en cambio acogerse al plan de la gracia. Hablaste de la necesidad de abrirnos a Dios aceptando la obra de su Hijo, Jesucristo. Y aquel día, Bill, le entregué mi vida a Cristo. De manera que lo que quiero decirte es que esta noche estuve aquí, lo creas o no, porque quiero ser *bautizado.*

Su rostro brillaba y yo me quedé con la boca abierta. No pude ocultar mi asombro.

—Debes estar bromeando. En verdad... ¡Esto tiene que ser una broma! —dije mirándolo atónito durante alrededor de un par de minutos.

Poco tiempo después de aquella conversación tuve el privilegio de bautizar a Brian en Willow Creek, el lugar donde él sigue sirviendo, el lugar donde se enamoró de una piadosa mujer y se casó, y el lugar donde él y su esposa ahora enseñan a otras parejas cómo experimentar el gozo y la euforia de un matrimonio centrado en Cristo.

Hace un par de años, unas semanas antes de la Navidad, me dirigía a mi oficina con Todd, que ya es un adulto. Dimos la vuelta en un descanso de la escalera y nos topamos con un hombre grande y musculoso. De manera instintiva, retrocedí para mirarlo. ¡Era Brian! Y en un segundo, una distancia de quince años quedó cubierta entre mi hijo y su entrenador preferido de la infancia. Con esa clase de amor que solo pueden manifestar los seguidores de Cristo, abrazó con fuerza a Todd. «¡Qué bueno es volverte a ver!», exclamó Brian.

Luego de unos minutos de charla, Brian siguió bajando los escalones. Cuando llegó al primer descanso, se detuvo y giró para mirarnos: «¡Eh, Bill!», me llamó. «Quiero agradecerte por todas esas veces que te acercaste para conversar conmigo. En serio... gracias». Dicho esto, se marchó.

Amigo, esto fue algo muy bueno para mí. Y supongo que experiencias como estas serán también buenas para ti. Sabiendo que el Dios del universo te ha capacitado para entregar el mejor regalo del mundo a otro ser humano, elige este día para tener una vida de impacto... de impacto eterno.

¡Acércate a alguien! Y observa lo que Dios hará.

PREGUNTAS PARA LA REFLEXIÓN

1. En la historia del musulmán que conoció a Cristo, ¿con quién te sientes más identificado: con el musulmán, con el hombre que cruzó la habitación para acercarse a él o con las personas que permanecieron en su «círculo de comodidad»? ¿Por qué?

2. En Romanos 5:8 se nos dice que cuando éramos aun pecadores Cristo nos salvó. ¿Qué es lo importante de que él haya «atravesado el cosmos» mientras nosotros estábamos en nuestro pecado?

3. En Juan 8, cuando Cristo se encuentra con la mujer que había sido descubierta en adulterio, de inmediato refleja la compasión, la amabilidad y el amor de Dios. ¿Concuerda esta imagen con la forma en que sabes que actúa Dios? ¿Por qué?

4. En la página 29, uno de los deseos de Cristo para todos los creyentes se expresa de la siguiente manera:
   Vivan como si en verdad *creyeran* que sus padres, sus compañeros de trabajo y sus vecinos estarían mejor si conocieran a mi Padre... si recibieran directo de parte de él su consejo, guía y sabiduría. ¡Conviértanse en personas dispuestas a atravesar la habitación y acercarse a la gente siguiendo mi dirección! Sean personas dispuestas a aprovechar cada oportunidad que les doy; no motivados por la culpa, el temor y la obligación, sino con sus ojos puestos en mí, con un corazón obediente y pasión por mi pueblo.

5. ¿Cómo te calificarías en los siguientes puntos?

VERDADERO   FALSO   Creo que todas las personas que conozco vivirían mejor si anduvieran en los caminos de Dios.

VERDADERO   FALSO   Vivo mi vida de manera que los que me rodean sepan lo que creo.

VERDADERO   FALSO   Deseo convertirme en un hombre o una mujer que se atreve a acercarse a otros y aprovecha todas las oportunidades evangelísticas que Dios pone en su camino.

VERDADERO   FALSO   Estoy dispuesto a abandonar todas las demás pasiones para que la gente de Dios sea mi prioridad.

CAPÍTULO 2

LA MANERA DE RESPALDAR

EL EVANGELISMO

⁙

Durante mi vida adulta he sido testigo de diversas modas evangelísticas. Quizás puedas recordar algunas de esas épocas que surgieron y desaparecieron. Déjeme ver, estuvo la época de los tratados, la época de los evangelistas televisivos, la época del ministerio en los autobuses... Hubo etapas que giraban alrededor de la salvación de los profesionales, las mujeres, los hombres, los ricos, los pobres, las amas de casa, las estrellas de cine... menciona el nombre que quieras. Y mientras estos emprendimientos atraigan personas a Cristo, me alegro en verdad.

Sin embargo, cada vez que surge un nuevo enfoque me pregunto dentro de mí cuándo terminará y durante cuánto tiempo se mantendrá ese nuevo movimiento. Aunque les tuve confianza a varios, sabía que carecían de longevidad.

Estoy casi seguro de que en las próximas décadas habrá todavía «nuevos e impactantes» emprendimientos evangelísticos. Y repito: Si la gente deposita su fe en Cristo como consecuencia de ellos, ¿quién soy yo para criticarlos? No obstante, según creo, hay un solo paradigma que no disminuirá con el tiempo. En estos días estoy más convencido que nunca de que el mayor valor absoluto en el evangelismo personal es permanecer conectado y en cooperación con el Espíritu Santo. Leíste bien. La única cosa que necesitas para mantener un enfoque evangelístico eficaz año tras año es un oído sintonizado con los mensajes del Espíritu Santo.

MENSAJES DEL ESPÍRITU

Hallar palabras que definan de manera adecuada los mensajes del Espíritu Santo no es tarea sencilla. Los mensajes son místicos. Son un fenómeno. Son intangibles. Y son reales. Es más, los mensajes han estado presentes en la vida de los seguidores de Cristo desde que Jesús abandonó su forma corporal en la tierra y ascendió al cielo. ¿Recuerdas? Ese fue el día cuando envió al Espíritu de Dios para que habitara en el corazón de cada creyente. «Pero cuando venga el Espíritu Santo sobre ustedes, recibirán poder», dijo Jesús. (Una clave de la naturaleza difícil de nuestra misión debería ser que Cristo necesitó enviar una fuente permanente de poder sobrenatural para que nos ayudara).

¿De qué se trataba este poder exactamente? El resto de la historia a partir de Hechos 1:8 explica que los seguidores de Cristo tienen una misión aquí en la tierra. Ellos deben ser testigos de Cristo en todo el planeta. Es como si Cristo les dijera: «¿Consideran que les faltan los elementos académicos, la experiencia, la apariencia, el talento o las habilidades oratorias para cumplir con esta misión? No se preocupen por esas cosas, porque tienen de su lado mi poder que mueve montañas, transforma la vida y desafía a la muerte».

En Gálatas 5:25, Pablo alienta a los seguidores de Cristo a que «andemos guiados por el Espíritu». En otras palabras, los creyentes de Galacia debían prestar atención al poder de Dios que habitaba en ellos. Este concepto también se aplica a nosotros. Si tenemos acceso al amplio poder del Espíritu que habita en nuestro interior, ¿por qué nos negaríamos a actuar bajo la dirección, motivación e inspiración que él ofrece?

No sé tú, pero cuando me relaciono de manera saludable con Jesús hay una vitalidad y cierta accesibilidad en *mi* espíritu hacia los mensajes de *su* Espíritu. Estar en sintonía con el Espíritu significa que tengo una acentuada conciencia de las cosas que ocurren a mi alrededor. En medio de mi círculo de comodidad, me siento capaz de mantener los ojos abiertos y recorrer el lugar para detectar a alguien que debo ver. Soy capaz de mantener un oído atento al susurro del Espíritu. Y aunque mis sentidos espirituales están lejos de ser perfectos, en esos momentos en que estoy «sintonizado» me encuentro increíblemente atento a la indicación de parte de Dios de que me acerque a alguien, a su gentil voz que me dice: «Solo camina...».

Cada vez que percibo esas dos palabras, recuerdo lo que significa salir del círculo de comodidad; lo electrizante que es dar ese giro y comenzar a caminar, rogándole a Dios a cada paso, que intervenga, que me proporcione sus palabras y su sabiduría; la sensación de ingresar a la zona de lo desconocido, como si avanzara en cámara lenta todas las veces, extendiera la mano y pronunciara las palabras: «Hola, soy Bill. ¿Cómo te llamas?»; y luego, la gran euforia de observar cómo Dios abre una puerta en el corazón del otro a medida que la conversación se dirige hacia las cuestiones espirituales.

Amigo, he experimentado muchas cosas en la vida, estuve en muchos lugares, pero estar en la primera fila cuando se produce una transformación en el corazón de una persona es lo que en realidad significa disfrutar de la vida en toda su plenitud para mí. Hasta el día de hoy, cuando me siento impulsado a acercarme a alguien, explorar la zona de lo desconocido y comenzar esas conversaciones iniciales con alguien cuya eternidad está en juego, siento un zumbido que jamás se apaga.

El día de mi conversión, hace más de tres décadas, me sentí lleno de un sobrecogedor deseo de transmitir la historia de la redención de Dios a las personas que nunca la habían escuchado. Por desdicha, me comprometí a hacerlo con o sin la dirección y el poder del Espíritu Santo (pequeño detalle). Con los años, confío en que mi madurez ha introducido cierto factor de discernimiento en la ecuación. Hoy en día trato de levantarme cada mañana diciendo: «Mi vida está en *tus* manos, Dios. Úsame para guiar a alguien hacia ti en este día. Prometo colaborar de la mejor manera. Si quieres que diga una palabra por ti hoy, lo haré. Si quieres que me quede quieto pero demuestre amor y disposición al servicio, por el poder de tu Espíritu así lo haré. Hoy estoy disponible por completo para ti, así que guíame por tu Espíritu».

A veces el resultado final de pronunciar una oración así es que el Espíritu me permite mantener una conversación espiritual que habla de un Dios amante y justo, creador de todas las cosas, que tiene un propósito en la mente para todas las personas y que en realidad espera relacionarse con ellos en el transcurso de la vida. Otras veces el Espíritu sencillamente me impulsa a servir, amar y escuchar las necesidades de aquellos que están alejados de Dios. La clave es la siguiente: mi objetivo no es lograr maneras de «hacer que alguien se salve»; sino que mi objetivo es caminar cuando él me dice que camine, hablar cuando me dice que hable, permanecer callado cuando corro el riesgo de decir demasiado y quedarme quieto cuando me guía a hacerlo. Si puedo apoyar la cabeza en la almohada en la noche sabiendo que he cooperado con las indicaciones del Espíritu ese día, duermo como un lirón.

Si en verdad deseo ser transformado por el Espíritu de Dios, no puedo huir de la incomodidad, la inoportunidad y la ambigüedad que existe cuando uno abandona el círculo de comodidad. Cuando percibo la dirección del Espíritu que me impulsa a acercarme a alguien por primera vez, es como si me pasara electricidad de alto voltaje por mis venas. Al avanzar paso a paso hacia alguien que quizás esté a veinte metros de mí, pero que vive a años luz de Dios, soy parte de algo inmensamente mayor a mí mismo.

Así es como se percibe el poder sobrenatural de Dios en

un día que de otra forma sería común y corriente. Y la Biblia afirma que de esto se trata la verdadera vida: de caminar a cada momento unido al Espíritu Santo.

PERMITE QUE EL ESPÍRITU TE GUÍE

Una tarde, antes de predicar en nuestro culto de mitad de semana, entré en un local a cortarme el cabello. Mientras estaba sentado en mi automóvil afuera del negocio, dije en voz alta: «Señor, si quieres que suceda algo allí adentro, si deseas que diga alguna palabra o que supla la necesidad de alguien, quiero que sepas que durante los próximos veinte minutos más o menos mi corazón está preparado. Estoy por completo disponible».

Ingresé y la recepcionista me guió hacia una silla vacía. No conocía a la mujer que comenzó a cortarme el cabello, pero en realidad no había tiempo para presentaciones. Ella estaba profundamente enfrascada en una vertiginosa conversación con la estilista y la clienta que estaban a mi derecha. Fue algo nunca visto. Hablaron del tiempo, la cultura, la política y de Oprah en unos ocho minutos. Mis ojos iban y venían mientras observaba esa conversación estilo Wimbledon que se desarrollaba ante mis ojos.

En mi humilde opinión, yo no tenía ninguna oportunidad. Aun sabiendo que en algún momento debían hacer una pausa para tomar aire, no había forma de que pudiera decir aunque fuera una frase.

En silencio, seguí recordándole a Dios mi oferta. *Estoy dispuesto, Señor, pero esta conversación no lo permite. No encuentro la forma de introducir un comentario, y si intento forzar un testimonio cristiano en esta situación, creo con sinceridad que haré más mal que bien.*

Cuando ella terminó de cortarme el cabello, le agradecí, le di una propina y le dije que apreciaba su ayuda, considerando lo poco que se podía hacer en mi cabeza. Dicho esto, salí de la peluquería.

Ahora, basado en la información que di, ¿cómo crees

que me sentí cuando terminó esta experiencia? ¿Desanimado o vencido, quizás? ¿O tal vez como si hubiera lanzado mal los dados espirituales?

Lo creas o no, no me sentí así. Yo estuve atento al mover del Espíritu Santo desde el mismo momento en que ingresé, y no sentí nada que me impulsara a hacer un sondeo o decir algo. Estaba dispuesto a ver, escuchar y sentir lo que el Espíritu quería que viera, escuchara y sintiera; pero con franqueza no vi, escuché ni sentí *nada*.

Ahora compara aquella ocasión con una experiencia bastante diferente. Suelo ocultarme en determinado restaurante a trabajar en mis sermones, y desde hace algún tiempo siempre me atiende la misma dama. Es una señora mayor con una hija de veintitantos años. Según las frecuentes conversaciones con ella, podría afirmar que pertenece a otra etnia y proviene de otra parte del mundo, que sigue una fe por completo distinta, que nunca antes pisó Willow y que tal vez jamás haya escuchado un testimonio cristiano en su vida.

Esa tarde en particular me hallaba preparando un mensaje para las próximas reuniones de Navidad. En determinado momento alcé la vista, la observé mientras limpiaba una mesa, y recordé lo bien que me había atendido cada vez que me instalaba allí.

Percibí con tanta claridad la orientación en mi espíritu que bien podría haber sido dicha de manera audible. *Si ella muriera pronto, es probable que pase la eternidad alejada de Dios*, dijo él. *Levántate, acércate a ella e invítala al culto de Navidad. ¡Vamos, levántate y ve a hablar con ella!* De manera que, según era de esperar de un peso pesado espiritual como yo, permanecí sentado y opté por debatir con el Espíritu Santo. *Ella no va a venir a un culto de Navidad*, razoné en silencio. *¡Está en otra cosa!*

Adivinarás quién ganó. Mi mente se veía inundada por

los recuerdos de las conversaciones que ella y yo habíamos mantenido durante bastante tiempo, interrumpidos por algunos pensamientos condenatorios. *Ella sabe quién soy. Ella sabe cómo me gano la vida. Y durante todas esas charlas he sido sumamente cuidadoso de no cargarla ni presionarla para que asista a la iglesia. Solo que esta vez tengo que ser más osado.* Tomé aire y me acerqué a ella.

«Como usted sabe, he tenido sumo cuidado de no aburrirla con cuestiones religiosas cuando vengo». Volví a tomar aire. «Sin embargo, me gustaría invitarla a usted y a su hija a nuestro culto de vísperas de Navidad. Creo que va a disfrutarlo, pero por favor, quiero que sepa que no quiero entrometerme con sus creencias y su fe. Solo quiero que sepa que será bienvenida, y si decide acompañarnos puedo conseguirle algunas entradas». De manera que hice la provisión en cuanto a las entradas y regresé a mi mesa convencido de que no asistiría.

Seis semanas más tarde volví a aquel lugar, preparado para trabajar en mi mensaje, y ella se me acercó enseguida. «¡Me *encantó* su culto de Navidad!», exclamó entusiasmada. «Estuve ahí. Fui con mi hija y a ella también le encantó. Era la primera vez que escuchaba algo así».

Y luego prosiguió: «Entendí *todo* lo que dijo. Comprendí todo lo que pasó en el culto. Quiero agradecerle por haberme invitado».

Cuando conseguí sobreponerme, le dije que había sido un honor que hubiera estado con nosotros en la Nochebuena. Y una vez más, pensé en la providencia divina. *¿Cómo haces que esto suceda?*, le pregunté. *¿En qué consiste esta capacidad mística de atraer a las personas hacia ti?* Aunque jamás podré comprenderlo del todo, es un privilegio ser parte de la obra de Dios en la vida de sus hijos.

Amigo, a veces habrá una puerta abierta de par en par y a veces no. Recuerda, ser una persona dispuesta a cruzar una habitación para acercarse a alguien significa que hay que caminar cuando el Espíritu nos dice que caminemos y no caminar cuando el Espíritu nos indica que no lo hagamos. Esta dinámica es lo que hace que la aventura sea mística e impredecible, estimulante y dirigida por Dios. ¡Es lo que nos mantiene en el lado emocionante de la vida cristiana!

UN EFECTO DISTINTO EN LA EVANGELIZACIÓN

«Pero Bill», podrás decirme, «¿cómo puede ser que afirmes que el mayor valor en el evangelismo sea algo más que recorrer el Camino Romano o recitar textualmente las cuatro leyes espirituales? ¿No se supone acaso que debemos lograr que la persona cruce la línea final, acepte el trato, y marque el cuadrito indicando que es salva? ¿No tenemos que hacer que la gente *acepte a Cristo*?».

Sé que algunos creen que, a menos que se explique el plan de salvación, habrá sido una charla infructuosa desde el punto de vista espiritual. Y puede que otros sientan desprecio por sí mismos si no invitan a la persona a la iglesia cada vez que Dios les abre una puerta para la evangelización. Aun así, otros pueden decir que todo estará bien en el medidor de valores evangelísticos si das tu testimonio personal —así abarque cuatro volúmenes— en cada oportunidad que se te presente.

¡Siento tu consternación! Y sé que yo mismo puedo sentirme tentado a atravesar por todas esas experiencias tomando lo mejor de ellas. No obstante, la realidad es la siguiente: el Espíritu Santo estropeará todos tus lindos y prolijos métodos de evangelismo una y otra vez.

Para ser absolutamente sincero, me encantaría que la tarea evangelística fuera predecible. Sería maravilloso si cada conversación que tengo con alguien que está alejado de Dios terminara en una profesión de fe. Sería la persona más feliz del planeta si cada interacción que tuviera con alguien que busca a Dios culminara con la persona de rodillas. Sin embargo, sabes tan bien como yo que la vida real muestra un cuadro muy distinto.

Tuve que aprender de la manera difícil que en algunas ocasiones el Espíritu me pide que sea yo quien abra la puerta. Tengo la azada y se supone que debo quebrar el suelo duro del corazón de alguien para que la siguiente persona pueda plantar una o dos semillas en el terreno arado.

En otras ocasiones el Espíritu me pide que sea el que lleva un vaso de agua y ayuda a algunas almas sedientas. Y otras veces se supone que recoja la fruta madura de la viña. Podría describirlo de la siguiente manera: creo que muchas personas comienzan su jornada espiritual con un menos diez y que mi función es hacer que lleguen a menos ocho. Eso es todo. ¡Dos puntos en la escala y un resultado que sigue estando en la zona negativa! Eso solía desanimarme, pero en determinado momento comencé a aceptar que el rol que se supone que cumpla es... bueno, justo el rol que se supone que cumpla.

Del mismo modo, el Espíritu puede impulsarte para que lleves a alguien que está en menos diez hasta un menos cuatro. O quizás tengas el privilegio de conducir a una persona que se está tambaleando en el límite para que avance hasta el uno, del lado positivo, apenas cruzando la línea sobrenatural de la fe. Lo emocionante de todo esto radica en que al caminar hacia un intercambio espiritual tú y yo no tenemos idea del rol que el Espíritu nos ha asignado.

LOS TONTOS QUE SIEMBRAN

¿Recuerdas la parábola de la semilla que Jesús narró? Esta historia fue contada con la intención de explicar las diversas maneras en que se pueden recibir las buenas nuevas del reino. Un día, un agricultor salió a esparcir semillas por el campo. Algunas cayeron en el camino y las aves se las comieron. Otras cayeron en la grava y brotaron enseguida, pero no pudieron echar raíces, de manera que se secaron rápido con el calor del sol. Y otras cayeron entre espinas. Por desgracia, apenas brotaron, las espinas las ahogaron.

Sin embargo, la historia no termina ahí. Jesús continuó con la promesa de que a pesar de los lugares en donde cayeron las otras semillas, *algunas* cayeron en buena tierra y produjeron una cosecha jamás imaginada por el agricultor. No podemos olvidar la realidad de este cuarto tipo de suelo, amigo. Jesús nos promete que algunas de las semillas que sembramos *caerán* en buena tierra.

¿Te has preguntado alguna vez por qué Jesús contó esta historia? En lo personal, considero que fue para darnos una dosis extra de aliento evangelístico. Lo que tú y yo experimentamos no es demasiado diferente de lo que enfrentaron los discípulos de Jesús. Después de todo, es fácil volvernos cínicos cuando sembramos semillas. Con seguridad, los discípulos habrán tenido momentos en los que creyeron que *todo* estaba cayendo en terreno malo. «Aquí andamos, caminando penosamente de ciudad en ciudad», habrán dicho. «Producimos rebeliones a nuestro paso. ¡La gente nos odia! No hay suficientes semillas que caigan en buen suelo. ¡No vemos suficiente fruto!». Estoy seguro de que si hubiera existido el béisbol entonces, hubieran aullado porque su promedio de bateo estaba demasiado bajo.

La respuesta de Jesús me impacta todas las veces. En resumen, les dice: «Es cierto, muchachos. Van a atravesar muchos cuartos, se acercarán a muchas personas, sembrarán muchas semillas y se irán sin fruto. Por muchísimas razones, el suelo a veces no recibirá la semilla». Él no era ingenuo. Jesucristo sabía que cumplir con su misión redentora sería tremendamente difícil, riesgoso, una derrota descarada y al parecer sin fruto a veces. «Sin embargo, si perseveran», podría haberles dicho, «el potencial es colosal. ¡Piensen en ello! Un tesoro más (un valiosísimo ser humano) podría ser rescatado de las garras de una eternidad espantosa y sin vida gracias a la labor de ustedes. ¡Así que vamos! Sigan adelante y sean testigos. Siembren la semilla. Acérquense a las personas. Dejen lo que les resulta cómodo y procuren lo que tiene importancia eterna. Arriesguen su vida por esto y sepan que jamás se arrepentirán de su decisión».

Él nos desafía a que hagamos lo mismo. «¿De qué sirve ganar el mundo entero si se pierde la vida?», preguntó Jesús en cierta oportunidad (Marcos 8:36). Lo que Cristo intentaba que comprendiéramos era que vamos a estar más tiempo en la eternidad que en esta vida. Nuestras familias van a estar más tiempo en la eternidad que en esta tierra. Nuestros amigos, vecinos y jefes; todos van a estar más en la eternidad que en este mundo. «Y tú puedes cumplir tu parte en la redención de todos ellos», te promete Cristo.

En síntesis: «¡No puedes abandonar! Sé un tonto que siembra, si quieres verlo así, porque algún día, en alguno de esos instantes en que te arriesgas a acercarte a una persona, esa semilla caerá en el suelo correcto, echará raíces, germinará y dará fruto. Y tu caerás de rodillas sin poder creerlo, diciendo: "¡Gracias a Dios que no me di por vencido! Gracias a Dios que no me refugié en la pequeña isla de mi círculo de la comodidad ni permanecí allí oculto. Gracias a Dios que *esta* semilla cayó en buena tierra"».

Hace poco recibí un llamado de un miembro del cuerpo pastoral que me recordó que hace varios años ambos habíamos tenido contacto con un líder de la comunidad de Chicago que reconocía su estilo de vida concentrado en su propia persona. Este caballero jamás tomó en cuenta las cuestiones espirituales, no asistía a la iglesia con regularidad, y Dios en realidad no ocupaba un lugar en su vida.

—Sí, sí, lo recuerdo —dije mientras me acordaba de aquellos encuentros.

—Bueno, ha sufrido ciertas presiones y tensiones en su vida en estos últimos meses —me explicó el hermano—. Me llamó y desea reunirse con nosotros, Bill; contigo y conmigo. ¿Puedes creer este cambio?

Mi mente recorrió la cantidad de cosas que debía hacer antes de partir en un vuelo internacional.

—Mi horario está colmado de reuniones —le respondí—. Estoy... si tuviera cinco minutos, tú sabes, me encantaría, pero...

—Bill —me interrumpió—, ¿podrías orar acerca de esto?

Ahí estaba... el viejo truco. *¿Qué se supone que haga?*, protesté en mi interior.

De manera que oré por eso. Sinceramente, lo hice. Y no me sorprendió que el Espíritu me dijera que ese encuentro era algo a lo que debía dedicarle tiempo, aunque tuviera que insertarlo entre culto y culto, que fue lo que hice. El otro miembro del cuerpo de pastores acordó el encuentro, y en aquella borrascosa mañana de domingo, aquel líder de la localidad se reunió con nosotros en mi oficina en lo que terminó siendo una conversación ungida.

Luego de intercambiar algunos cumplidos de cortesía, asumí el riesgo de ir directo al grano. ¡El tiempo corría! Solicité su permiso para ilustrar lo que la mayoría de las personas piensan del cristianismo frente a lo que la Biblia dice sobre él. Estuvo de acuerdo, así que avancé.

«La mayoría piensa que el cristianismo es como una balanza. Todas las cosas malas que has hecho están de un lado, y todas las buenas obras del otro. Así que la meta final de la vida es trabajar para acumular tantas cosas buenas como sea posible en tu balanza para que en el momento de dar el suspiro final, esta se incline hacia el lado positivo. La mayoría de la gente considera que irá al otro mundo, si es que creen en "otro mundo", siempre y cuando puedan mantener la balanza inclinada hacia lo bueno».

Alcé la vista para asegurarme de que me comprendía.

El hombre dijo que había hecho una muy buena descripción de su visión del cristianismo, así que seguí avanzando un paso más allá.

«Aunque esto *pareciera* ser correcto, la Biblia enseña que la vida no es así. Dios dice, en esencia, que jamás podremos inclinar la balanza lo suficiente como para ser hallados aceptables. Sin embargo, como él nos ama tanto, no nos dejó sin esperanza. Dios dice que podemos aceptar lo que su Hijo hizo al morir en la cruz por nuestros pecados, pagando por cada acción mala que hayamos cometido o que vayamos a cometer. Entonces, por el poder de su amor, seremos aceptados por él y pasaremos la eternidad a su lado».

Volví a observarlo y el hombre asintió. Con cierta inquietud en mi corazón, hice una pausa y le pregunté: «¿Existe alguna razón por la que no puedas pedirle a Jesucristo que perdone tu pecado y se convierta en la fortaleza, el poder y la guía de tu vida a partir de hoy?».

Me miró y de repente todo pareció detenerse.

«No... supongo que no», dijo él y ambos exhalamos. «En realidad, no se me ocurre algo que pueda evitarlo». De manera que, guiado por el Espíritu de Dios, pronuncié la oración de salvación y escuché cómo el la repetía frase por frase. Más adelante, lo bauticé y lo ayudé a que se involucrara en un grupo pequeño donde pudiera crecer en su recién hallada fe.

Su asombrosa historia es tan solo un ejemplo más del amor transformador de Cristo. No obstante, esto es lo que más me intriga de todo esto: Yo no puse ningún esfuerzo de mi parte en esa relación. No fui la persona que trabajó con él palmo a palmo para llevarlo de menos diez a menos siete. Tampoco estaba ahí cuando pasó de menos tres a menos uno. Otras personas sirvieron con fidelidad como influencia clave en el camino de este hombre, y yo sencillamente estuve en el lugar correcto en el momento justo para recibirlo en terreno positivo.

Por supuesto, traté de estar preparado. Tenía una media docena de ilustraciones en el bolsillo, así que podía responder de la manera adecuada a sus necesidades específicas. Y me sintonicé tanto como pude con el mover del Espíritu Santo de forma que no se estropeara la importante función que debía cumplir ese día. De todas maneras, al final, mi tarea fue solo explicar, hacer una sencilla pregunta, y acompañar a este joven a cruzar la línea de la fe.

Algún día, amigo, se presentará la cosecha. Algún día llegará el día de pago. Algún día los pecadores se convertirán en santos. Y entre ahora y entonces, debemos seguir difundiendo el mensaje. Debemos seguir cumpliendo los roles que se espera que cumplamos. Debemos continuar sembrando, confiando en que Dios dará el crecimiento. Porque a su debido tiempo... ¡es impresionante el crecimiento que él dará!

Es posible que la evidencia más profunda de esta tarea de sembrar semillas se vea en la vida de mi querido amigo Tommy Giesler. Hace años comencé un equipo de regatas con otros nueve muchachos. Aunque los nueve podrían haber competido por el honor de serlo, Tommy se ganó el premio al hombre más disparatado. Este amigo, amante de la diversión, estuvo presente en mis oraciones por más de tres años. Solía conversar largo y tendido con Dios diciéndole todas las razones por las que Tommy sería un formidable seguidor suyo si tan solo él captara su atención.

Hubo muchas ocasiones en las que luego de un largo día de navegar, Tommy y yo nos quedamos hasta tarde conversando de todo un poco. Otras veces, cuando salíamos de la ciudad en alguna regata, lo cuidaba cuando bebía demasiado. Esto fue así durante tres años. Me dediqué a Tommy durante tres años. Oré por Tommy durante tres años. Amé a Tommy durante tres largos años. (¿Mencioné que todo esto fue durante tres años?).

Como era de esperar, más allá de nuestras profundas diferencias teológicas, Tommy y yo habíamos desarrollado una sólida amistad. Confiaba tanto en él que en cierta oportunidad hice arreglos para que llevara a navegar a un grupo de Willow con el barco de un amigo. Yo no podía ir, pero me imaginé que Tommy podría hacerlo bien. Pasados dos días de viaje, todo parecía estar bien en el mar. El sol estaba alto, las olas se movían con un ritmo calmo y todo el mundo disfrutaba de un fantástico momento.

Aquella tarde, un joven de Willow llamado John se sintió impulsado a formularle a Tommy una pregunta espiritual directa. Había estado conversando con Tommy durante dos días en torno a eso y sintió que era un riesgo calculado.

—Has estado hablando con nuestro pastor principal, ¿no es cierto, Tommy? Me refiero a hablar de cosas referidas a la fe y demás.

Una enorme sonrisa cubrió el rostro de Tommy y dijo:

—Sí, en verdad he disfrutado de las charlas con Bill. ¡Han sido fenomenales!

Tommy y John se involucraron luego en una profunda y sincera conversación que terminó con la pregunta clave.

—Entonces, Tommy —preguntó John—. ¿Por qué no cruzas ahora mismo la línea de la fe y le abres tu corazón a Jesucristo?

Tommy le respondió que, ahora que lo pensaba, no había nada que le impidiera hacer una cosa así. Todo lo que necesitaba saber era cómo hacer las cosas. Así que John le dijo:

—Bueno, lo único que tienes que hacer es orar a Dios...

Y John oró allí mismo con Tommy para que recibiera a Cristo. Según John, que analizaba cada movimiento de Tommy luego de la oración, se produjo una verdadera conversión. «Podríamos afirmar», dijo John más adelante, «que fue un trato real. El Espíritu Santo sí que había captado en verdad a este muchacho».

A los pocos minutos, todo se descubrió. Recibí una llamada de larga distancia de Tommy.

—¡Bill! ¡A que no adivinas! —me gritó.

Había naufragado el barco; lo sabía.

—Chocaste el bote, eso es —me arriesgué a decirle—. Saliste, te emborrachaste e hiciste naufragar el bote.

—No, no, no —insistía Tommy—. Escucha. Tu amigo John me ayudó a entregarle mi vida a Jesús hoy. ¡Lo hice! Estoy tan entusiasmado que tenía que decírtelo.

Me quedé en silencio, pero Tommy no lo notó porque estaba demasiado entusiasmado como para reparar en mí. Sí, claro, mi *amigo* John. ¡Vaya amigo! Tres años estuve trabajando con este hombre, y un día aparece John de no sé dónde, hace una pregunta... ¡y listo! Tommy es creyente. «¿Desde cuándo esto es justo?», reclamé mirando al cielo.

Hasta el día de hoy, cuando me cruzo con John en Willow, le

digo tres palabras que lo hacen reír todas las veces: «¡No es justo!». La moraleja de la historia es que nosotros no podemos decidir el rol que jugaremos, y por cierto no podemos predecir el momento cuando alguien se vaya a convertir. El Espíritu del santo, omnipotente, y omnipresente Dios es el que actúa en esa parte. Y es un sistema maravilloso, si en realidad lo piensas. Tomemos como ejemplo la situación de Tommy. Jamás sabré si John podría haberlo llevado de menos seis a menos cinco; pero creo que el Espíritu me usó a mí para hacerlo. Y jamás sabré si se habría dado la oportunidad de que yo ayudara a Tommy a cruzar la línea de fe hacia la zona positiva. Sin embargo, ¿sabes qué? El momento perfecto se le presentó a John y él supo aprovecharlo. Creo que ambos desempeñamos los roles que se esperaban de nosotros. Ni más ni menos.

Al vivir cada día cumpliendo el rol que eres impulsado a cumplir, tú también participarás de esta obra misteriosa. Y cada uno de los roles es válido. Hechos 24 refleja muy bien esta realidad. A medida que la historia se desarrolla, resulta claro que el apóstol Pablo había sido de nuevo acusado falsamente, permaneciendo sentado con las piernas cruzadas en el helado suelo de una cárcel, muy consciente de que podría ser condenado de modo erróneo y enviado a morir. A pesar de sus circunstancias para nada envidiables, Pablo reunió las fuerzas y el valor para presentar las pruebas en su defensa y relatar su historia a un gobernador romano llamado Félix.

Félix era un hombre que vivía alejado de Dios, pero Hechos 24:26-27 registra que dos años después de aquella oportunidad, Pablo se reunió con él en privado para conversar sobre cuestiones espirituales. Así que el apóstol invirtió dos años en este hombre, y no hay ninguna indicación en las Escrituras de que Félix hubiera confiado en Cristo. ¿Pero habría otra mejor inversión que esa? Puedo garantizarte que Pablo jamás se arrepintió, ni siquiera por un momento, del tiempo que le dedicó a Félix. ¡Me asombraría tanto como tú si me enterara de que Pablo hubiera considerado *alguna* de esas ocasiones como tiempo perdido!

Y como Pablo, todos los seguidores de Cristo que «captan» lo que significa ser usado por el Espíritu Santo se emocionan ante cualquier oportunidad de ayudar a que una persona se acerque aunque sea una décima de milímetro a Dios. El verdadero gozo en la aventura cristiana se produce cuando cumples el rol que el Espíritu te pide que cumplas. Tu tarea —y la mía— consiste en decir: «Señor, estoy dispuesto a cumplir cualquier rol que tú quieras. Sin importar lo que sea, estoy disponible para que me uses».

LA OTRA CARA DEL SEMBRAR SEMILLAS

Es cierto que las personas dispuestas a acercarse a los demás experimentan lo mejor que esta vida tiene para ofrecer. Sin embargo, si eres como yo, tendrás que luchar con uñas y dientes para permanecer en el juego. Porque aunque los cuadrangulares han sido estimulantes, mi promedio de bateo con los años ha sido abismalmente bajo.

Por cada ilustración impactante que cuento acerca de haberme acercado a alguien y luego presenciar que se ha producido un desenlace milagroso, puedo contar varios cientos de ocasiones en las que me acerqué a la gente y no pasó absolutamente nada. Ocasiones en las que invertí en las personas —las amé, les serví y me ocupé de ellas, les transmití el evangelio, les abrí mi corazón— y no sucedió nada productivo.

Nada que yo pudiera detectar de este lado del cielo, por supuesto.

En Willow Creek denominamos «el banco de los tontos» a los asientos que están en el vestíbulo de entrada, antes de ingresar al auditorio. Todos los fines de semana, al menos un puñado de miembros de Willow se sienta allí esperando que aparezca determinada persona. Puede ser un jefe, un amigo, un miembro de la familia, cualquiera. En todos los casos, ellos oraron por esa persona y se acercaron a hablarle con la esperanza de producir un impacto espiritual en su vida.

De manera que alguien de nuestra congregación por fin reúne el valor para invitar a un amigo a la iglesia y se queda helado cuando la persona accede. *¡Va a venir!*, piensa el miembro de Willow. Por fin llega el día domingo y se para en el vestíbulo de entrada, esperando con ansias la llegada de su amigo. Pasan unos minutos y comienza a pasearse. Para aquí y para allá. De un lado al otro. Este inútil recorrido lo lleva a la oración ferviente: «Oh, Señor, por favor, haz que esta persona venga. ¡Te lo ruego!». Ya pasaron quince minutos y se da cuenta de que nadie vendrá. Sin embargo, no puede darse por vencido todavía. De manera que decide sentarse a esperar al menos cinco minutitos más. Y se sienta en un banco del hall, en el banco de los tontos, esperando por alguien que dijo que vendría pero que es bastante evidente que no aparecerá.

Alza la vista y ve a otra persona de Willow que viene y va. «¿A quién esperas?», le pregunta. «A mi jefe», explica el otro con un suspiro. «Hace seis años que trabajo en él. Y por fin me dijo que este fin de semana vendría».

Ah, otro tonto como yo, piensa el miembro de Willow.

Cierto día al finalizar un culto, se me acercó un joven que lloraba desconsolado. Cuando consiguió verbalizar algunas frases me contó que había pedido una sola cosa para su cumpleaños: que su padre lo acompañara a la iglesia. El padre había aceptado hacerlo, por eso él había permanecido en los bancos del vestíbulo durante todo el culto.

Te imaginarás el resto de la historia, y el lamento del muchacho lo decía todo: «Esto es muy duro».

¿Sabes qué? *En realidad* es duro. Quizás por esto Pablo nos alienta a hacer la obra de evangelismo. Es una obra, un trabajo, y uno muy duro. Pones tu corazón en ello. Ofreces gracia, aceptación y amor a las personas alejadas de Dios. Siembras. Llamas por teléfono. Extiendes tu mano de manera amistosa. Levantas el teléfono en medio de la noche. Y al final del día, te sientes hecho trizas. Sin embargo, persistes con la idea de continuar sembrando. Por supuesto, puede que seas un tonto, pero eres un tonto sumamente especial. Eres el tonto que sigue creyendo que de la tierra surgirá en algún momento un pequeño brote verde.

Hace unos meses algunos miembros de mi equipo pastoral y yo nos reunimos en un salón privado de un restaurante para un largo encuentro de todo el día con el motivo de pensar y analizar estrategias. A la hora del almuerzo, ingresaron tres hombres en el salón principal donde nuestro grupo justo se sentaba a almorzar. Notaron mi presencia y se dirigieron directo hacia mí con un gesto alegre en el rostro.

Luego de saludarme de forma calurosa, me preguntaron si el resto del grupo trabajaba conmigo en la iglesia. Todos mis colegas asintieron y algunos se presentaron a los tres hombres.

«Bueno, creo que necesitarán conseguirse un nuevo pastor», dijeron a gritos, «porque este hombre ha intentado enderezarnos durante veinticinco años y ha fracasado con los tres».

Uno de ellos recordó las conversaciones que habíamos tenido hasta altas horas de la noche que no llegaron a ninguna parte. Otro mencionó la cantidad de libros y casetes que había recibido de mi parte, los cuales en vez de leerlos o escucharlos, según explicó con una sonrisa, había decidido «reciclar».

Las historias fluyeron con libertad, el ambiente era jovial y distendido. Era evidente que tenían la confianza suficiente como para burlarse de mí frente a mi equipo.

Cuando decidieron marcharse en busca de la camarera, miré a cada uno de los miembros del equipo a los ojos y les dije: «Lo que ellos dicen es la absoluta verdad. Creo que no he producido la menor mella en sus vidas en veinticinco años. He intentado, he orado, los he amado, los he escuchado y servido en varias ocasiones de su vida. Pero todo ha sido en vano. No obstante, a pesar de esa realidad, seguiré sembrando todo lo que pueda, orando hasta que llegue el día en que el suelo se ablande un poco».

Dicho sea de paso, ellos harían bien en conseguirse un líder mejor.

CUANDO LOS TONTOS RECIBEN SU PAGA

En mi barrio, la noche de los martes es la destinada para sacar la basura a la calle. Lo sé porque soy el encargado de hacerlo. De manera que todos los martes por la noche llevo el carrito contenedor de la basura calle abajo y dejo todo listo para que pasen a recogerla el miércoles en la mañana.

Hace varios años, un hombre y su familia se mudaron a una casa cercana a la nuestra. Y todos los martes a la noche él sacaba su basura. Era curioso, pero semana tras semana este sujeto salía a la misma hora que yo. A las nueve en punto, ambos salíamos y nos veíamos de camino hacia el depósito de la basura.

Un martes por la noche, recuerdo haberlo visto desde cierta distancia y sentir el impulso del Espíritu Santo de acercarme a él. Contuve el aliento y acordé con el Espíritu que me acercaría a este hombre, me presentaría y punto. «Aquí vamos», murmuré nervioso entre dientes. «Veamos qué pasa».

De modo que crucé la bocacalle, estiré mi mano y dije:

—¿Acabas de mudarte, no? Me llamo Bill.

Él estrechó mi mano, sonrió y dijo:

—Bien, esto será sencillo. Yo también me llamo Bill.

Congeniamos desde el principio. Y a partir de aquel momento casi todos los martes por la noche se nos presentaba la oportunidad de conversar, conocer de la familia del otro, de sus intereses, y comenzar a construir una amistad. Luego de varias semanas, por fin me preguntó a qué me dedicaba.

—Bueno, soy pastor de una iglesia en la zona de...

No me dejó terminar y dijo:

—No será esa que produce atascamientos de tránsito por todas partes, ¿no?

—Este... bueno, supongo que no...

—Muy bien, Bill —dijo con una gran sonrisa—. Esto también será sencillo. ¡Yo no voy a ninguna iglesia!

Me di cuenta que concordaba con la idea que me había hecho de él, pero continué la conversación preguntándole a qué se dedicaba.

—Soy dueño de una concesionaria Chevrolet a cuarenta y cinco minutos de aquí —me respondió.

—¡No vas a creerlo! ¡Esto se pone cada vez más sencillo! —exclamé—. ¡Yo *jamás* compraría un Chevrolet!

Nuestras charlas en broma continuaron todos los martes por la noche, siempre rodeados de recipientes de basura. Sabía lo que él pensaba de la iglesia, pero luego de un tiempo, percibí una puerta abierta para invitarlo a Willow. Una mañana próxima a Pascuas, sabiendo que Bill no pensaba pisar una iglesia para un culto dominical, le dije: «¿Sabes, Bill? Eres un pésimo ciudadano. ¿Cómo puedes decir que eres estadounidense, y menos que eres republicano, si no vas a asistir a la iglesia en Pascuas? Lo que quiero decir es: ¿Qué pasa contigo?». (La estrategia funcionó).

Molesto porque hubiera desafiado su patriotismo, estuvo de acuerdo en asistir al culto de Pascua de Willow aquel domingo. El martes siguiente a la noche, alrededor de las nueve como siempre, ambos salimos con nuestra basura para llevarla hasta el borde de la vereda. Él comenzó a hablar antes de llegar adonde yo estaba. «¡La iglesia ha *cambiado*! Lo que quiero decir es que la gente es normal y el culto estuvo sensacional. Fue asombroso lo que vi en Willow Creek, Bill. ¿Y quieres saber qué es lo más sorprendente de todo?».

Comencé a repasar en mi mente todas las cosas a las que se podría estar refiriendo. El tamaño del edificio. La energía de la multitud durante el fin de semana de Pascuas. El sublime canto, la actuación o la ornamentación del escenario.

Él interrumpió mis pensamientos para decirme: «¡Jamás se me habría ocurrido que pudieras *hablar* frente a tantas personas!».

Busqué mi ego dentro de la basura y recordé que mucha gente pensaría igual. Él siguió diciendo: «Tú sabes, siempre conversamos junto a los botes de basura, pero jamás imaginé que pudieras hablar frente a personas reales. Me encantó tu mensaje de Pascua, Bill. ¡En serio me encantó!».

Pasaron muchos meses —yo no quería fastidiar al hombre tampoco— pero una noche al sacar la basura le dije: «Eh, Bill, déjame preguntarte algo. Hace seis meses dijiste que habías disfrutado de venir a la iglesia en Pascuas y te había encantado mi mensaje. Y luego nunca más volviste. ¿Me podrías explicar qué pasó?».

Él no dejó pasar la oportunidad: «Tu sermón fue taaan bueno», me respondió, «que me sirvió para todo este tiempo». Su comentario, acompañado de una enorme sonrisa, me dio la pauta de que quizás fuera por eso que Bill era tan buen vendedor de automóviles.

Lo que sé es que Dios se habrá divertido en grande al hacernos vecinos.

Con el paso del tiempo, Bill y su familia duplicaron su asistencia. Ahora asistían a Willow Creek todas las Pascuas y las Navidades, como si fueran un reloj. Justo después de su primera rutina de Pascua/Navidad, me dijo: «¡No sé lo que me sucede! Fui *dos* veces a la iglesia este año. ¡Esto es *increíble*!». Habrán transcurrido unos cinco o seis años así, y todas las veces él no dejaba de felicitarse a sí mismo por su maravilloso récord de asistencia.

Un martes por la noche luego de las vacaciones navideñas, ambos salimos con nuestros botes de basura, desafiando el helado viento de Chicago. Conversamos un momento hasta que comencé a marcharme con la excusa de que estaba haciendo demasiado frío como para permanecer allí afuera.

Apenas giré para regresar a mi casa cuando él me dijo: «¡Ah! dicho sea de paso... ¿recuerdas el culto de Navidad?

Bueno, acepté a Cristo allí». *¿Que tú qué?*, pensé mientras él seguía hablando. «Le pedí a Cristo que viniera a mi corazón. Lo hice. Y quiero que él ocupe el primer lugar en mi vida». *No está bromeando*, pensé. De manera instantánea, mi deseo de escapar de aquel frío helado fue reemplazado por un deseo de congelar aquel momento en el tiempo. Si hubiera podido impedir que el planeta girara, tan solo un segundo, para paladear el hecho de que Bill había aceptado a Cristo, lo habría hecho.

Amigo, lo dije antes y lo volveré a decir: esa experiencia es suficiente para mí.

No necesito mucho más en la vida que algunos momentos como estos, en los que una persona alejada de Dios comienza a responder a su gentil llamado y luego ve que se produce un cambio en su eternidad. Sentí que prácticamente levitaba toda la noche.

Bill me echó una mirada perspicaz y dijo: «Escucha, no sé bien todo lo que esto implica, y es probable que no vaya a tener lugar una transformación impactante de la noche a la mañana. Sin embargo, sé que eso es lo que quiero. Quiero avanzar en la dirección adecuada para poner a Cristo en primer lugar, si me ayudas».

Luego de aquella noche, lo que había sido un diálogo insustancial junto a los botes de basura se convirtió en un curso hecho y derecho sobre el cristianismo. Conversamos acerca de los avances que él estaba haciendo en su vida espiritual y con relación a los libros que yo le había dado a leer, los cuales en realidad leyó.

Más tarde, avanzamos en la comprensión del punto principal del cristianismo, que es sencillamente una relación con Dios. Hablamos acerca de ser más conscientes de la compañía de Dios en el transcurso del día, recordando que Dios no solo nos ama sino que le agrada estar con nosotros. Conversamos también acerca de que percibiría la sonrisa de aprobación de Dios en su vida a medida que procurara obedecerle. Debatimos sobre esto que llamamos «impulsos» y cómo escuchar la guía del Espíritu. Y de que, con el paso del tiempo, él aprendería a ser usado por Dios al responder a las indicaciones del Espíritu Santo.

Hace varios meses me dijo algo increíble: «Sabes, Bill, si hay personas con problemas económicos en Willow, como madres solas o personas cuyo negocio ha fracasado, soy empresario de automóviles y podría colaborar».

Varios días antes, Bill había sentido el impulso de considerar la posibilidad de proveer dos autos para las familias de Willow que estuvieran en necesidad. «Esta semana, mientras trabajaba, de pronto me di cuenta de que tengo dos automóviles disponibles por si alguien los necesita». Lo que preguntó a continuación me hizo sonreír. «¿Crees que eso es algo que yo podría hacer?».

«Por supuesto», le respondí. «Si eso es algo que Dios puso en tu corazón para que hicieras, sería una gran idea que siguieras adelante». De manera que Bill y un par de hombres condujeron los automóviles hasta el frente de la iglesia un día de semana por la tarde, y observé cómo le entregaba las llaves a mi hermano Dan, que dirige el ministerio CARS (servicio cristiano de reparaciones de autos, según sus siglas en inglés), un grupo que se dedica a arreglar automóviles donados por nuestra congregación para reubicarlos en la vida de las familias de un solo padre en Willow.

Aquel día pude vislumbrar una nueva versión rebosante de alegría de mi antiguo vecino materialista. Según él mismo lo expresaba, vivía para el dinero; y aquí estaba él, tomando su ganancia que tanto trabajo le costaba y dándola con gozo por el bien de la aventura de seguir a Cristo.

El siguiente martes por la noche Bill me dijo que haber llevado esos automóviles a la iglesia fue uno de los momentos más significativos de toda su vida. Entregar un par de autos a unas personas en necesidad cambió la vida de un hombre para siempre.

Al contar esta historia, recuerdo la razón por la que seguimos sembrando. Porque muy de vez en cuando pasamos por esta experiencia mágica de estar presentes cuando por fin coinciden el terreno fértil del corazón y la colocación estratégica de la semilla que sembramos. No debido a un plan perfectamente orquestado ni a una fórmula bienintencionada, sino solo porque hemos sido fieles para escuchar al Espíritu Santo y estuvimos dispuestos a cumplir el rol que se esperaba que cumpliéramos.

Es así, justo cuando sientes que tu efectividad evangelística ha tocado su punto más bajo, ese es el momento exacto en que Dios interviene con su gracia. Siempre que seas fiel en sembrar, aun sintiéndote escéptico al pensar si algún día irá a germinar, de pronto verás que aparece el rico suelo cubierto de fértil tierra negra. Para mí, no existe una mayor recompensa que esa de este lado del cielo.

PREGUNTAS PARA LA REFLEXIÓN

1. ¿Qué modas evangelísticas pasajeras has visto aparecer durante el transcurso de tu vida? ¿Participaste en alguna de ellas? De ser así, ¿cuál ha sido tu experiencia?

2. En Gálatas 5:25 se nos dice que «si el Espíritu nos da vida, andemos guiados por el Espíritu». ¿Qué cambiaría de tu percepción de la evangelización si tu prioridad número uno fuera andar guiado por el Espíritu en vez de andar memorizando fórmulas o ganando almas?

3. ¿Alguna vez experimentaste lo que llamamos «impulsos dirigidos por el Espíritu»? De ser así, describe una oportunidad en la que sabías que Dios te pidió que hicieras o dijeras algo. ¿Obedeciste esa indicación? ¿Cómo fue la experiencia?

4. Relee la historia del miembro del cuerpo pastoral que quería que me reuniera con un líder de la comunidad, en las páginas 51-54. ¿Cómo crees que supe que debía seguir adelante con el encuentro? En tu propia vida, ¿cómo sabes cuándo seguir un impulso y cuándo ajustarte a lo que tienes programado?

5. A través de todas las Escrituras, Dios expresa su deseo de comunicarse con sus hijos. Analiza el sentimiento expresado más abajo tomado de la página 44. ¿Por qué es esta actitud tan crítica en la vida de un seguidor de Cristo?

   Hoy en día trato de levantarme cada mañana diciendo: «Mi vida está en *tus* manos, Dios. Úsame para guiar a alguien hacia ti en este día. Prometo colaborar de la mejor manera. Si quieres que diga una palabra por ti hoy, lo haré. Si quieres que me quede quieto pero demuestre amor y disposición al servicio, por el poder de tu Espíritu así lo haré. Hoy estoy disponible por completo para ti, así que guíame por tu Espíritu».

6. ¿Crees en realidad que algún día la semilla que sembraste caerá en el terreno apropiado y dará fruto? ¿Por qué? ¿En qué sentido te sirve de aliento creer lo que dijo Cristo acerca de que producirás fruto, para involucrarte en la tarea del evangelismo?

SEGUNDA PARTE

VIVIENDO EN 3D

CAPÍTULO 3

PRIMERO, DESARROLLA AMISTADES

H ace poco, el equipo administrativo de Willow convocó a un encuentro de toda una jornada en el centro de Chicago para trazar planes en cuanto a la estrategia evangelística en los nuevos vecindarios. Están apareciendo nuevos edificios en los suburbios, y nos dimos cuenta de que necesitamos capacitar mejor a nuestros miembros para que puedan incluir en sus relaciones la manera de presentarles a Dios a las personas que viven frente a sus casas, a la vuelta de la esquina o en la casa de al lado. El objetivo es sencillo: hallar una manera de rodear a los amigos y los vecinos de Chicago con el amor de Cristo, y hacerlo de manera natural.

Nuestro pastor ejecutivo se paró junto a un pizarrón con un marcador en la mano y nos instó a que expresáramos lo que pensábamos con respecto a la idea fundamental —el nudo— de lo que estábamos hablando. Luego de debatir durante unos minutos, uno de mis colegas reveló lo siguiente: «Bueno... ¿no se trata acaso de ver a cuántos de nuestros vecinos podemos llevar al cielo con nosotros? ¿No podemos reducir esto a la observación de las personas que viven cerca de nuestra casa y a pensar a cuántos de ellos podremos llevar

al cielo con nosotros por medio de la obra de Cristo?».
Todo el mundo comenzó a mirarse y asintió con movimientos de cabeza, y la energía se desató. «¡Así es! No tiene que ser más complicado que eso, ¿no es verdad?». Piensa en esto: Cuando te levantaste hoy, ya sea que hayas ido a un complejo de oficinas, a una obra en construcción, a un consultorio, a un aula o a un negocio, es probable que te hayas visto rodeado de un mar de rostros... algunos pertenecientes a amigos, conocidos, familiares y otros a perfectos extraños. Tan solo imagina el cambio en tu enfoque si lograras que se convirtiera en un hábito el acercarte a todos ellos con la siguiente actitud: *Mi objetivo final es ver cuántas de estas personas podría tener junto a mí al cruzar la recta final de la vida en este mundo para ir a la presencia de Dios por toda la eternidad.*

De inmediato le asignamos a uno de los miembros del cuerpo pastoral, Garry Poole, la función de probar formas de conseguir este objetivo en varios barrios aledaños. Enseguida Garry identificó tres conceptos definidos que deben darse para poder tener el máximo impacto en nuestra comunidad. Por último mo le llamamos a este enfoque «Viviendo en 3D». Cuando las personas que son efectivas al acercarse a otros interactúan con los demás en su mundo, ellos:

- Desarrollan amistades: se involucran en la vida de las personas que los rodean.
- Descubren historias: antes de transmitir su propia historia y la historia redentora de Dios.
- Disciernen los pasos siguientes: siguen la guía del Espíritu Santo.

La mayoría de los seguidores de Cristo está de acuerdo con estas ideas. Si le preguntas a cien creyentes si tienen amigos o familiares que vivan alejados de Dios y que se enfrentarán a una eternidad sin Cristo, todos dirán que sí.
Y si le preguntas al mismo grupo si está de acuerdo en

que nuestro objetivo es ingresar al cielo con la mayor cantidad posible de estas personas al establecer relaciones con ellos, comprender en qué etapa de su jornada de fe se hallan y aprovechar las oportunidades para contar la historia del amor de Dios por ellos, de nuevo la mayoría estaría de acuerdo.

No obstante, sienta a ese grupo, míralos a los ojos, y pregúntales si están *llevando a cabo la tarea* de decirle a sus amigos perdidos y a los miembros de su familia cómo tener una relación con Dios. ¿Qué crees que te dirán? Es tan solo una conjetura, pero basándome en mi experiencia, serás afortunado si encuentras que la mitad de ellos están involucrados en el proceso. En síntesis: los seguidores de Cristo no están en desacuerdo con respecto a la necesidad de que las personas sean guiadas a Dios. Lo que les cuesta es saber cómo hacerlo.

Por eso, antes de que ahondemos en los matices de cómo «vivir en 3D», permíteme primero mencionar *quién* es responsable de hacer la tarea de evangelismo.

El ciclo de vida de la mayoría de los seguidores de Cristo

En promedio, el treinta por ciento de las personas que se acercan a mí cuando terminan los cultos de fin de semana en Willow tienen una cosa en mente: cómo hacer que crea uno de sus amigos o familiares no creyentes. Ya se trate de un padre, un tío, un vecino o un jefe que esté espiritualmente desorientado, una innumerable cantidad de seguidores de Cristo a lo largo del año ministerial expresan su sentida preocupación por alguien que está alejado de Dios.

En cada ocasión les respondo a estos hombres y mujeres de buen corazón con la misma pregunta. Y todas las veces responden a mi sugerencia con incredulidad. «¿Por qué no le indicas el camino a Dios?», les pregunto. Y a la mayoría la idea les resulta absurda: *¡Jamás podría hacer eso! No sabría qué decir. Ese no es mi don. No es mi manera de ser. ¡Solo complicaré las cosas! Además, para eso están ustedes, los pastores.*

No debiera sorprendernos que la Biblia tuviera un enfoque distinto de todo esto. En una palabra, si eres seguidor de Cristo, has sido llamado, equipado y se espera que transmitas el evangelio. ¡Sin excepciones! Leighton Ford, antiguo vicepresidente de la Asociación Evangelística Billy Graham, lo resumió de la siguiente manera: «Una iglesia que encauza el evangelismo solo a través de los especialistas estará violando tanto las enseñanzas de Jesucristo como el modelo de los primeros cristianos. La evangelización era la tarea de *toda la iglesia* y no solo de determinados personajes» (énfasis añadido).

No obstante, de alguna manera, a pesar del noble deseo de hallar a los perdidos, muchos han declinado su rol en el proceso. En mis viajes por el mundo visitando pastores y líderes he desarrollado una enorme preocupación por la peligrosa tendencia que está viva y activa en muchas iglesias evangélicas. Mientras más tiempo asiste una persona a la iglesia, menos se involucra en debates evangelísticos con los miembros de su familia y sus amigos. Se hacen menos presentaciones del plan de salvación que transforma vidas y menos invitaciones a eventos que presentan de manera atractiva el mensaje del evangelio, mayormente porque los seguidores de Cristo tienen cada vez menos amigos fuera de la fe a quienes dirigirse.

Interacción con las personas alejadas de Dios

Años de caminar con Cristo

En el gráfico, el eje horizontal representa el tiempo que llevas caminando con Cristo, de año en año. El eje vertical representa la cantidad de contactos de calidad que tienes con las personas que viven alejadas de Dios. Las estadísticas, así como también mis propias observaciones empíricas, reflejan que poco después que un seguidor de Cristo hace la decisión de fe, el contacto con otras personas fuera de la fe cristiana disminuye. Las reuniones de negocios se usan solo para hablar del tema que los ocupa, en vez de aprovecharlas para forzar las puertas que han sido trabadas por la muerte, espiritualmente hablando. Las tertulias familiares se ven como plataformas para llevar las murmuraciones relacionales a un nuevo nivel en vez de considerarse como oportunidades para lograr progresos espirituales. Las compras las hacemos a toda prisa con un ojo en el reloj y el otro en la lista de cosas pendientes, y no tenemos ninguna consideración hacia las necesidades del vendedor o de quien nos prepara un medicamento.

Esta tendencia suele aumentar año tras año hasta que los seguidores de Cristo se enfrentan con el día de su muerte y descubren que están por completo aislados de la obra de evangelización. Lamentan el hecho de que en el momento previo a encontrarse cara a cara con Dios tengan su nivel de evangelización en el punto más bajo de todos los tiempos. Y esto es lo que angustia mi corazón: en vez de tratarse de uno o dos casos aislados, creo que esto es lo que hacen *casi todos* los cristianos.

Quizás justo en este momento estás pensando: *Ya sabes, Bill, comprendo lo que quieres decir, pero no todo el mundo es bueno en esto de evangelizar.*

Tal vez eres el tipo de persona que está de acuerdo en que hay que evangelizar. En verdad *deseas* que las personas sean guiadas hacia Dios. Sin embargo, en algún punto del camino decidiste que la tarea está reservada para las super-estrellas espirituales que pueden llevar cualquier conversación a una charla sobre la fe, en cualquier lugar y en cualquier momento. Tu diálogo interno es algo así como: «No tengo el nivel de confianza adecuado ni las habilidades necesarias. No tengo una mente rápida, ni la aptitud relacional, ni la correcta combinación de dones. No tengo lo que hace falta». Algunos de ustedes creen que, por una u otra razón, están descalificados o mal equipados para la tarea de evangelizar.

Para los que entran dentro de esta categoría, lo que más me asombra de su paradigma es el desequilibrio que debe caracterizar su vida. Este es el razonamiento que hago: Si en verdad piensas que el evangelismo debería ser una función principal en la vida de un seguidor de Cristo, pero también estás convencido de que no estás capacitado para evangelizar, ¿no necesitas reconciliar en algún punto ambos conceptos? Siento curiosidad por saber cómo vives dentro de esa realidad sin la presión de transmitir tu fe actuando sobre ti y sin que la culpa termine aventajándote.

NEGOCIANDO CON DIOS

Este tema me tenía perplejo, pero con los años observé algo que explicaba cómo muchas personas salvaban su conciencia: ellas negociaban con Dios... haciendo pequeños arreglos o tratos con el Rey del universo. Por supuesto, jamás reconocerían esto frente a la gente civilizada, pero en privado se presentan ante Dios y le dicen: «Yo en realidad no estoy hecho para cruzar una habitación y acercarme a alguien, Señor. Me siento terriblemente incómodo con el riesgo, la tensión y la aventura. Y, para ser sincero, toda esta cuestión "mística" me pone más incómodo de lo que puedo soportar».

Y así siguen charlando con Dios, con la secreta esperanza de que él detendrá su respuesta de forma momentánea hasta que ellos puedan avanzar con rapidez hasta la mejor parte del arreglo. «Esta es mi propuesta, Dios. Experimentaré un desarrollo espiritual. Seré un gran conocedor de la Biblia. Si lo deseas, me dedicaré a construir casas para *Habitat para la Humanidad* u otra entidad solidaria... todos los veranos, si es necesario. Me ofreceré como voluntario. Iré a la iglesia cinco noches a la semana si me lo pides. Tú me sacas del atolladero de evangelizar y yo te probaré mi amor por ti en media docena de otras formas. Ese es mi trato».

Amigo, he observado esta clase de negociación en todo

el reino, en iglesias grandes y pequeñas. Se trata solo de pequeños intercambios evangelísticos, tratos al parecer inocentes que si se llegaran a cumplir traerían en realidad beneficios para ambas partes, ¿no crees? A lo que me refiero es que el seguidor de Cristo saldría del atolladero, y Dios quedaría liberado para perseguir a otro que tenga un don evangelístico mayor.

De solo escribir esto, siento que se me sube la presión sanguínea.

Si las tácticas de los seguidores de Cristo llegaran hasta aquí nada más, ya de por sí me siento consternado ante lo egoísta y desagradable que es todo esto. No obstante, las cosas pueden incluso ser peores. He visto a muchísimos seguidores de Cristo que se han aislado tanto, que han apartado de tal forma de sí mismos cualquier sentido de responsabilidad o de aventura en cuanto a alcanzar a las personas, que en realidad se *molestan* con aquellos que no pertenecen al reino de Dios.

En vez de acercarse a las personas que necesitan el amor redentor de Dios, entraron en la modalidad de no desear tener nada que ver con ellos. Los que se autoproclaman seguidores de Jesucristo desarrollan tal aversión hacia los no creyentes que llegan a hacer cualquier cosa con tal de evitar a las personas que Cristo vino a redimir.

Repito, nadie en sus cabales va a reconocer esto en voz alta, pero lo percibo todo el tiempo bajo la superficie, en la mente y el corazón de las personas. Un seguidor de Cristo dice: «Estoy francamente harto de la manera de hablar de ese muchacho en el trabajo. ¡No soporto ese lenguaje! Odio sus bromas y su estilo de vida». O «No creerías si te cuento acerca de la moralidad de mi vecina, de las fiestitas que hace. ¿Y mi jefe? Deberías ver patrón de votación. Si yo pudiera, lo echaría de aquí».

La aversión puede llegar a ser tan intensa que un seguidor de Cristo debe sondear nuevos niveles de disfunción para poder tolerar el asunto. «Esto es lo que voy a hacer», dice. «Pondré la alarma por la mañana en una emisora cristiana, para despertarme con música cristiana. Les escribiré mensajes de correo electrónico a mis amigas cristianas durante todo el día de trabajo para poder sentirme fortalecida con pensamientos cristianos. En los descansos, a la hora del almuerzo y de la merienda, me sentaré sola a leer mi Biblia.

»Luego ocuparé la tarde con mi familia y con las actividades de la iglesia, y si llego a mirar televisión, solo veré los canales cristianos. Después me iré a acostar, me levantaré mañana y comenzaré todo de nuevo, desde el primer paso. Mi vida será tal y como la deseo: simple y segura. Impecable y poco sobrecargada. Protegida y predecible. Tal y como me gusta».

Me veo obligado a establecer con certeza que veo un único problema en este modelo de vivir dentro de un caparazón: es lo opuesto a lo que indicó Cristo. Una vida «simple y segura» no era precisamente lo que tenía en mente Cristo cuando les advirtió a sus seguidores que serían enviados como ovejas en medio de lobos como parte del trato. Una existencia «impecable y poco sobrecargada» no tiene nada que ver con la tarea de abrazar a un mundo moribundo, quebrantado y cansado con un perdón radical y un amor evidente.

EL CICLO DE VIDA QUE CRISTO PROMUEVE

Creo que una vez que captas la misión en la que Dios te ha encomendado participar, mientras respires el aire de este planeta tierra no puedes hacer otra cosa que derramar sobre otros el amor que has recibido. En su libro titulado *Christianity 101* [Cristianismo 101], el Dr. Gilbert Bilezikian dice que «Dios es perfectamente autosuficiente dentro de la grandeza de su trascendencia. Él no creó a los seres humanos para que le hicieran compañía. Al contrario: dio vida a partir del amor».[3] Amigo, el verdadero amor no puede retenerse, debe derramarse.

Aquí es donde el vivir en 3D siempre comienza, con el amor. La Biblia enseña que mientras ves que el patrón se mueve hacia arriba y a la derecha en cuestiones como andar

con Dios, madurar en la fe y parecerse más a Cristo, entonces
—como lo muestra el gráfico de más abajo— deberías observar un *aumento* correlativo en tu amor por las personas y en la
propensión a demostrarles amistad.

Los seguidores de Cristo devotos reconocen que para
Dios el mayor tesoro (y no hay una cosa que ocupe un cercano segundo lugar) son las personas. Ellos están abiertos a las
indicaciones del Espíritu de Dios y avanzan para alcanzar al
que está solo, desilusionado o con heridas propias del pecado,
expresando de manera entusiasta lo que significa ser una persona dispuesta a acercarse a los demás. A medida que siguen
caminando cerca de Dios, reciben una perspectiva adicional
acerca de quién es él y comienzan a experimentar el ejemplo
de la fidelidad de Dios en sus vidas. Reciben más repuestas a
sus oraciones; ven más manifestaciones de la gracia de Dios;
crecen en su comprensión de lo que Dios siente por las personas; y cada vez manifiestan una mayor intención de alcanzar a
otros por medio del evangelio.

¿Has nota-
do esto en tu propia
vida? Mientras más
caminas con Dios,
más se van abrien-
do tus brazos. En
vez de encerrarte en
un pequeño círculo
con los de adentro,
extiendes tus brazos y
los abres hacia aque-
llos que están afue-
ra del círculo, que
son los que necesitan
entrar. A medida que
abres cada vez más

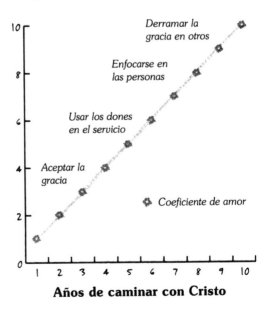

los brazos en adoración, de la misma manera los abres en aceptación.

La idea es la siguiente: hacia el final de tu vida tu corazón será tan sensible, tu visión será tan clara, que reunirás a los médicos, a las enfermeras, a los miembros de la familia que no conocen a Dios, al conserje del hospital, a todo el mundo y les dirás: «¡Dios los ama! Yo ya me voy de este mundo, pero por favor, quiero que sepan que él los ama». Y luego —¡bum!— te morirás. Sin embargo, antes de eso un pensamiento vendrá a tu mente: *Estuve haciendo lo mejor que podía hacer, ofreciendo el mejor regalo que podía ofrecer justo antes de emprender mi viaje.*

Varios meses antes de que se proyectara en los cines «La Pasión de Cristo», tuve el privilegio de verla en una presentación especial. Cerca del final, me quedé allí sentado, atemorizado mientras observaba los impactantes momentos previos a la muerte de Jesús en la cruz. Acababa de padecer una de las últimas golpizas y estaba sufriendo una horrenda muerte en la cruz. Cuando comienza a inhalar una de las últimas bocanadas de aire, un criminal que está colgado en una cruz a su lado hace un ruego: «¿Sabes? Si un tipo como yo pudiera ir al reino al que vas, sería asombroso». (Esto fue dicho por uno que había delinquido en grande, según sabemos. A la gente no le aplicaban la pena capital por una contravención leve).

La respuesta de Jesús hacia este criminal consumado me resulta absolutamente fascinante. Sin una pizca de duda, extendió su gracia hacia aquel hombre. «Hoy estarás conmigo en el paraíso», le dijo al que se había arrepentido.

Amigo, *este* es el modelo. La misma propensión a extender la gracia en todas las situaciones tiene que ser evidente en tu vida y en la mía. Si compartimos el sueño de convertirnos en personas que amen de modo radical, estén enfocadas de la manera correcta hacia fuera, y prodiguen gracia a la gente, debemos ser los primeros en abrir nuestro corazón e invitar a todos a que vengan al reino de Dios.

Me pregunto si esta es tu manera de encarar a cada persona con la que te encuentras. Me pregunto si es esta tu postura mientras procuras desarrollar amistades que puedan algún día ayudar a que una persona se vea rodeada de la gracia de Dios. Prueba hacer un experimento esta semana. Cuando salgas a la calle, no cedas a la tentación de pasar de largo ante la casa de tu vecino. Quizás por primera vez, detente a reflexionar por qué Dios los puso en la misma cuadra. Cuando dejes tu ropa en la lavandería, detente unos segundos y sonríele al empleado al tiempo que le preguntas su nombre. Si te ha atendido bien, díselo. Cuando pases por la farmacia a comprar un medicamento, préstale atención al vendedor. ¿Qué historia se esconde tras esa persona? ¿Dedicarías un par de minutos a averiguarlo? ¿O tal vez serías capaz de interceptar al cartero y dedicar unos minutos a descubrir si tiene esposa e hijos y qué les gusta hacer en su día libre?

Puedes realizar esta clase de cosas. Puedes convertirte en alguien que prodiga gracia con tanta liberalidad que cuando la gente alejada de Dios piense en ti, de inmediato piense en la palabra «gracia». «¿Qué opino de Tom? Bueno, lo primero que me viene a la mente es que está lleno de gracia. Puedo decir que si me meto en un buen lío, él sería una persona a la que llamaría. Si me aparezco frente a su puerta cuando haya cometido un grave error o haya padecido una tragedia, sé que recibiré su compasión en vez de juicio, y comprensión en vez de un sermón airado».

¡Me encantaría que alguien dijera eso de mí! Es más, me encantaría que esto se pudiera decir de todos los seguidores de Cristo.

Descubre el potencial

Mejor que cualquier otro en la historia, en cualquier campo o disciplina, Jesús capitalizó las posibilidades de la gente, ese potencial oculto que todos tenemos dentro. Los descubridores de talentos en nuestra sociedad ven el potencial oculto en un producto o un servicio antes que cualquiera, y como resultado de ir tras su visión, las compañías de avanzada surgen. Los entrenadores deportivos experimentados con frecuencia descubren el potencial oculto en un jugador de tenis o de fútbol de secundaria, y gracias a esa visión aplicada, se construyen las dinastías deportivas de las universidades.

Sin embargo, Jesús tenía el monopolio del mercado de «potenciales». Él tenía la asombrosa capacidad de ver más allá de los defectos evidentes en la vida de las personas y vislumbrar en qué podían llegar a convertirse si se liberaba el poder de Dios en sus vidas. De manera intrínseca, él se preguntaba acerca de las personas. Se preguntaba en qué se convertirían. Se preguntaba cómo se verían cuando fueran transformadas. Se preguntaba acerca del impacto que tendrían si sus vidas fueran investidas de cosas con valor eterno.

De alguna manera, Jesús veía a una adoradora piadosa vestida como una prostituta desgastada y agobiada. Al discípulo fiel dentro de un pescador llamado Simón. Al filántropo oculto en la vida de un cobrador de impuestos, un sinvergüenza llamado Nicodemo. ¡Qué don inefable tenía de ver lo que nadie más podía ver en las personas!

«Todas las cosas son posibles», era el mantra de Jesús. *Todas* las cosas. E innumerables vidas fueron transformadas porque él eligió ver más allá de la superficie y contemplar lo que podía llegar a ser una posibilidad.

Hechos 9 relata la impresionante transformación de Saulo el asesino, en Pablo el apóstol. Tal vez con treinta y tantos años, y siendo sin dudas uno de los jóvenes judíos más prometedores y celosos de la época, Saulo parecía tener la sartén por el mango.

Cierto día, un grupo de viajeros se dirigían hacia Damasco, empeñados en exterminar a los restantes miembros del «Camino». Según le habían dicho, Jesús ya había sido ejecutado. De manera que lo único que faltaba era capturar a los últimos pocos seguidores de Cristo y juzgarlos.

El grupo avanzaba concentrado en lo suyo cuando de repente una luz cegadora proveniente del cielo hizo que Saulo cayera de su burro. Comprensiblemente que sus compañeros se quedaron sin habla mientras Saulo, enceguecido por aquella luz, se acercó y percibió a Jesucristo en medio de aquel haz brillante.

«Saulo, ¿por qué me persigues?», escuchó que Jesús le decía. Y asustado por completo luego de su encuentro con el Señor resucitado, Saulo el perseguidor se convirtió en Pablo el apóstol. El disidente del reino se convirtió en un constructor del reino. El antagonista era ahora un aliado. El enemigo se convirtió en *amigo*.

Estoy seguro de que los cristianos en Damasco, que aguardaban con nerviosismo la llegada de Saulo, no podían dar crédito a sus oídos cuando se enteraron de su conversión. «¿Saulo? ¿Redimido? ¡*Seguro* que no! Es decir... ¿cómo puede ser que un tipo duro como Saulo de repente se haya ablandado?».

Por supuesto, Jesús conocía la respuesta.

La visión sobrenatural de Jesús en cuanto al potencial de la gente le daba un optimismo incontenible mientras se involucraba con vagabundos, mentirosos, cobardes y pillos. Para todos, la promesa era la misma. Lo viejo *podía* ser hecho nuevo, había dicho Jesús. Lo caído *podía* restaurarse. Los orgullosos *podían* ser humillados. Los trotamundos *podían* ser traídos al hogar. Los débiles *podían* ser fuertes. Los marginados *podían* convertirse en discípulos. En esencia, esto es lo que significa desarrollar amistades teniendo metas espirituales en mente.

Jesús en verdad creyó en el poder de Dios para transformar la vida del hombre, una creencia que motivó su búsqueda insaciable de toda clase de personas en toda la gama del espectro espiritual. Él se mantenía firme en su decisión de ver más allá de los comentarios inoportunos y de las acciones inadecuadas. Soñaba con lo que podría suceder en la vida de

una persona si se liberaba en ellos el poder de Dios, entonces irrumpía a través de los temores y el pecado de la gente y
seguía incluyéndolos, amándolos y elevándolos para llevarlos a
lograr su máximo potencial.

En Willow Creek siempre le hemos dado un altísimo valor a
la participación en la iglesia por medio de lo que llamamos
el «proceso de participación de los miembros». Cuando las personas comienzan a participar en nuestra iglesia por primera vez,
este es un medio por el cual comprenden su nueva identidad en
Cristo, su rol en la iglesia y las expectativas que Dios ha puesto
en ellos en áreas como el desarrollo espiritual, la mayordomía
económica y la vida en la comunidad.

Todos los meses, como parte de este proceso, celebra-
mos la llegada de los nuevos miembros permitiéndoles contar
su testimonio justo antes de nuestro culto de la nueva comunidad que se celebra a mitad de semana. Hace poco tuve la oportunidad de sentarme en un banco a escuchar sus relatos.

Un líder de grupo pequeño se paró frente a miles de
personas reunidas allí y dijo: «Fue algo grandioso cuando me
convertí en un miembro participante de esta iglesia hace dos
años. Sin embargo, esta noche estoy aquí para celebrar que dos
parejas de nuestro grupo pequeño se convierten en miembros
de la congregación. Es gracioso, pero estoy más emocionado
por la membresía de ellos que por la mía. Quizás sea porque
creo que Dios me usó de alguna forma para ayudarlos en su
camino».

¿Por qué olvidamos con tanta facilidad que darle un
abrazo a otra persona nos da más de lo que nos quita?

Permanecí allí en el fondo, con lágrimas en los ojos,
recordando lo que había aprendido años atrás: que se experimenta un gozo indescriptible cuando sabes que Dios *te usa*
para moldear y formar la vida de otra persona.

Cuando miras a la gente a través de ese lente —que yo

llamo «inclusión radical»— tienes nuevos ojos para ver las cosas como Jesús las vio. Permites que las flaquezas, los errores y los fracasos de la gente queden a un lado para verlas en su pleno potencial, infundido por el Espíritu. Puedes ver al malhablado Joe, amante de las fiestas, que engaña a las mujeres, y decir: «¿Cómo sería Joe (incluso un tipo como él) si Dios gobernara y reinara en su corazón? ¡Joe sería una persona increíble si Cristo invadiera su mundo!».

Es más, comienzas a soñar con ese día. Empiezas a imaginarte a Joe en su estado redimido. Tu amor por él crece cada vez más a medida que te le acercas y te involucras en lo bueno, lo malo y lo desagradable de su vida. Descubres que comienzas a buscar oportunidades de estar con personas como él, personas que están a solo una oración de distancia de convertirse en tus hermanos y hermanas eternos.

¿PUEDES VERLO?

Durante las vacaciones navideñas, mi familia y yo aceptamos una invitación a una fiesta. Un amigo que asistiría también me advirtió acerca de un viejo empresario que había pasado sus vacaciones en aquella localidad por años. «Estoy seguro de que estará en la fiesta», comenzó diciendo mi amigo. «Mira, tan solo quiero advertirte que está divorciándose y vive con una mujer que no es su esposa. Es un bebedor... un gran bebedor. Y... bueno, él sabe *quién* eres. No lo amedrentará enfrentarte en una fiesta, tú sabes, en un entorno social como este. Solo quería advertírtelo. Es todo».

Me alejé pensando: *¡Vaya! ¡Qué desafío!* O mejor dicho: *¡Vaya! ¡Qué desafío para Dios!* Yo ya había sido testigo de cómo hombres groseros y descarados se habían vuelto tiernos y sensibles una vez que el Espíritu Santo intervenía de manera sobrenatural. Me había quedado estupefacto y asombrado en muchas oportunidades cuando antiguos drogadictos, adúlteros y ateos se involucraban en debates de índole espiritual. Y todas las veces se renovaba mi creencia en que el Espíritu Santo puede lograr milagros increíbles cuando los seguidores de Cristo transmiten a los demás la esperanza del evangelio.

Aquella noche, mi familia y yo llegamos a la casa donde se realizaba la fiesta según lo planeado. Al ingresar en la sala, me topé con un caballero que encajaba a la perfección con la descripción general del empresario del que mi amigo me había advertido. Recobré la compostura y extendí la mano diciendo:

—Hola, soy Bill.

Él me reconoció y lanzó una especie de gruñido, como si dijera: «Ahórrate las presentaciones».

—Bueno, no hemos tenido el mejor de los comienzos, ¿no? —expresé con una carcajada.

Él me dijo cómo se llamaba y de inmediato supe que era el hombre a quien debía tratar de no ofender aquella noche. *Quién iba a decir que sería la primera persona con la que me iría a encontrar, pensé.*

Ansioso por hallar la manera de mejorar nuestro accidentado comienzo, le pregunté cuánto hacía que pasaba sus vacaciones allí y por qué elegía aquel sitio. Al responder, mencionó que le agradaban los climas cálidos y que había sido navegante por casi cuatro décadas.

—¡Qué coincidencia! ¡A mí me encanta navegar! —exclamé.

Le advertí que si comenzábamos a hablar del tema de los barcos, no me podría hacer callar.

—¿Tienes un barco? —me preguntó visiblemente sorprendido al descubrir que yo era humano.

Comencé a contarle mi historia y las palabras salían a borbotones. Le conté cómo me había enamorado de los barcos y las regatas, cuáles eran mis aguas preferidas para navegar, el hecho de que mi hijo con tan solo veintitrés años en aquel momento había navegado solo desde South Heaven en Michigan, atravesado los Grandes Lagos, pasado por el canal de Nueva York y seguido hacia el sur, pasando por Florida, para terminar en la cadena de islas de las Bahamas.

—Y aquí está. ¡Te presento a mi hijo, Todd! —dije mientras empujaba a Todd hacia aquel hombre para presentarlos.

—¡Ambos son navegantes! —exclamó sin salir de su asombro—. ¿Cómo puede ser?

Podría afirmar que las ideas preconcebidas de aquel hombre acerca de mi persona comenzaron a disiparse mientras seguíamos conversando. Llegado a este punto, el hombre estaba ansioso por seguir hablando. Esto representaba para mí la puerta abierta que estaba esperando.

—¿Y qué te trae por aquí? —preguntó él.

Le expliqué que habíamos volado al sur por razones comerciales en esta oportunidad, lo que de alguna manera lo llevó a contarme acerca del avión privado que siempre lo conducía a aquella localidad. Estupefacto, exclamé:

—¿Tienes un avión? ¡Cuéntame! Obtuve mi licencia de piloto a los dieciséis.

—¡Igual que yo! —dijo riendo—. ¡Cuántas coincidencias! ¡Hasta la misma edad! ¿Cuál es tu categoría?

Hablamos de aviones durante unos veinte minutos, y una vez agotado el tema comenzamos a hablar de nuestras ocupaciones. Resultó ser que la única persona que yo conocía que pertenecía al mismo rubro de este hombre era un buen amigo suyo.

—¡No puedo creer que lo conozcas! —exclamó casi gritando.

Y yo en silencio pensaba: *Por supuesto que lo conozco. ¡Qué típico de Dios!*

Por supuesto, Dios puso a aquel hombre junto a la puerta cuando yo llegué a la fiesta. *Por supuesto*, Dios previó que tendríamos factores en común que descubrir. *Por supuesto*, Dios me dio ciertas pautas acerca de qué decir, cómo responder y cómo prestarle atención. *Por supuesto*, Dios permitió que se construyera un puente, en vez de que se profundizara la creencia de que el «hombre de Dios» y el «hombre pagano» no podrían relacionarse.

Pasado el impacto inicial de que tuviéramos un conocido en común, le dije:

—Bueno, puedo darte otro dato que te sorprenderá.

Hace menos de una semana tu buen amigo asistió a una fiesta en mi casa luego de asistir al culto de Navidad de nuestra iglesia.

La voz de aquel hombre estaba impregnada de descreimiento.

—Él *jamás* va a una iglesia —me dijo—. *Sé que jamás va a la iglesia.*

—Bueno, él asistió a la iglesia y expresó que le había encantado —le comenté.

—¡No puede ser! —le oí exclamar.

Ambos nos reímos y nos separamos para poder conversar con otras personas de la fiesta, y volvimos a retomar la charla de vez en cuando con el correr de la noche. Cada vez que lo veía en la habitación, le comentaba riendo a Dios: *Puedo verlo, Dios. Puedo ver exactamente lo que este hombre será una vez que tú ingreses a su mundo.*

Cuando la noche llegaba a su fin, deslizó con un gesto clandestino su tarjeta en mi mano.

—La próxima vez que ambos estemos en Chicago —me dijo—, te invitaré a cenar. ¿Y quién sabe? Quizás hasta consigas llevarme a esa iglesia tuya.

Mientras él atravesaba la puerta para marcharse, yo pensaba en todo lo que había sucedido y cómo la situación se desarrolló. A él le habían advertido que yo estaría allí, y en su mente tenía dibujado un inmenso blanco en mi frente desde el momento en que ingresé a aquella casa. Si hubiera jugado mi «carta de Dios» de forma inmediata —diciéndole cuánto disfruto siendo cristiano e invitándolo a ser uno más— las cosas hubieran resultado mal de entrada.

En cambio, me concentré en establecer una comunicación con él, contándole sobre las cosas que disfruto además de Dios. Tengo muchos intereses significativos que se centran en Dios y en su agenda redentora del reino. Sin embargo, también tengo intereses que me apasionan, dos de los cuales son navegar y volar. Y siento una enorme libertad para conversar sobre las cosas que me interesan, tanto las relacionadas con Dios como aquellas otras cosas que no se relacionan con él. Espero que al relacionarte con tu mundo te juegues el todo por el todo en tu interactuar con las personas, comenzando con las que tienes delante. Y que seas alguien que capte la visión de cómo se verá la persona que está frente a ti una vez que el poder redentor de Dios haga su obra en su vida.

AL SERVICIO DE UN MUNDO ATROFIADO

En determinado momento del ministerio terrenal de Jesús, los fariseos se habían hastiado de que él los corrigiera, los silenciara y no los tuviera en cuenta, así que urdieron un plan para atraparlo cuando infringiera su amada ley. Según el relato de Marcos 3, Jesús enseñaba en la sinagoga un día mientras un hombre con la mano deforme estaba sentado allí. A los fariseos les encantó la idea de que Jesús se volviera loco tratando de enseñar las Escrituras mientras una persona enferma yacía a escasa distancia. Estaban seguros de que dejaría de enseñar para sanarlo. ¡Y en el día de reposo nada menos! ¡Qué controversia ocasionaría con esto! *¡Es la ocasión perfecta!*, habrán pensado los fariseos mientras observaban conteniendo la respiración.

Pura especulación hasta el momento, pero... ¿puedes imaginarte la escena? Un puñado de fariseos que recorre la ciudad de arriba abajo en busca de una persona pobre que no sospechara. De repente, ven a su hombre: un joven que está sentado en un banco, con su mano enferma a la vista.

Los fariseos entran en acción. «¡Este es tu día de suerte! ¡Ven con nosotros! Por aquí, por favor, tenemos reservado un asiento en la primera fila de la sinagoga para ti, y hoy viene Jesús... es tu oportunidad». Traen a este hombre y lo sientan, mientras Jesús se ubica en el centro de la escena y comienza a enseñar. Al observar a su audiencia, descubre a este hombre con la mano enferma. Alza la mirada hacia donde están los líderes religiosos y nota que están sentados en el borde de sus asientos, ansiosos por ver si la trampa que habían preparado daría resultado.

Jesús sopesa toda esa distorsionada situación. Marcos 3:5 dice que los miró enojado, profundamente entristecido por la dureza de su corazón. Aquí estaban estos «líderes», estos hombres reconocidos como la élite religiosa que se comportaban de forma inmisericorde, sin importarles en absoluto el sufrimiento de un hombre enfermo.

Jesús sabía que los fariseos permitían la sanidad en el día de reposo en casos de vida o muerte, pero en la condición de este hombre no peligraba su vida. Sabía que a los fariseos no les importaba en lo más mínimo este hombre lisiado, ni su familia, su futuro y su eternidad. También se daba cuenta de que lo que estaba en juego era si él decidía sanarlo.

Sin dudarlo, Jesús de pronto se dirige al hombre con la mano enferma. «Levántate», le dice. «Extiende tu mano y ven hacia aquí».

El hombre reacciona de modo tardío. *¿Quién? ¿Yo? ¿Vas a sanarme?* Jesús sana al hombre de inmediato, sellando su suerte con los fariseos que notifican de inmediato a los herodianos acerca de la infracción cometida por él. Estos herodianos eran los que luego arrestarían y asesinarían a Jesús.

El relato del hombre de la mano seca termina aquí en las Escrituras, pero ¿acaso no te preguntas cómo habrán sido los momentos siguientes, cuando todos ya habían abandonado la sinagoga y solo quedaron Jesús y este hombre sanado? En mi imaginación veo a este joven mirando a Jesús, su gran sanador, y diciéndole: «¿Te habré metido en problemas? Es decir... me pareció que se generaba cierta tensión en la habitación».

E imagino a Jesús respondiéndole: «No... no te preocupes por eso. ¿Y bien? Ahora que tienes dos manos sanas, ¿cuáles son tus planes? ¿Hacer malabares o tocar el piano? ¿Qué es lo que sueñas hacer, amigo?».

En mi mente, ambos conversan sobre los ansiados y pospuestos anhelos de este hombre. Y quizás, él luego le pregunte a Jesús: «¿Y qué de *tus* sueños? Me preguntaste acerca de los míos, así que corresponde que yo te pregunte acerca de los tuyos».

Y con el telón de fondo de su sanidad de un hombre lisiado para escándalo de unos líderes legalistas, me imagino a Jesús poniendo sus sueños en palabras que resultan cautivadoras para mí:

«¿Sabes? Sueño con que un día los sitios de adoración estén llenos de gente que permanezca toda la noche preocupada por los seres humanos que mi Padre creó. A quienes les preocupen tanto los cuerpos enfermos como las almas heridas, los futuros sin esperanza y la eternidad en el infierno. Sueño con el día en que aquellos que se reúnen en mi nombre estén tan llenos del amor del Padre que salgan y derramen ese amor sobre los demás, y extiendan manos de sanidad hacia las manos enfermas, orando, acompañándolos y alentándolos a caminar en plenitud de vida. Sueño con centros de adoración llenos de personas que amen sin condiciones, que se concentren en los de afuera y que transmitan el mensaje de Cristo. *Esos* son mis sueños».

Y me pregunto: ¿También tú sueñas con esto?

CUMPLIENDO EL SUEÑO DE CRISTO

Uno de los resultados del encuentro del equipo administrativo que mencioné antes fue una plataforma de enseñanza para educar a los miembros de Willow sobre cómo alcanzar a las personas que viven cerca de ellos, más allá de la religión que profesen o de sus creencias espirituales. Los alentamos a comenzar poco a poco, con fiestas en la cuadra, comidas al aire libre u otros encuentros que no resulten amedrentadores, donde los frágiles lazos para desarrollar amistades pudieran irse entretejiendo.

Determinado vecindario sintió la necesidad de crear un boletín de noticias del barrio que les daría la posibilidad de expresarse a todos los hogares de algunas cuadras a la redonda. El mismo les proporcionaría a todos una oportunidad de participar en lo que sucede en la comunidad que integran. En vez de tratarse de un boletín explícitamente «cristiano» o basado en la iglesia de Willow, sería un punto de partida seguro e imparcial para que las familias comenzaran a descubrir los intereses en común con las personas que viven cerca.

Un miembro de nuestra iglesia que llevó adelante esta iniciativa al poco tiempo se acercó a la iglesia desanimado. «No vas a creerlo», le dijo a uno de los miembros del equipo administrativo. «Una de las damas de nuestro vecindario quiere publicar un aviso sobre la adivinación con el Tarot en nuestro boletín de noticias del barrio». Se sentía desilusionado porque su mayor anhelo de construir puentes que llevaran a las personas al conocimiento de Cristo no estaba siendo cumplido con esta solicitud de la dama.

Al final, el miembro de nuestra iglesia no tuvo más opción que incluir el aviso en el boletín. Al fin y al cabo era un boletín imparcial y laico, ¿o no?

Los seguidores de Cristo de cualquier vecindario deben tomar esta misma osada decisión con tal de tratar a los no creyentes con el mismo cuidado, compasión y amor manifestado por Jesucristo. Esto es así porque donde sea que nos movamos en este mundo, hallaremos personas con distintas partes atrofiadas. Personas con mentes atrofiadas que están atrapadas por cicatrices psicológicas, pensamientos pecaminosos o motivos egoístas. Personas con corazones atrofiados que no tienen un propósito para hoy ni esperanza para el mañana. Personas con cuerpos atrofiados que se sienten agobiadas y luchan por cumplir con las tareas cotidianas. Personas con almas atrofiadas que no saben todavía que hay un Dios que los ama y que ha trazado un camino para que lo conozcan.

Sin embargo, la asombrosa verdad para ti y para mí es que a medida que nos ocupemos de desarrollar una amistad con todos y cada uno de aquellos con los que nos encontramos, podremos ser la persona que el Espíritu Santo utiliza para sanar algunas manos atrofiadas en el rincón del mundo en que nos encontremos.

PREGUNTAS PARA LA REFLEXIÓN

1. ¿Cuál es el ciclo de la vida que consideras más cierto en tu camino de fe: el que se inicia con fuerza pero se va apagando o el que continúa reflejando una cantidad cada vez mayor de inclusión radical de todas las personas, sin importarte en qué lugar de su recorrido espiritual se encuentren?

2. ¿Es este el ciclo de la vida por el cual te gustaría que te reconocieran? ¿Qué pasos tendrías que dar para avanzar más hacia el modelo que Cristo nos ha dado para derramar su gracia en un mundo necesitado?

3. ¿Te sientes identificado con el concepto de «negociar con Dios»? ¿Has hecho alguna vez algún tipo de negociación para eximirte de la responsabilidad de evangelizar? Si es así, ¿qué temores o inhibiciones te hicieron hacer esto?

4. En la página 80 leíste que «Jesús tenía el monopolio del mercado de "potenciales". Él tenía la asombrosa capacidad de ver más allá de los defectos evidentes en la vida de las personas y vislumbrar en qué podían llegar a convertirse si se liberaba el poder de Dios en sus vidas». ¿Qué defectos evidentes (o partes atrofiadas) tenías antes de conocer a Cristo?

5. Ahora piensa en las personas que te ayudaron a orientarte hacia la fe en tu vida. ¿Qué potencial crees que ellos vieron en ti antes de que le entregaras tu vida a Cristo?

6. En una escala del 1 al 10, siendo 10 lo mejor posible, ¿cómo te calificarías en términos de ver el potencial en otros que están todavía alejados de Dios?

7. En la lista de más abajo, ¿cuáles serían dos de las cualidades del carácter que te ayudarían personalmente para poder ver el potencial que Dios ve en las personas? Finaliza con una oración, pidiéndole a Dios que cultive hoy mismo estas cualidades en tu vida:

❑ Amor
❑ Misericordia
❑ Fe
❑ Humildad
❑ Amabilidad
❑ Ternura
❑ Bondad

❑ Compasión
❑ Gozo
❑ Paciencia
❑ Dominio propio
❑ Comprensión
❑ Optimismo
❑ Sabiduría

CAPÍTULO 4

LUEGO, DESCUBRE HISTORIAS

Un martes por la noche, luego de un largo día de una seguidilla de reuniones en el centro de Chicago, decidí permanecer en la zona céntrica hasta que pasara la hora pico, el horario de mayor tránsito. Le había prometido a un amigo que revisaría el manuscrito de su libro, y sabiendo que el tráfico estaría insoportable por un par de horas, decidí buscar un sitio apropiado para adelantar algo de ese trabajo antes de conducir de regreso a los suburbios.

Entré al restaurante de un lindo hotel. Había un atestado salón de un lado y del otro un comedor que también estaba lleno de gente. Mientras permanecí allí tratando de decidir qué zona sería más apropiada para el trabajo que me proponía realizar, una joven pareja ingresó por la puerta principal. Se acercaron a mí y comenzaron a deliberar acerca de dónde se sentarían. Conversaban y reían, y parecían estar dispuestos a lo que fuera, de manera que hice contacto visual con ellos.

—Hola, nunca he comido aquí —comencé diciendo—. ¿Qué me sugieren, el salón o el comedor?

—Nosotros tampoco hemos comido aquí antes, y justo estábamos por preguntarte lo mismo.

Ambos mostraban una sonrisa despreocupada y parecían ser amistosos. Nos dijimos nuestros nombres y luego me preguntaron si esperaba a alguien o si estaba solo. Habían llegado de otra ciudad y no conocían nada de la zona. Como yo había visitado la localidad de ellos en varias oportunidades, hice algunos comentarios con tal de iniciar la conversación. Hablamos de las atracciones locales de la zona, las cosas interesantes para hacer en Chicago, los lugares favoritos para viajar que disfrutábamos y cosas por el estilo.

Luego de unos minutos de espera, el hombre que atendía la entrada se disculpó y nos preguntó si queríamos beber algo. Nos dijo que pasaría un rato antes de que una mesa se desocupara en cualquiera de los dos sectores, así que nos invitaba a sentarnos en la barra a esperar. Si bien me parecía una excelente idea, pensé que tal vez estuviera estorbando en su cita.

—Por mí no se preocupen, estaré bien solo. No quiero entorpecer su noche —les dije.

¿Te ha sucedido alguna vez que la gente reacciona con una abrupta carcajada ante un comentario que no pretende ser gracioso? Tomé nota de aquella reacción para futuras referencias.

—Está bien entonces —continué diciendo—. Vayamos a tomar ese trago.

Durante la siguiente media hora cubrimos decenas de temas: hablamos de su origen, de mi esposa y mis hijos, de nuestros gustos recreativos y más. Me llamó la atención que jamás me preguntaran a qué me dedicaba, pero pronto descubriría que quizás resultó mejor así.

En determinado momento la mujer me miró fijo y en tono serio expresó:

—Bill, pareces ser un hombre feliz.

Lo dijo con sinceridad y sentimiento. Justo entonces sentí el impulso del Espíritu Santo. Fue algo visceral. *Aquí tienes una puerta abierta*, me animó para que prosiguiera. *Aprovéchala. Ya has ingresado en este restaurante, te has puesto a conversar con esta pareja, te has sincerado, ahora... cruza esta puerta. Haz un intento, prueba un poco a ver si están dispuestos a hablar de algo más profundo que de equipos deportivos y lugares a los que viajar.*

En el breve tiempo compartido, mi corazón se había expandido hacia ellos. Me preguntaba cómo sería su vida y si se sentían realizados. Sentía curiosidad acerca de su posición espiritual y si estarían involucrados en alguna iglesia. No tenía idea de hacia dónde se dirigía esta conversación, pero en mi interior esperaba poder ser capaz de decirles algo sobre Dios.

Entonces asumí otro pequeño riesgo.

—¿Saben? —comenté sin hacer alarde—, soy una de las personas más felices que conozco. Tengo una buena vida... Me encanta lo que hago y estoy a gusto con las personas que me acompañan en mi tarea. Cuento con la bendición de una familia magnífica y excelentes amigos. Tengo salud... soy optimista acerca del futuro. En todo sentido, soy un hombre feliz.

Parecían estar atentos.

—¿Y ustedes? —me aventuré a preguntarles—. ¿Cómo está su medida de satisfacción en estos días? Hice la pregunta de forma que pareciera casual o informal, por si ellos deseaban cambiar de tema.

La mujer ni siquiera dudó, aunque la voz comenzó a temblarle un poco.

—A decir verdad, mi termómetro de felicidad está un poco bajo en este momento. Nuestra empresa acaba de despedir a tres de mis mejores amigos y ha sido una experiencia muy dura. Habíamos trabajado juntos por mucho tiempo... Creo que me lo he tomado bastante mal.

El hombre comentó luego que había estado todo el día en una reunión para definir cuántas personas irían a despedir.

—Son tiempos difíciles para nuestra industria y esta cuestión de tener que prescindir de excelentes empleados es espantosa.

Conversamos sobre lo difícil que es perder amigos a causa de los despidos y me impactó de un modo profundo la preocupación de ellos por sus colegas.

—Me impresiona la carga que sienten por la gente que trabaja con ustedes. Me pregunto cómo hacen para manejar esta situación —comenté—. Se nota que ambos tienen enormes presiones en su profesión. ¿De qué manera afecta esto la relación entre ustedes?

Todo quedó en silencio. Demasiado silencio. Hicieron una pausa excesivamente larga y reaccioné.

—Miren... lo siento si la conversación se ha vuelto demasiado profunda. Podemos seguir conversando sobre playas, vacaciones y cosas por el estilo.

Se miraron por un segundo, como si se pusieran de acuerdo para decirme algo. En mi mente, me preparé para absorber los detalles de una enorme lucha marital causada por el estrés laboral.

Estaba equivocado.

—En realidad, no estamos casados —comenzó diciendo la mujer.

Probé mis reflejos y noté que no había reaccionado todavía. Gracias a Dios, seguía pareciendo un oyente atento e imparcial.

—Somos solo buenos amigos. Bueno, lo cierto es que los dos somos gays.

Ahora bien, no sé qué dices cuando alguien expresa algo así; pero si de algo estoy seguro es de que tu primera reacción te eleva o te hunde. Sin importar cuánta confianza hayas conseguido desarrollar al momento, si tu respuesta inicial no está cargada de aceptación y compasión, te garantizo que llevas las de perder. De manera que a pesar del hecho de que tal declaración me había desconcertado, sabía que debía exhibir un marco lo suficiente amplio con esta pareja. Tenía que apoyarme en algún tipo de paradigma que cediera y se estirara de manera que pudiera incluirlos a ellos también. ¿Pero cómo?

Aunque la totalidad de la conversación había avanzado a gran velocidad hasta llegar a ese punto, era como si de repente la vida comenzara a desarrollarse en cámara lenta. Mientras esperaban mi respuesta, mantuve una veloz conversación con

Dios. A decir verdad, creo que sin ninguna vergüenza le rogué que me ayudara.

¡Auxilio!, clamé con mi espíritu. *¡Necesito ayuda! Tú me metiste en esto, y si me dices que tengo el tercer turno para recibir una respuesta de tu parte, te informo que eso no me sirve. Necesito tu orientación, Señor... ¡y la necesito ya mismo!*

Me sentí atrapado por completo a medida que miles de pensamientos inundaban mi mente. Antes de que pudiera lograr organizarlos, algunas palabras salieron de mi boca:

—Bueno, si desean hablar de esto, mejor será que pidamos otra vuelta de bebida, y esta vez va por mi cuenta.

Justo en aquel momento el camarero nos interrumpió para avisarnos que estaba disponible una mesa en el salón, y para mi asombro ellos consintieron en continuar conversando allí. Jamás olvidaré los sesenta minutos que pasamos en aquella mesa. Fue un tiempo indescriptible, divino... Era evidente que necesitaban hablar con alguien, y ocurrió que yo estaba en el lugar preciso en el momento oportuno.

Sus heridas eran profundas en varias áreas, y a medida que siguieron hablando le agradecí a Dios por haber organizado aquel encuentro. Describieron el doloroso trato que recibían de parte de personas muy allegadas. Contaron también la soledad que experimentaban en sus empleos cuando sus compañeros descubrían el estilo de vida homosexual que ellos llevaban.

Mi mente se quedó paralizada al preguntarme cómo irían a reaccionar si se enteraban de que era pastor de una iglesia. Al reincorporarme a la conversación, mis ojos se cruzaron con la mirada del hombre por unos instantes y me impactó lo fría y dura que era.

—¿Sabes? Está todo mal cuando ni siquiera tu padre quiere hablar contigo —comentó él dejando de lado el tema laboral—. Cuando se comunica, lo hace solo por medio del correo. Es un hombre religioso y me escribe cartas para decirme que soy una abominación a los ojos de Dios y que me iré derecho al infierno. Eso es todo lo que él me dice.

Aquel comentario me llevó a mi segunda oración de

auxilio a Dios. Ahora sabía que era mucho lo que estaba en juego, y me quedé helado ante las consecuencias de que él llegara a descubrir que yo también era un «hombre religioso». No deseaba estropearlo todo.

En silencio consideré su comentario acerca de un padre que lo llamaba abominación y lo condenaba a que se fuera derecho al infierno. *Por favor, Señor*, rogué en mi mente. *Dame orientación y discernimiento en esto.* Sabía todas las cosas malas que podía llegar a decir en aquel momento, pero por desdicha los buenos comentarios me eludían.

¿Cómo me había metido en esto? Necesitaba tiempo para pensar y espacio para calcular cómo demostrar compasión y convicción. Apenas él había acabado su frase, como si tuviera puesto el piloto automático, escuché que estas palabras salieron de mi boca:

—Bueno, quizás yo sea más religioso de lo que creen. Sin embargo, quienes me enseñaron acerca de Dios decían que él tiene un amor incondicional por las personas de cualquier color, cualquier origen y que estén luchando contra cualquier clase de dificultad. Me enseñaron que existe un Dios con una compasión extraordinaria por cada uno de nosotros, sea cual sea nuestra situación. Y hay dos palabras que yo llevo conmigo todos los días para recordar estas cosas, que son *gracia* y *poder*. Ellas son sumamente importantes para mí.

»Vivo cada día con el convencimiento de que la gracia de Dios es capaz de cubrir mis faltas, y créeme, cometo muchas. También creo que el poder de Dios puede ayudarme a enfrentar cualquier desafío que se me presente».

El hombre me miró y dijo:

—Las únicas dos palabras relacionadas con Dios que rondan mi cabeza son *juicio* e *infierno*.

—¿Por qué no las cambias? —le sugerí entonces.

El joven rió y me preguntó:

—¿Que las elimine? Me pregunto si... ¿tú puedes hacer eso?

—Sí. Tan solo quítalas de tu mente durante un par de

semanas y fíjate en lo que sucede —le respondí—. Mira, cada vez que pienses en el *juicio* y el *infierno*, date una oportunidad para pensar en Dios de una manera distinta. Tan solo pronuncia las palabras *gracia* y *poder*. Quién sabe lo que pueda suceder.

La mujer lo miró y comentó:

—Mal no te va a hacer.

Esas palabras quedaron flotando en el aire, y de manera misteriosa el ambiente se relajó. Alguien pasó caminando y golpeó nuestras sillas. Hubo otra cosa que captó nuestra atención y nos causó gracia. La vida real volvía a entrometerse en nuestra burbuja de conversación una vez más, y noté por primera vez que habíamos disfrutado de casi una hora de diálogo ininterrumpido en aquella mesa.

El camarero volvió a acercarse para preguntarnos si deseábamos ocupar una mesa que acababa de desocuparse en el comedor, pero sabiendo del cansancio de ellos y de la hora de manejo que me esperaba, decidimos dar por terminada la velada.

Mientras tomábamos nuestros abrigos y nos dirigíamos hacia la puerta, la mujer giró hacia mí para comentar:

—Fue una noche extraordinaria. En serio... no tienes idea.

Y me echó los brazos al cuello para estrecharme en un abrazo. Dejando de lado mi conocida aversión a las manifestaciones de este tipo, pude notar una profunda sinceridad en su gesto.

El hombre me estrechó largamente la mano y expresó:

—Gracias por conversar con nosotros esta noche. Ah, dime... ¿cuáles eran esas dos palabras?

—*Gracia* y *poder* —le respondí—. *Gracia* y *poder*.

—Cierto... *gracia* y *poder* —dijo él—. Lo intentaré esta semana.

Dicho esto, ambos se subieron a un taxi y se marcharon.

Ahora bien, antes de que te pongas a meditar en esta historia, permíteme aclarar algunas cosas. En ningún momento de nuestra charla esta pareja cayó de rodillas en sumisión a Jesucristo. Es más, ni siquiera se me presentó la oportunidad de contarles el plan de salvación. No los invité a asistir a Willow ni tampoco intercambiamos tarjetas, porque no las llevo conmigo. Ni siquiera creo que volvamos a encontrarnos de este lado de la eternidad. Según creo, aquella noche fue mi única oportunidad con ellos. (En ese momento traté de silenciar las voces provenientes de mis antiguas épocas de «capacitación evangelística». Es probable que te imagines la pregunta que rondaba mi mente: «¿Y si el taxi choca contra un camión de basura en diez minutos?»).

Si coincidimos en que la meta es que, de alguna manera, presentemos a las personas al Dios que los creó, los ama y ansía salvarlos, ¿cómo crees que me fue aquella noche?

En el caso de que me estés evaluando, permíteme hacer un par de consideraciones que tal vez suban un poco mi puntuación.

PUNTOS POR PROXIMIDAD

Hace diez años, Mark Mittelberg y yo introdujimos en nuestro libro *Conviértete en un cristiano contagioso* un concepto llamado «El potencial de la alta proximidad». En síntesis, describía el hecho de que incluso los cristianos más parecidos a Cristo serían por completo ineficientes a menos que se acercaran a las personas que están viviendo alejadas de Dios.

El motivo por el cual lo menciono aquí es porque existen altas posibilidades de que minimicemos la necesidad de relacionarnos con las personas que están alejadas de Dios. Esta es la única oportunidad de que se establezcan relaciones, se construyan puentes y Dios abra puertas para las conversaciones espirituales. Si deseas hacer la obra evangelística y te encuentras rodeado de creyentes, descubrirás enseguida que te has quedado sin trabajo. ¿Cuál es la idea de salvar a los que ya han sido salvados?

En mi encuentro con aquella pareja, quiero pensar que merecía ciertos puntos por proximidad al haber escogido aquel moderno restaurante en vez de, por ejemplo, la sala del Instituto Bíblico Moody, que estaba a la vuelta. Por cierto, podría haberme refugiado en un ambiente cristiano, seguro e inmaculado, en vez de codearme con los no religiosos. Recuerda, la tendencia muestra al seguidor promedio de Cristo creciendo aislado del grupo que ha sido llamado a alcanzar. Mi decisión de ir a aquel restaurante atestado reflejaba el deseo consciente de estar donde las personas que viven alejadas de Dios también desearían estar.

No es tan complicado.

Con los años, he tenido que enfrentar un error bastante común en las personas acerca de mi credibilidad para hablar sobre el tema de la proximidad. Suelen decirme: «Claro, esto es sencillo para *ti*. ¡Eres un pastor! Estás *siempre* rodeado de personas que necesitan a Dios». Y si bien es cierto que tengo la ocasión de encontrar a personas que buscan a Dios al finalizar el culto de los fines de semana, por lo general mi vida se desarrolla prácticamente entre personas que ya son seguidores de Cristo.

Los que sirvan en un ministerio de tiempo completo comprenderán que este asunto de la proximidad es más difícil de lo que la mayoría imagina. Después de haber transcurrido una hora de haberse levantado por la mañana, muchos de mis amigos (y de los tuyos) ingresarán a una oficina donde estarán rodeados de personas que jamás han recibido el amor de Cristo en su corazón. Otros ingresarán a una obra en construcción o un colegio, a las calles del vecindario, los comercios o alguna dependencia oficial. Y yo pienso: *¡Qué afortunados son! Pueden experimentar la gran aventura todo el día... ¡todos los días!*

Siento envidia de aquellos que trabajan en el mercado todos los días y la mayor parte del tiempo rodeados de personas que están lejos de Dios. Siento celos por tu proximidad sin límites a las personas que se sentirán profundamente impactadas por tu potencial espiritual. No me estoy quejando, pero en lo que a mí respecta, acercarme a las personas que necesitan el testimonio de Cristo en su vida requiere que ponga mi mundo patas para arriba. Significa un gran esfuerzo poder estar «allá afuera» en el mundo y tratar de ser creativo para hallar la manera de involucrarme en una amistad con las personas no religiosas.

Esta convicción me llevó a formar aquel equipo de regatas que mencioné antes. No era cualquier equipo de regatas: yo tenía mi propio criterio de selección. Cada miembro debía amar las regatas, tenía que ser un *buen* corredor de regatas y debía estar alejado de Dios. Era un criterio bastante extraño, supongo, pero el equipo que se formó como resultado fue algo excepcional.

Varios de los miembros originales, junto con sus esposas o novias, conocieron a Cristo como resultado de aquel equipo. Con el tiempo, surgieron otras oportunidades por medio de aquellos compañeros de aventuras, algo a lo que yo denomino: cenas de buscadores y alejados. Estos debates de pequeños grupos de personas que buscan a Dios siguen teniendo lugar en la actualidad: cada domingo por la noche que paso en South Haven incluye una cena de dos a tres horas con algunos creyentes y un par de personas alejadas de Dios. El propósito es sencillamente ver lo que Dios está haciendo en la vida de cada uno y permanecer dispuestos a que él nos utilice para que suceda algo espiritual en el corazón de las personas.

Vivir en 3D incluye que desarrolles amistades entre las personas que te rodean, muchas de las cuales viven alejadas de Dios. Sin embargo, la cosa no termina ahí. Una vez que miras a los ojos a aquellas personas que encuentras a diario, el siguiente paso es descubrir de manera intencional su historia. Conocer cómo es la vida para ellos, cuáles son sus sueños, en qué cosas consideran que les va bien y qué necesitan mejorar. Y como imaginarás, esta clase de debates no ocurren a distancia. Tienes que involucrarte en la vida de las personas para ganarte el derecho a tener esta clase de conversaciones.

Puntos por mantener el estilo

En segundo lugar, en mi humilde opinión merezco puntos por ser consecuente con mi estilo natural. Cuando inicié mi conversación con la pareja, lo hice haciendo un uso directo del estilo que me fue dado por Dios. Soy medianamente extrovertido, no del todo pero algo. Me han dicho que tengo habilidades sociales bastante aceptables. De modo que iniciar una conversación con extraños e involucrarme en un diálogo no es algo raro en mí, ni tampoco me amedrenta.

Sin embargo, hay ciertas cosas que podría haber dicho o hecho y que no habrían estado en concordancia con mi estilo. Es probable que tú también sepas cuándo te estás saliendo del camino y andas por zonas alejadas de tu estilo, personalidad y áreas de comodidad. Lo que quiero decir es que Dios te hizo como eres. Él te ensambló y te dio el temperamento, la experiencia y el trasfondo que tienes porque quería que en este mundo y en esta época hubiera una persona como *tú*. Ahora. En esta generación. Memoriza los veinticuatro versículos del Salmo 139 si es necesario, pero no pierdas de vista la intencionalidad de Dios al hacerte como te hizo.

L as Escrituras están repletas de ejemplos de los diversos estilos que Dios usa para conseguir sus propósitos. Pedro andaba siempre metiendo la pata. Respondía de manera directa —en ocasiones demasiado directa— en lo referente a sus creencias, lo que le granjeó la reputación de tener un estilo *polémico*.

Las habilidades mentales y la alta formación académica de Pablo se manifestaron en su estilo *intelectual*, organizado, analítico y razonado para transmitir su fe. Sus cartas reflejan enfoque que se acerca al legal para sus aseveraciones, demostrada por su articulación de la verdad mediante punto y contrapunto.

A Cristo se le conocía por iniciar conversaciones cotidianas con los que lo escuchaban. Se apoyaba en parábolas que usaban un lenguaje común e ideas que enfatizaban conceptos espirituales. Su estilo *interpersonal* era accesible a las personas de todo trasfondo, todas las edades y todos los niveles de experiencia. Un ejemplo claro de esto es la ocasión en que Jesús dirigió la atención de la multitud hacia una higuera. Todos levantaron sus cabezas mientras él les daba una enseñanza con el árbol como ayuda visual. Mientras todos observaban el árbol, un pájaro se posó en las ramas. Entonces Jesús pronunció esas frases claves: «Miren ese gorrión. Ni uno de ellos cae sin que el Padre lo sepa y se ocupe de él; y cada uno de ustedes es más valioso que un gorrión. Dios cuida de ustedes y los ama». Gene Appel, uno de los pastores de enseñanza de Willow, tiene este estilo, disfruta de usar los elementos cotidianos y los debates comunes y corrientes con la gente, en su intento por acercarlos a Dios.

La mujer junto al pozo, cuya historia analizaremos en la parte cuatro, tiene un estilo de *invitación*, evidente en el pedido entusiasta de que su familia y amigos «vinieran a ver a este hombre que conoce todo mi pasado». Apenas si podía contener su entusiasmo por haberse encontrado con el Mesías, y quería que todo el mundo asistiera a la fiesta que celebraría.

Teresa de Calcuta tenía un estilo *servicial* para evangelizar, el cual manifestaba su tendencia a mostrar el amor de Cristo con acciones más que con palabras.

Un ejemplo actual de un estilo *testimonial* lo hallamos en la persona de Lee Strobel, que relata la historia de su impactante transformación de un ateo antagonista a un devoto seguidor de Cristo al pintar un cuadro del cambio en la vida que solo Cristo puede producir.

Al interactuar con las personas, mantén en mente tu estilo natural. Que yo sepa, Dios jamás te aconsejó que te involucraras en un curso rígido de evangelismo ni que anduvieras mostrándote como un robot de Dios. Sin embargo, es probable que todos conozcamos personas que se han convertido en fanáticos del evangelismo y comienzan a comportarse de manera incoherente con el estilo dado por Dios. Se dicen a sí mismos que deben ser más agresivos, más habladores, más expresivos, más dinámicos, más lo que sea con tal de guiar a una persona a Cristo. Esto no es así.

Cuando el Espíritu te impulsa a abandonar tu círculo de comodidad, atravesar un cuarto e ingresar a la zona de lo desconocido para descubrir la historia de alguien, desea que te muestres tal y como eres, no como quien supones que debes ser. Permite que la conversación transcurra y fluya en sintonía con tu auténtico yo.

PUNTOS POR APROVECHAR LO QUE TENEMOS EN COMÚN

¿Notaste alguna vez cómo la gente se entusiasma cuando mencionas algo que les gusta? Cuando intentes conocer a alguien por primera vez, relájate lo suficiente como para descubrir en qué están involucrados. Las primeras cosas de las que hablé con mis amigos (los de «*gracia* y *poder*») fueron cosas que teníamos en común, tales como entretenimientos o viajes. En 1 Corintios 9:22 se nos dice: «Entre los débiles me hice débil, a fin de ganar a los débiles. Me hice todo para todos, a fin de salvar a algunos por todos los medios posibles». A la luz del enfoque de Pablo, procura hallar maneras de construir puentes en vez de muros cuando estás descubriendo las historias de las personas.

Recuerdo la época en que era inexperto en la cuestión de las regatas. Ingresé a un pequeño desembarcadero en Michigan una tarde y observé a un caballero que trabajaba al otro lado del muelle. Era evidente que se trataba de un navegante hecho y derecho. Tenía toda la apariencia de serlo. Yo acababa de comprar un bote usado y estaba interesado en navegar en las regatas con él, pero no tenía idea de por dónde empezar. De manera que me presenté y le pregunté si estaría dispuesto a explicarme cómo iniciar una regata desde cero.

«¡Por supuesto!», me dijo mientras comenzaba con su demostración. Sin por esto parecer demasiado místico, percibí que se había abierto una puerta con este hombre. No sé por qué razón tuve el sentimiento instintivo de que tendría muchas conversaciones con él en el futuro.

Cuando estaba por marcharme, le pregunté si podría acompañarme en el barco para ayudarme en las cuestiones referidas a la regata. «La verdad es que no tengo mucha idea», reconocí.

«¡Me encantaría!», me dijo.

Y para hacer breve una larga e interesantísima historia, varios años después y luego de cientos de asombrosas conversaciones dirigidas por Dios, él decidió entregarle su vida a Cristo. Al poco tiempo, fue bautizado en el lago que está junto al auditorio de Willow. Unos años más tarde, conoció a una mujer cristiana con la que se casó y tuvo dos hijas, congregándose en una floreciente iglesia asociada de Willow en la otra punta de la ciudad, una iglesia que crece a pasos agigantados.

No quisiera simplificarlo demasiado, pero toda la transformación de su vida podría decirse que se inició con una simple conversación en un pequeño muelle. Allí fue donde empezó todo. Según mi experiencia, la mayoría de las personas que pertenecen al reino de Dios pueden rastrear su salvación hasta llegar a una única conversación que tuvieron con un seguidor de Cristo y que les cambió la vida. Este es el poder que tiene perseverar hasta que uno descubre intereses en común con las personas con las que habla. Dios puede usar aquellos ocho minutos de diálogo para alterar la eternidad de una persona.

PUNTOS EXTRA POR LOS INTENTOS DE SER SENSIBLE

Si todavía no he conseguido una buena puntuación a tus ojos, permíteme intentarlo con esto. ¿Recuerdas cuando la mujer hizo una observación acerca de lo feliz que me veía? Quizás solo tanteaba el terreno, no lo sé. Sin embargo, de algo estoy seguro: mi respuesta podría haber dado por terminada la conversación en ese momento.

Si cuando ella dijo: «Bill, pareces ser un hombre feliz», yo hubiera reaccionado diciendo: «¡Pues claro que lo soy! Tengo una felicidad sin límites porque poseo vida eterna en Cristo Jesús, mi Señor y Salvador. ¡Es más, si lo aceptas ahora, podrás tener también esta felicidad!», ¿qué hubiera pasado? Creo que ella habría abierto los ojos y la boca hasta que su mandíbula cayera en la cesta del pan. Así que mi respuesta fue deliberada, quería mantener las puertas abiertas. Lo que siguió también fue deliberado, fui tan rápido como me fue posible. Apenas pude dirigí la atención hacia su persona formulándole un par de preguntas: «¿Y tú? ¿Cómo está tu medida de satisfacción en estos días?». Yo no esperaba una respuesta específica, sino que deseaba aprovechar toda oportunidad posible para conocerlos un poco más. El objetivo era conocer su historia y no revelar la mía.

De manera similar, para volver sobre un tema que quizás algunos consideran que no estuvo bien, permítanme mencionar la manera en que reaccioné ante la revelación de la orientación sexual de la pareja. Cuando leyeron esa parte del relato es probable que algunos pensaran: *Bill, no estoy de acuerdo con lo que hiciste. Tuviste una excelente oportunidad para confrontar su conducta sexual desobediente y deshonrosa, pero me da la impresión de que eludiste el tema con vergüenza.*

Si piensas así, te comprendo. Cuando estaba con aquella pareja yo también tenía esa preocupación. Sin embargo, esto es lo que pienso acerca del asunto: como dije antes, creo que lo más valioso en el evangelismo personal es estar atento al mover del Espíritu Santo y jugar solo el rol que uno debe jugar en la vida de la otra persona. En segundo lugar (pero muy cerca al primero) está el practicar la *inclusión radical* con la persona sin importar donde esté cuando uno la encuentra. No estoy diciendo que de manera imprudente pasemos por alto los pecados que confiesan, sino que los aceptemos tal y como son.

Si estas situaciones te ponen incómodo, quiero decirte que a mí también. Si no fuera por la gracia de Dios, hubiera zozobrado al tratar de navegar por aguas turbulentas como estas, todas y cada una de las veces. En medio de temas tan controversiales, nunca estoy seguro de qué decir o hacer. Esto explica mis dos plegarias solicitando auxilio de lo alto. No obstante, cuando miro directo a los ojos de alguien que está viviendo alejado de Dios, recuerdo que mi enfoque en particular debe estar en el asunto supremo, que consiste en lo que van a hacer con la persona de Jesucristo. Para usar una imagen que puedas comprender, mi objetivo no es exponer las maneras en que sus manos terminaron atrofiadas, sino ayudarles a ver que pueden conseguir la sanidad.

Según lo que entiendo de las Escrituras, esta fue la manera en que Jesús reaccionó ante las personas. Jesús no esperaba que las personas que habían vivido toda su vida alejadas de Dios fueran santas apenas se encontraran con él. Lo que tenía mayor importancia para Jesús era que estas personas no religiosas estuvieran dispuestas a que él las hiciera santas. No importaba dónde habían estado o lo que habían hecho; los tipos «no religiosos» con los que Jesús se relacionó eran bebedores, ladrones, mentirosos, adúlteros, egocéntricos, extorsionadores y una combinación de toda clase de cosas. No obstante, para Cristo lo más importante no era de dónde provenían sino la dirección hacia donde se dirigían.

Al menos sí fue en mi caso. Jesús se convirtió en mi amigo cuando yo tenía diecisiete años. Yo era un jovencito arriesgado, temerario, que se las sabía todas pero que lo necesitaba con desesperación. ¿Puedes adivinar cuán santo esperaba Cristo que yo fuera cuando me encontró? Ya has comprendido. Él comenzó a trabajar en mi vida allí donde me halló. Es de esperar que no permanezcamos en el mismo lugar, sino que hagamos progresos. Sin embargo, le agradezco de que me haya cobijado allí donde me hallaba.

Y gracias a Dios, si eres un seguidor de Cristo, él comenzó contigo en el lugar donde estabas, ¿no es verdad?

En estos días, mi mantra es uno que considero que Jesús usó: Cualquiera, donde sea. Es así, cualquiera y donde sea que se encuentre puede ser transformado en una nueva criatura por medio del poder y la gracia de nuestro Señor. Cada mañana me comprometo de nuevo a estar atento al obrar del Espíritu. Intento derramar grandes cantidades de amor radical y de aceptación a medida que descubro la historia de las personas. Trato de caminar con la persona desde donde está hasta los pies de Cristo, confiando en que en el camino iremos quitando todos los modelos de impiedad que deben abandonarse para ser conformados a la imagen de Cristo.

¡CORRE EL RIESGO!

Muy bien, a estas alturas espero que hayas llegado a tu propia conclusión acerca de lo que hice. Para ser sinceros, acepto cualquier puntuación que quieras darme, siempre y cuando no pierdas de vista el sentido de la historia. Como seguidores de Cristo, somos responsables de movernos con regularidad en círculos con las personas que están alejadas de Dios, descubriendo sus historias con compasión y gracia, y luego estando dispuestos de manera natural y constante para el momento en que Dios abra una puerta que represente una oportunidad. Las personas que viven alejadas de Dios necesitan la redención, la fortaleza, la estabilidad que puedes ofrecerles... así como las necesitabas tú antes de conocer a Cristo.

Desde aquella velada en el centro de Chicago me he preguntado con frecuencia si ellos habrán tomado en cuenta el intercambio de palabras que les ofrecí. Me he preguntado también si otros seguidores de Cristo se habrán acercado a esta pareja para regar la pequeña semilla que yo sembré. Lo que es importante para mí es la seguridad de haber desempeñado el rol que debía aquella noche. Es la responsabilidad de Dios escribir el resto de la historia. Para mí, de eso se trata esta emocionante vida en el Espíritu.

Para ser directo, debo reconocer que esta vida en el Espíritu siempre incluirá el descubrimiento de historias de personas reales que viven vidas reales. Según lo experimentado con mis amigos de «*gracia* y *poder*», habrá momentos incómodos. Nos encontraremos con realidades complicadas. Y algunos casos requerirán una importante cirugía emocional, porque cuando el Espíritu Santo se mueve en el corazón de las personas, los pecados y los errores que se acumularon con el tiempo tienden a surgir.

Hace un tiempo estaba saliendo en mi automóvil del estacionamiento luego de un culto de mitad de semana. Debía ir a una cita y recuerdo que ya era bastante tarde. Cuando estaba por tomar la calle Algonquin, percibí con el rabillo del ojo que había un hombre junto a un automóvil en una esquina del estacionamiento, el cual tenía los brazos cruzados sobre el pecho como si quisiera protegerse del frío.

Estaba muy oscuro allá afuera, y aunque me sorprendió haberlo visto eso no fue nada en comparación con la sorpresa que me llevaría a los pocos minutos. Sentí la necesidad de dar la vuelta y regresar para ver si necesitaba algo.

Había tenido un día largo y agotador, pero el Espíritu me estaba guiando. Me acerqué con el auto, bajé la ventanilla, y en medio de las sombras pregunté:

—¿Estás bien?

El hombre me miró, me reconoció, y enseguida se desmoronó. *Oh, Señor, ¿en qué me metí?* Traté de calmarlo, pero sus gritos incontrolables solo parecían aumentar.

—No vas a creerlo —gimoteó entre sollozos haciendo largas pausas entre cada sílaba—, pero hoy pagué el aborto de una mujer. No puedo soportar la culpa que me agobia. Es demasiado para mí. ¡Es una carga demasiado pesada! Me senté en el culto esta noche con esa inmensa carga de culpa en mi corazón.

La agonía que consumía sus entrañas se manifestaba en cataratas de lágrimas que no cesaban de fluir de sus ojos.

—Es como si yo hubiera asesinado a su bebé. ¡Maté a nuestro bebé!

Repetía lo mismo una y otra y otra vez. No lograba captar la intensidad del profundo dolor que experimentaba este futuro padre frustrado, era impresionante la culpa paralizante que sentía. Me percaté de que mi corazón se conmovía en lo más profundo. Estaba desorientado por completo. Este era un territorio inexplorado para mí. Con muchísimo cuidado, coincidí en que había cometido un grave error. Sabía que lo sacudiría el hecho de que yo reconociera esto, pero era mejor que tratar de aplicar paños fríos en esta situación. Él era plenamente consciente de que había tomado una terrible decisión; la culpa estaba escrita en su rostro y el dolor se derramaba con cada lágrima.

Luego de varios minutos, comenzó a calmarse un poco. Entonces pudimos reanudar la conversación. No pasé por alto la gravedad de lo que había hecho, pero tuve sumo cuidado de no atormentarlo más restregándole en su cara su pecado. Cada vez que me enfrento a la depravación del pecado de alguien, en lo único que puedo pensar es en mi propia naturaleza caída y en mi incapacidad para alcanzar el estándar de Dios. Sin embargo, la otra cosa que viene a mi mente también es cierta: la respuesta de Jesucristo a mi lamentable estado es la aceptación en vez de la condenación. Su postura hacia mí en medio de mi pecado estaba inundada de compasión, gracia, ternura y misericordia.

Aquella noche consideré que mi función en la vida de aquel hombre era reflejar el amor y la comprensión de Cristo, y luego darle espacio al Espíritu Santo para que trajera convicción de pecado.

—¿Has tenido tiempo de pedirle perdón a Dios por lo que hiciste? —le pregunté.

Oramos juntos y luego coincidimos en que debía pedirle perdón a la mujer y analizar cómo enmendaría esto. Aquella noche, parados en medio de un vacío y árido estacionamiento, un hombre destrozado le abrió de nuevo su corazón a Dios y comenzó lo que sería un largo y penoso camino de restauración.

Cada vez que recuerdo aquella noche, viene a mi mente el innegable poder de la gracia. Por el resto de su vida, un alma herida por el pecado recordaría esos momentos sagrados vividos en el estacionamiento de una iglesia, cuando se enfrentó a su pecado y halló perdón por medio de Cristo.

Sé que yo lo haré.

Amigo, no cuestiono en mi mente si estos encuentros valen o no la pena, incluso los más complicados. Te desafío a que asumas el riesgo y te salgas de tu rutina para descubrir la historia de otras personas, sin importar cuán incómodo te sientas, cuán difícil se torne la situación ni cuán grave sea el pecado con el que están tratando. ¿Por qué? Porque tú puedes ser la única llamita en la oscura noche de alguien, aquel que le recuerde que hay un Dios que lo creó, lo ama y anhela relacionarse con él a partir de donde se encuentra.

PREGUNTAS PARA LA REFLEXIÓN

1. ¿Qué área de efectividad practicas más en tus interacciones con las personas alejadas de Dios?

    ❏ Proximidad: eliges andar por donde los buscadores de Dios andan.

    ❏ Mantener el estilo: confías en que Dios usará tu personalidad natural.

    ❏ Aprovechar las cosas en común: buscas maneras de construir puentes en vez de erigir muros.

    ❏ Sensibilidad: recuerdas que las personas no religiosas no serán muy santas cuando las encuentres.

2. ¿Qué estilo evangelístico de los mencionados se asemeja más al tuyo? Por favor, amplía tu respuesta. Consulta las páginas 103-105 para ver ejemplos de cada estilo.

    ❏ Polémico
    ❏ Intelectual
    ❏ Interpersonal

❑ De invitación
❑ Servicial
❑ Testimonial
❑ Otro: _____

3. Piensa en tu actual esfera de influencia, incluyendo tu lugar de residencia, lugar de trabajo, las personas de tu grupo pequeño, amigos, parientes, relaciones y demás. ¿De qué manera piensas que Dios espera que tu estilo específico de evangelización produzca un impacto en la vida de estas personas?

4. ¿Qué acción eficaz podrías llevar a cabo esta semana que te haría usar tu estilo evangelístico en el descubrimiento de la historia de otra persona?

5. ¿Te has encontrado alguna vez con una historia turbia como la que se relata a partir de la página 110? ¿Cómo fue esa experiencia? Basado en esta realidad, ¿por qué supones que es tan importante escuchar la guía del Espíritu Santo en *todas* las situaciones evangelísticas?

POR ÚLTIMO, DISCIERNE LOS PASOS A SEGUIR

Hace algunos años, en un partido del Super Bowl, tuve una interesante conversación con un caballero que acababa de conocer. Justo cuando finalizaba el entretiempo, él comenzó a hablar de temas profundos. Tuve la sensación de que estaba ocurriendo algo sobrenatural, pero a medida que el predio comenzaba a bullir de nuevo con entusiasmo para la segunda mitad, la atención de todo el mundo se concentró en la pantalla gigante que teníamos enfrente. No era precisamente una oportunidad para llevarlo a un lado y guiarlo a hacer una oración de arrepentimiento.

Analicé mis motivaciones y reconocí que lo único que quería era servirle. No tenía la pretensión de ser quien lo hiciera cruzar la línea de la fe en aquel momento y en aquel lugar. Ni tampoco esperaba una invitación de su parte a perdernos la segunda mitad del juego para analizar las doctrinas esenciales del cristianismo. Sabía que él quería ver el juego (y yo también), pero también reconocía que nuestra interacción no había sido accidental.

Antes de regresar con la multitud, le pregunté si podía servirle de alguna manera en su búsqueda espiritual con cualquier cosa que él considerara que podría hacer para ayudarlo.

Su respuesta me conmovió:

—Si puedes, quisiera que oraras para que pueda comprender toda esta cuestión de la fe.

—Por supuesto —le dije—. Y si se te llega a ocurrir otra cosa, espero que me lo digas.

Luego reconoció que jamás había leído un libro cristiano, pero me dijo que si le enviaba uno, él leería solo un capítulo. «¡Pero solo uno!», insistió. Su habitual sonrisa me decía que hablaba mitad en serio y mitad en broma, pero acepté el desafío.

Apenas regresé a mi casa, me paré frente a mi biblioteca y traté de decidir qué libro le enviaría, sabiendo que solo contaría con un capítulo. ¡Una única oportunidad!

Oraba mientras revisaba los estantes y la adrenalina corría por mi cuerpo. *Padre, oriéntame hacia el libro correcto. Quita de en medio mis preferencias. Tiene que ser algo de su interés... Tan solo muéstrame qué deseas que él lea. Guíame al libro correcto y yo me aseguraré de que lo reciba.*

El material correcto en el momento oportuno

Días más tarde, cuando ya tenía el libro en sus manos, me puse a reflexionar en la experiencia. Hubo una época en mi vida cuando esa situación me habría dejado con la sensación de un vendedor ambulante al que le han cerrado la puerta en la cara. Esta vez no.

En esta ocasión me sentí en paz acerca de la manera en que se había desarrollado la conversación, e igualmente conforme con la repentina interrupción. Al continuar reflexionando en el asunto, me di cuenta de que con los años, el tiempo y la experiencia mi perspectiva había cambiado por completo. En determinado momento me percaté de que de todos los roles *potenciales* que podría cumplir en las situaciones evangelísticas, siempre terminaba alrededor de uno en particular: el de proveedor de recursos.

Estos proveedores son personas con mentalidad de

siervo que tienen el hábito de descubrir las necesidades a su alrededor y luego intentan suplirlas con naturalidad y efectividad de acuerdo a sus posibilidades. El proveedor de recursos no es un evangelista para personas díscolas, ni la conciencia moral de los rezagados y apartados, ni tampoco un pretendido conocedor de todas las respuestas de la Biblia. Tan solo es un hombre humilde que procura acercar a las personas a Dios.

La tercera D

En los capítulos 3 y 4 analizamos los primeros dos aspectos de lo que significa «vivir en 3D». Si deseas convertirte en una persona que se acerca a otros, entonces elegirás *Desarrollar amistades* con las personas que te rodean y luego correr el riesgo de *Descubrir sus historias*. En este capítulo, nos ocuparemos de la tercera D: aprender a *Discernir los pasos siguientes*.

Los próximos pasos son aquellos que vienen tras los primeros que diste para acercarte en primer lugar. Quizás tiendan a ser arriesgados, pero de cierto modo son calculados, porque el Espíritu te guía. De manera que, aunque los seguidores de Cristo jamás saben con exactitud cómo recibirá la persona esos próximos pasos, se arriesgarán a darlos sabiendo que jamás podrían ganar terreno espiritual de otra manera.

Supón que estás en una fiesta y asumes el riesgo de acercarte a alguien que está solo e inicias una conversación. Luego recoges algunas facetas interesantes de su historia. ¿Vas a ir un paso más allá y formularle un par de preguntas más profundas o mantendrás el tema superficial y harás una broma que alivie el malestar a medida que te alejas?

O quizás regresas de un viaje de negocios y en medio del vuelo el hombre que está sentado a tu lado se siente cómodo como para mencionar que no logra recuperarse del fallecimiento de su padre a principios de año. Recuerdas un libro que leíste una vez que fortaleció tu fe luego de pasar por una situación de profundo dolor. ¿Correrías el riesgo de revelar tu fe en Dios y recomendar el libro o asentirías con comprensión para luego pasar a otro tema?

Estando en el aula de tu hijo en la fiesta escolar navideña escuchas que la maestra le comenta a otro padre que ese mes será duro para ella porque no podrá viajar al este a pasar la Navidad con su familia. Sola en las fiestas... eso no es bueno. ¿Te arriesgarías a invitarla al culto de Nochebuena con tu familia o a tu hogar para celebrar Navidad, o actuarías como si no hubieras escuchado nada?

En tu vida cotidiana hay innumerables oportunidades en que se presentan estas bifurcaciones de caminos. Situaciones en las que debes decidir ante ti mismo y ante Dios si vas o no a dar el siguiente paso para producir un impacto en la vida de las personas. He aquí lo principal: ser un proveedor de recursos significa elegir con sabiduría en estos cruces de caminos.

No necesitas ser más talentoso, ni más rico, ni más delgado, ni más inteligente, ni más ni menos *nada* para ser socio de Dios. Todo lo que tienes que hacer es estar dispuesto a ser usado por él en las situaciones cotidianas. Si esto es así en tu caso, ¡recorramos este camino en el que aprenderemos a discernir los pasos siguientes apropiados para guiar a las personas hacia él!

INTERACCIONES INICIALES

Tengo una amiga cuya familia acaba de mudarse a otra ciudad. A los pocos días de haberse instalado, se encontró con su vecina de al lado. Durante la breve charla que mantuvieron, la vecina ofreció varios detalles de su vida: era casada, tenía cuatro hijos, trabajaba en una gran empresa y luchaba por mantener en equilibrio el trabajo fuera y dentro de la casa. Su hijo mayor, un adolescente de dieciocho años, muy tenaz *según* ella, estaba indeciso acerca de asistir o no a la universidad y trabajaba en un almacén cercano.

La familia hacía malabares para cumplir con las diversas actividades que se superponían, como los juegos de baloncesto y los viajes de negocios de su esposo, lo que hacía que sus dos perros labradores permanecieran sin atención durante días en el fondo de la casa. Luego de unos minutos de conversación, ambas mujeres se dirigieron a sus respectivas viviendas. Los perros se acercaron corriendo, trayendo pelotas de tenis en la boca y un ruego silencioso en los ojos. «¿Ves? A esto me refiero», dijo a vecina. «Ellos tienen *mucha* más energía que la que nuestra familia puede ayudarles a gastar. ¡Nos sentimos muy culpables por esto!». Al alejarse, ofreció una media sonrisa que expresaba su frustración por no poder seguirle el ritmo alocado a esta vida.

Ahora bien, puede ser que luego de un encuentro como este saludes amablemente con la cabeza y sonrías excusándote con un: «Fue un placer conocerte». Sin embargo, lo que quiero que veas es que cualquier típico intercambio verbal de diez minutos puede generar decenas de formas por las que puedes descubrir las necesidades de las personas dentro de tu esfera de influencia.

Trata de captar las señales claras como el cristal que la gente envía —muchas veces sin intención— que te informan sobre sus necesidades y que pueden guiarte hacia los recursos correctos a sugerir. No hace falta ser un genio para discernir los próximos pasos adecuados a seguir en las relaciones. Lo único que precisas es un radar que capte las indicaciones del Espíritu Santo así como también las necesidades de la persona con la que hablas.

Quizás sea una palabra oportuna o una pregunta bienintencionada. Un libro bien escogido o un mensaje, o tal vez un seminario o evento relacionado con la situación. Un espíritu dispuesto, una sonrisa sincera, un oído atento o —como lo descubrió mi amiga— un compromiso a llevar a pasear de vez en cuando a un par de perros mientras la familia se ocupaba de sus responsabilidades. ¿Quién sabe adónde se podría llegar con un pequeño acto de bondad como ese?

Es así, las cosas cotidianas y al parecer insignificantes

pueden convertirse en herramientas divinas, transformadoras de vidas, en las manos de seguidores de Cristo compasivos. Sin embargo, jamás conocerás el impacto que producen hasta que las ofreces como recursos para suplir las necesidades de aquellos que te rodean.

Era invierno y estaba de viaje para cumplir con una serie de compromisos como conferenciante cuando decidí salir a desayunar solo para pasar unos momentos de quietud delante de Dios. Era una mañana fría y borrascosa, pero recuerdo haber sentido el calor de la presencia de Dios mientras susurraba una oración y cruzaba la calle para entrar en un café. *Durante este día, Señor, haré todo lo que me pidas que haga. Solo por este día.* No quería hacer una promesa mayor y no ser capaz de cumplirla, de manera que tomé el camino más seguro. Imaginaba que podría mantener la norma baja: «Un día. Lo que sea, Señor». Ese era el trato.

Cuarenta y cinco minutos más tarde, después de tomar un desayuno bien caliente acompañado de varias tazas de café, me dirigí de regreso a mi automóvil, avanzando contra la persistente nevada que me daba en el rostro. Casi en forma audible recibí una indicación de parte de Dios. (Esto no me sucede a menudo, pero aquel día ocurrió). «Date vuelta», me dijo.

De manera que, como te imaginarás, seguí caminando.

Ante mi asombro, su voz no se dio por vencida, amedrentada por mi obstinación. «Date vuelta», insistió. Mi memoria de corto plazo me acusaba al recordar que hacía menos de una hora le había prometido a Dios que estaría disponible para él durante todo el día. ¿Cómo podía entonces negarme a seguir su dirección luego de haber hecho un compromiso tan claro?

Giré para mirar hacia atrás y no vi absolutamente nada. «¿Ves, Dios?», dije con desdén. Sin embargo, al mirar un poco en derredor, distinguí a una anciana —tal vez de al menos ochenta y cinco años— que acababa de descender del autobús local en la esquina, a unos pasos de donde yo estaba. Iba a hacer unas compras pero se veía frustrada por un montón de nieve que bloqueaba el ingreso a la primera tienda en su lista.

—¿Cómo va a sortear semejante montículo de nieve? —le dije con un tono que denotaba mi intención de ayudarla.

—Será difícil a menos que me ayudes, hijo —dijo sin inmutarse.

Al echarle una mirada a la calle, observé que el obstáculo de nieve se extendía hacia ambos lados junto a la acera por varias cuadras. Pateé un poco el montón de nieve y vi que debajo se había formado hielo. Aunque se tomara con firmeza de mi brazo, no había manera de que cruzara la nieve sin resbalarse.

—Señora, no sé cómo irá a tomarlo, pero debo decirle que no veo manera de que usted cruce a menos que yo la levante en mis brazos.

Ella hizo una pausa para luego decir:

—Bueno, no puedo quedarme aquí todo el día. Levánteme, pero tenga cuidado.

Y se preparó a confiar en un perfecto extraño.

Con tanta suavidad como pude, la alcé por encima del montón de nieve y la dejé justo frente a la entrada del negocio. Le pregunté qué haría cuando hubiera terminado de hacer las compras.

—No te preocupes, hijo —me respondió mientras apoyaba su frágil mano sobre mi hombro—. Gracias por ayudarme. Eres un joven muy amable.

La observé mientras entraba a la tienda y seguí mi camino hacia mi automóvil, temblando a causa del viento helado. Se me ocurrió, mientras conducía hacia el lugar donde debía hablar primero, que el sencillo acto de suplir la necesidad inmediata de alguien aquella mañana tal vez superaría cualquier otro evento público y más estimulante desde el punto de vista intelectual que ocurriera ese día. Durante los minutos que estuve detenido en la luz roja, ahora en la confortable tibieza del interior de mi automóvil, me puse a especular sobre cómo se habían desarrollado los hechos.

Ahí estaba Dios, sentado allá arriba, observando a una de sus hijas anciana y frágil que necesitaba ayuda en una helada mañana invernal. Él sabía que su más o menos obediente y fornido (según mi opinión) joven hijo estaba ahí en el mismo barrio. De modo que envió un mensaje a su hijo por medio del Espíritu avisándole de la necesidad. Por supuesto, al principio él se fastidió e intentó ignorar la orden, pero al final la escuchó con claridad. «¡Date vuelta!», había dicho. Y por último me di vuelta.

En resumen, eso fue lo que sucedió aquella mañana. Dios me eligió para suplir una necesidad práctica. Y más allá de la simplicidad evidente, tal cosa sirvió para reafirmar mi objetivo diario como seguidor de Cristo de permanecer sensible a la actividad divina en este mundo y estar dispuesto a que él me usara en el cumplimiento de una parte, ya sea grande o pequeña.

Por supuesto, no tengo la menor idea de si aquel minúsculo acto de amabilidad cumplió algún rol en la vida de aquella mujer para con el tiempo acercarla a la fe en Dios. Quizás ya fuera una seguidora de Cristo; no lo sé. Sin embargo, la clave es tener un espíritu dispuesto, un corazón abierto y una mentalidad que diga: «Si hubiera algún recurso que pudiera brindarte que sirviera para aliviar tu carga, desenmarañar tu confusión o solidificar tu confianza en el Dios que te hizo y te ama, espero que me permitas hacerlo».

CÓMO SER UN PROVEEDOR DE RECURSOS

Este enfoque funciona bien: si me veo como un proveedor de recursos, tiendo a relajarme ante el hecho de que el camino de fe de una persona es justo eso… un camino. No es un cuadrito que hay que marcar con una cruz, ni una oración que se hace una vez, ni tampoco un contrato que hay que firmar. Es un *proceso* que continuamente conduce a preguntas como: «¿Estás dispuesto a que te asesore en cuanto a esto?» o

«¿Puedo dejarte en tu correo un buen CD de música para que escuches? Creo que te encantará».

Una vez que se ha roto el hielo en una conversación dada, trato de concentrar mi atención en *cualquier cosa* que la persona pueda decir o hacer que me indique que podría estar dispuesta a recibir algún recurso que yo pudiera ofrecerle. Por ejemplo, si le pregunto con cautela acerca de su vida espiritual y reconoce estar confundido, busco maneras de orientarlo hacia Dios, un paso a la vez. «Yo no tengo todas las respuestas», puedo decirle. «Créeme, me sigo sintiendo confundido acerca de muchas cuestiones de la vida, pero hay algunas cosas de las que sí estoy seguro. Y si estás dispuesto a que te ayude con algo o si hubiera algún material que consideraras de utilidad, házmelo saber. Podría ser un libro o un casete, o a lo mejor escuchar parte de mi historia, o saber más acerca de la historia de Dios... Tan solo dime qué te sería de utilidad».

Y si mi oferta no es aceptada, por mi parte no hay problema. ¿Sabes por qué? ¡Porque puedo esperar por ellos! Algo puede ocurrir en la vida de esa persona que la hará decirse: *¿Sabes qué? Creo que aceptaré tal propuesta si sigue en pie. Creo que me serviría un poco de orientación, un consejo o algo de aliento.*

Entonces entraré en acción. Cosecharé los frutos de haber sido un compañero paciente. Me convertiré en un conducto que brinde cualquier recurso apropiado para el momento. Con el paso de los años he tenido el privilegio de ofrecer una gran variedad de recursos. Algunas veces es algo tan sencillo como un libro o un CD, como mencioné antes. En otras ocasiones el recurso más efectivo que pude darle a un amigo fue presentarle a alguien que acababa de pasar por la misma enfermedad, el mismo aprieto o la misma pérdida que él. Cuando debes atravesar por una circunstancia difícil, es en extremo reconfortante saber que no estás solo. Es increíblemente tranquilizador darse cuenta de que otros hombres y mujeres han pasado por la misma zona oscura que estás atravesando, ¿no?

Cada vez que me tocó estar presente cuando un amigo

tocó fondo en su vida, le agradecí profundamente a Dios por haber podido acompañarlo. Me regocijé por haber podido brindarle recursos que lo hicieron avanzar un poco hacia la fe, y porque la paciencia prevaleció por sobre una agenda apretada.

Deseas que lo mismo te suceda algún día, ¿no es así? Créeme, no es solo posible sino que es *probable* si tomas en serio este rol de convertirte en un proveedor de recursos en la vida de cualquier persona con la que te cruces. Si eres afortunado, algunas de esas interacciones iniciales, como salir a ejercitar al perro del vecino o ayudar a una anciana a cruzar un montón de nieve, quedarán grabadas para conseguir una participación o relación ulterior. Y esta es la ventaja: jamás sabrás en qué terminará todo hasta que no asumas el riesgo inicial de involucrarte. En algunas ocasiones es como si Dios te susurrara una frase de esperanza al interactuar con determinadas personas: «Sigue un poco más... esta relación crecerá si lo intentas...».

Sin embargo, ¿cómo pasar de las interacciones iniciales a producir una diferencia significativa en la vida de las personas?

Me agrada que lo hayas preguntado.

El FACTOR DE «ESTAR CON».

En un retiro de líderes de Willow Creek que tuvimos hace muchos años, les presenté algo llamado el factor de «estar con» al resumir el enfoque de Jesús para producir el impacto más significativo en las personas de este mundo. Jesús influyó de un modo profundo en la vida de sus discípulos al vivir con ellos. Los invitó a compartir su mundo y él a su vez se involucró en el de ellos. Es innegable que los momentos que más transformaron la vida de los discípulos tuvieron lugar durante los sucesos *cotidianos* junto a su Señor.

El factor «estar con» es un concepto básico y esencial para comprender la comunión bíblica entre los creyentes, así como para aprender a discernir los pasos siguientes en la vida de las personas que todavía no conocen a Dios. Debes *estar con* la gente para poder saber qué recursos brindarles. Una vez que saben que tú estarás allí para lo que sea, te permitirán que les sugieras casi cualquier recurso razonable que los ayude en su crecimiento espiritual.

¿Te sientes comprometido a *estar con* los miembros de tus diversos grupos sociales, viviendo la vida con ellos, compartiendo juntos, relacionándote hombro con hombro?[4] De no ser así, ¿qué es lo que te retiene? Cristo modela la vida que nosotros estamos supuestos a llevar, un tipo de vida que incluye relacionarse íntimamente unos con otros, de manera sincera y auténtica. Y las amistades que hoy son firmes pueden rastrearse hasta una primera conversación cuando alguien eligió involucrarse, alguien eligió conocer la historia de la otra persona y alguien estuvo dispuesto a prestar atención a la oportunidad en que los recursos adecuados pudieran suplir algunas necesidades.

Una seguidora de Cristo llamada Anne decidió cierta vez involucrarse seriamente en esto de estar con las personas que la rodeaban, en especial con las de su vecindario. Ella decidió invitar a su casa a varios oradores de su localidad para que brindaran su perspectiva y sus conocimientos sobre cierta variedad de temas, los cuales iban desde cómo instaurar tradiciones familiares hasta cómo equilibrar las exigencias del trabajo y la responsabilidad de criar a los hijos. Anne invitó a todas las damas de varias cuadras alrededor. Luego de varios aperitivos, refrescos y charlas posteriores, ella desarrolló relaciones sólidas con la mayoría de las mujeres de su barrio.

La confianza que promovió con aquellas mujeres se extendió a sus familias. Luego de los ataques terroristas del 11 de Septiembre en Nueva York, Anne y sus dos pequeños hijos salieron una soleada tarde de domingo con vasos de jugo y un plato de galletas. Caminaron por toda la cuadra invitando a los niños del barrio, más allá de sus creencias religiosas, a reunirse en el garaje de Anne a determinada hora para orar por el mundo. Se asombró cuando las familias se aparecieron con sus niños listos y dispuestos a ofrecer su oración inocente y con palabras sencillas a Dios por la protección y el bienestar de los Estados Unidos.

Además, ella y su esposo han estado sirviendo por algún tiempo en un ministerio en Cuba. Cada vez que emprenden un viaje, les hacen conocer a sus vecinos sus objetivos y los pedidos de oración. «El apoyo manifestado por nuestros vecinos a través de los años nos deja anonadados», me comentó hace poco. «Cada vez que preparamos un viaje, muchos se acercan a preguntarnos en qué nos pueden ayudar. La mayoría de las veces nuestra familia parte hacia Cuba con montones de ropa que han reunido nuestros vecinos, así como también con la seguridad de que ellos estarán pensando en nosotros y orando fervientemente durante nuestro viaje».

El año pasado, a su regreso de uno de los viajes, Anne y su esposo decidieron organizar una reunión informal en su casa para poder poner al tanto de todo a los vecinos interesados en su viaje. Anne solicitó la ayuda de un pastor cubano que justo estaba en la ciudad. Él brindó un breve panorama sobre la situación actual en Cuba y acerca de lo que los estadounidenses podían hacer para aliviar los conflictos en aquel país comunista. A lo largo de la tarde, la familia de Anne intercaló relatos e imágenes de las recientes experiencias vividas. ¡Imagínate las increíbles conversaciones que tuvieron lugar así, cara a cara, en aquel encuentro!

Diez años después de sus primeros esfuerzos por construir puentes hacia sus vecinos, Anne ahora reconoce que aquellas primeras reuniones en su casa fueron de fundamental importancia para las profundas relaciones que se generaron... relaciones que pudieron soportar algunas serias tormentas en la vida de aquellos vecinos: enfermedades, pérdida de embarazos, cambios de empleo, sueños frustrados y expectativas con los hijos que jamás resultaron.

Te podrás imaginar cuán angustiada se sintió Anne el

día en que ella y su esposo decidieron que por un gran número de motivos tenían que mudarse. ¡Todos esos años de inversión echados a la basura! Anne estaba desconsolada... hasta que Dios la alentó a que depositara sus energías en terminar bien lo que había empezado en su barrio actual. Ella comenzó a orar de todo corazón por la familia que se mudaría a su casa, con la esperanza de que estuvieran dispuestos a ser el «adhesivo» relacional que ella había sido para aquel barrio.

La familia que al final hizo una oferta por la casa de Anne y terminó mudándose allí era una familia de seguidores de Cristo. Antes de que se produjera la transición, Anne organizó una fiesta de helados para darle la bienvenida a los nuevos dueños de la casa y a la vez despedirse de los vecinos que se habían convertido en una familia durante aquellos diez años.

«¡Vinieron setenta y cinco personas!», me contó más tarde. «¡Fue un rotundo éxito! Te aseguro, Bill, que se percibía la calidez y la camaradería en el aire». Durante la fiesta, Anne y su esposo tomaron fotografías de cada familia del barrio y se las obsequiaron en un álbum a sus «sucesores» en la cuadra. Ella afirma que el legado de su familia permanece vivo en aquella pareja que junto con sus hijos sigue corriendo la carrera llevando la antorcha del cuidado de Cristo y un corazón rebosante de compasión por las personas de su antiguo barrio. Ellos son los que seguirán guiándolos, un paso a la vez, hacia el Dios que los creó y que por sobre todas las cosas busca relacionarse con ellos.

TAN SOLO HAZTE VISIBLE

Quizás algunos tengan el siguiente pensamiento que le da vueltas por la cabeza: *Pareciera que yo no tengo oportunidades en mi vida como las que describes. Muchas veces me he acercado a las personas, pero no pasa de un cierto intercambio de frases y unos pocos minutos de conversación. ¡Me da la impresión de que no llegamos a ninguna parte!*

Si esto es lo que piensas, te desafío a que reavives un poco tu rutina evangelística. Como hizo Anne, concéntrate en un grupo de personas en particular que se hallen en alguno de tus círculos de relación. Pueden ser personas de todo tipo: tus socios en los negocios, tus vecinos, tus compañeros de la clase de yoga, los que atienden la panadería o el taller de repuestos de autos, los padres de los amigos de tus hijos, lo que sea... Apuesto a que si lo piensas un rato, descubrirás que hay muchas personas en tu mundo que disfrutarán la oportunidad de sentirse involucrados en una comunidad.

Si no ves la posibilidad en tu vida de acercarte a otras personas en busca de puertas abiertas para que puedas «estar con» ellas a largo plazo, entonces comienza con las personas con las que ya «estás» e intenta discernir primero los próximos pasos adecuados para esas relaciones. Al final, Dios abrirá para ti esa puerta perfecta de oportunidad espiritual.

Recuerdo haber aprendido mucho de un miembro del equipo de Willow llamado Dave, el cual se enfrentaba a un dilema con el que casi todos los seguidores de Cristo pueden sentirse identificados. Él tenía el deseo de llevar a cabo un evangelismo personal, pero no lograba imaginar un contexto en el que pudiera estar hombro a hombro con las personas que vivían cerca de su casa.

Dave se reunió con varios vecinos en la zona que también asistían a Willow, y juntos intentaron desarrollar un plan para ocuparse de sus vecinos con el objetivo final de guiarlos a la fe en Dios. Por desdicha, el grupo no se comprometió con la actividad. No querían involucrarse en nada serio porque ya tenían bastantes responsabilidades. Les parecía que eso iba a consumirles mucha energía, sumado a las ya abultadas demandas laborales y los problemas que les ocasionaba la agenda de actividades de sus hijos. Como te imaginarás, Dave estaba deprimido. «Seré parte del vecindario de *perdedores*», se lamentaba en broma.

Como muchos de ustedes, Dave luchaba con el deseo de someterse a la exhortación de Cristo de servir a las personas que lo rodeaban, al cual se superponía la realidad de que no surgían pasos a seguir que fueran evidentes. Como él no se daba por vencido con facilidad, urdió un plan. Dave encaró a uno de los hombres que había asistido a aquella primera reunión y le planteó un desafío: «Apuesto a que puedo organizar un mejor equipo de *kickball* (juego muy popular en los Estados Unidos que es una mezcla de fútbol y béisbol) que tú». Aquel vecino se echó a reír pero aceptó el reto. «¡De acuerdo!».

Al domingo siguiente, al anochecer, ocho familias (alrededor de cuarenta personas) se aparecieron en el campo de juegos de la escuela primaria de la zona. De hecho, Dave, su esposa y sus dos hijos eran los líderes (algo obvio, pues eran los dueños del balón) y de inmediato dividieron al grupo en dos equipos.

Realizaron un breve partido masivo y luego permitieron que continuaran jugando los niños mientras los adultos salían del campo de juego para conocerse y contar anécdotas sobre sus hijos.

«Ha pasado un año desde aquel primer juego», nos contó Dave hace poco. «Durante los meses del verano nos reunimos todos los domingos por la noche para estos partidos de *kickball*, y los niños lo disfrutaban tanto que se encargaron de difundirlo entre sus amigos. La gente se acercaba de todas partes, y al vernos correr de un lado al otro se preguntaban qué sucedía.

»Durante los primeros meses», nos cuenta Dave, «promediamos unos sesenta y cinco entre padres e hijos cada domingo por la noche. ¡La gente lo disfrutaba! Estaba diseñado como una actividad para alcanzar a las personas, pero la gente seguía viniendo porque era... bueno, era realmente divertido. Inventábamos reglas para que siguiera siendo interesante: los padres debían patear con su pierna no hábil, los niños menores de cinco años siempre eran admitidos en la base. Esto hacía que nuestros partidos terminaran cuarenta y ocho a treinta y dos, por ejemplo. Nunca jugábamos más de tres entradas cada vez, de modo que la gente siempre se iba con ganas de jugar más. ¡Era fantástico!

»Cuando comenzó el invierno, nos dirigimos a un centro de parques y recreación para averiguar si nos podrían alquilar un gimnasio para el grupo. Hablé con las familias del otro equipo y les expliqué que si entre todos poníamos una pequeña suma de dinero, podríamos continuar con nuestra costumbre de jugar *kickball*. Sin dudarlo un instante, todos estuvieron de acuerdo.

»Cuando habían pasado algunos meses, mi esposa y yo optamos por repartir las responsabilidades de la planificación a todo el grupo de manera que todos tuviéramos una participación similar en los encuentros. Comenzamos a rotar las tareas de coordinación y asignamos dos parejas para cada semana. Las relaciones que florecieron incluso en el contexto de la *planificación* de nuestras noches de *kickball* fueron impresionantes. Siempre que podía, trataba de armar pares de parejas donde una fuera seguidora de Cristo y la otra todavía no. Como se reunían antes del domingo para preparar la comida, hacer llamadas para recordarles a los vecinos el juego y planificar el encuentro posterior al partido, las conversaciones con frecuencia iban hacia temas espirituales, por lo general originados por preguntas simples como: «¿Asisten a alguna iglesia?».

»Por supuesto, no todas las familias podían jugar cada vez que nos reuníamos, pero el grupo siguió creciendo y expandiéndose, a la vez que seguíamos profundizando nuestra amistad. ¡En estos momentos, si asistiera el grupo completo, seríamos más de ciento cincuenta!».

Lo más interesante del grupo de *kickball* de Dave es que una vez que sentaron las bases para una relación, las actividades comenzaron a aparecer una tras otra en el calendario. Disfrutaban de la llegada del año nuevo juntos. Miraban juntos los partidos del *Super Bowl*. Celebraban el día de San Valentín, viajaban juntos en las vacaciones de primavera y disfrutaban de comer al aire libre con las otras familias durante el verano.

Nueve meses después de que el grupo se reuniera por primera vez, justo para la época en que estábamos por inaugurar el nuevo auditorio de Willow, Dave tuvo una idea. El grupo de *kickball* no estaba afiliado a una determinada iglesia ni entidad religiosa. Y, después de todo, esa era la idea: alcanzar a las personas sin importar en qué parte de su camino de fe se encontraran. Así que Dave sintió el impulso de extender una invitación oficial a todo el grupo para que asistieran junto a su familia al gran festejo por la inauguración.

«Jamás me voy a olvidar de lo que me dijo una mujer», me contó Dave. «Cuando la invité a la fiesta de inauguración, me dijo que ella y su esposo habían querido asistir a una iglesia por años pero nunca creyeron que serían bienvenidos en alguna parte. Desconocían los requisitos internos para ser parte de una iglesia y se sentían incómodos en la mayoría de los ámbitos eclesiásticos porque desconocían los rituales, las normas y las expectativas.

»"¡Podríamos probar con tu iglesia!", me dijo. Yo estaba encantado. Esta historia fue tan solo uno de los milagros que nuestro grupo vio aquel año. Sin excepción, todas las familias que habían sido invitadas al festejo de la inauguración visitaron Willow. Quizás no lo hicieron aquel fin de semana, pero al final todos vinieron. ¡Fue increíble!».

Amigo, esto no es algo tan complicado. Un poco de paciencia, un poco de perseverancia y mucha dependencia en el Espíritu Santo de Dios, y entonces... *voilà*, surge el paso siguiente. Dave nos cuenta que en estos días hay nuevas familias que se mudan al barrio y han ido a visitar al grupo de *kickball* como una manera de integrarse a la comunidad. «Hay tres familias que acaban de mudarse a la misma calle. Y antes del mes ya habían venido a los partidos de *kickball*», nos dijo. «Parecerá algo poco común, pero funciona».

La mayoría de los días en que no hay partidos de kickball, Dave y su hijo suelen permanecer en el jardín del frente jugando a la lucha o pateando un balón de fútbol. Durante un período en particular, el hijo adulto de sus vecinos —un hombre soltero de unos cuarenta años— se mudó a vivir con sus padres porque necesitaba que lo atendieran debido a que padecía de un cáncer que avanzaba de forma progresiva. Era un tipo de cáncer muy traicionero que atrofiaba con rapidez todo su sistema muscular. Mike, este hombre, necesitaba que lo ayudaran a hacer hasta lo más esencial: levantarse de la cama, ducharse, vestirse, hacer la comida y demás.

Dave había visto que cuando hacía buen tiempo Mike salía a dar una vuelta con su silla de ruedas eléctrica. Había notado que se quedaba fumando un cigarrillo y mirando cómo él y su hijo Scott jugaban con el balón. Con el tiempo, Dave llegó a conocer muy bien a Mike y supo de sus estudios, logros, aspiraciones y preferencias, así como también de sus deseos y temores.

«Las cosas fueron empeorando cada vez más para Mike», recuerda Dave. «Los músculos ya no le respondían y lo internaron en terapia intensiva, porque como no le funcionaba el diafragma, no podía respirar. A esas alturas ya lo conocía bien a él y a sus padres, por eso sentí el impulso de visitarlo varias veces mientras estaba en la unidad de cuidados intensivos.

»Jamás olvidaré el día en que sonó mi celular con la noticia devastadora. Al parecer, al jueves siguiente desconectarían los equipos que mantenían con vida a Mike, y otro vecino me avisaba que sus días estaban contados. Justo lo había visitado unas horas antes de aquella llamada, y si bien sabía que debía dejar lo que estuviera haciendo para ir al hospital a despedirme de Mike, me sentí paralizado. No podía soportar verlo morir. Al día siguiente, conduje hasta el hospital entre dos reuniones de negocios, y llamé de inmediato a mi esposa. "Ven conmigo al hospital para que podamos despedirnos de Mike", le sugerí. Ella estaba justo liderando un encuentro. De manera que dependía solo de mí. Era mi decisión».

Dave sabía exactamente lo que tenía que hacer, y así lo relata.

«Recuerdo que entré en la unidad de cuidados intensivos y me encontré con Mike allí tendido, al parecer dormido. Su respiración estaba controlada por los equipos que zumbaban de manera rítmica. Se veía tranquilo, en paz, tan diferente de todos nosotros que andamos por la vida a las carreras.

»*Muy bien, Señor, oré en silencio. Aquí estoy. Me hice presente y no pasa nada. Supongo que permaneceré aquí mirando a Mike hasta que se despierte. ¿Es eso lo que tengo que hacer? Solo me quedaré aquí y esperaré.* Mi mente se movía siguiendo el ritmo de los equipos que había en la habitación. *¿Se supone que debo esperar aquí? ¿Estoy molestando? ¿Por qué vine? ¡Hay cientos de lugares donde podría estar en vez de estar aquí!*

»Había enfrentado mi propia lucha contra el cáncer hacía unos años», contó Dave, «y lo último que deseaba hacer era estar junto a una cama de hospital viendo cómo un amigo moría de esa enfermedad». En medio de los pensamientos que acudían a su mente, algo en el exterior atrajo la atención de Dave. Durante casi treinta minutos se sumergió en la actividad que se desarrollaba al otro lado de la ventana del hospital, soñando despierto y esperando con paciencia que Mike se despertara.

«Apenas Mike parpadeó y abrió los ojos, me puse donde pudiera verme. "No, por favor, no te levantes", le dije en broma. Él sonrió con aquella amplia sonrisa a la que tanto me había acostumbrado, mientras una enfermera entraba en la habitación.

»"¿Quién es usted?", preguntó mirándome fijo a los ojos.

»"Vine por sus clases de danza", respondí, y Mike volvió a sonreír al tiempo que yo le estrechaba la mano en señal de aliento.

»Mike había desarrollado su propia manera de comunicarse durante su estadía en el hospital. Su voz era tan débil que parecía apenas un susurró. Además tenía un tubo para respirar introducido en la tráquea que seguro le causaría dolor al esforzarse por hablar, por eso conversábamos por medio de expresiones faciales y apretones de mano en vez de con palabras.

»No soy pastor», continuó Dave al reflexionar en aquel día, «y no tengo idea de lo que se supone que hay que decir en situaciones como esta, como notarás por las bromas que hacía. Sabiendo que quizás hacía las preguntas equivocadas, me senté al borde de la cama de Mike, mientras el delgado colchón se hundía en el frío bastidor que había debajo. "¿Tienes miedo?", le pregunté. "¿Qué crees que va a pasar? Es decir, ¿sabes lo que sucederá contigo esta semana?" Mis preguntas eran más una especie de terapia personal que un intento de mantener una conversación. Sabía que Mike no podía responder, pero seguí de todos modos.

»"Mike, quiero hacerte una pregunta", comencé diciendo. "Cuando te quiten todos estos aparatos, ¿irás al cielo?" Acerqué mi oído a sus labios para escuchar que susurraba: "Eso creo... eso creo".

»Bill, no tenía idea de qué hacer a continuación. No deseaba cuestionar la autenticidad de su respuesta, pero tenía la fuerte sensación de que no estaba del todo seguro de adónde estaría a partir del jueves. Mencioné que pensaba que sería bueno que conversáramos de algunas cosas referidas al cielo y de cómo tener la seguridad de que iríamos allí. Le pregunté si quería que oráramos juntos un par de minutos para aclarar las cuestiones referidas al cielo, y Mike estuvo de acuerdo. Así que allí estábamos, Mike tendido en una estéril cama de hospital y yo a su lado, cubriendo con mis manos las suyas.

»Oré una frase e hice una pausa, otra frase y otra pausa, a la espera de alguna confirmación de que Mike hubiera escuchado y comprendido lo que yo decía a su favor. A medida que avanzaba sentía un determinado apretón en la mano cuando expresaba algo con lo cual él se sentía en especial identificado. Oré por su seguridad de la salvación. *Apretón.* Le pedí a Dios que le diera paz acerca de su destino eterno. *Apretón.* Le agradecí a Dios porque como Mike había creído en Jesús como su Señor y Salvador ahora él pasaría toda la eternidad en el cielo a su lado. *Apretón más largo.*

»Se acababa el horario de visita y debía irme. Miré a Mike antes de salir de la habitación y le dije: "Como vas a ir al cielo, no te voy a decir *adiós*, ¿sabes? Solo te diré *hasta pronto.* Reserva una buena calle allí para que tú, Scott y yo podamos jugar a la lucha un día, ¿de acuerdo?".

»Avancé unos pasos hasta la puerta y luego giré lentamente, haciendo una pausa para ver esa enorme sonrisa de Mike por última vez. Con un movimiento de labios me dijo: "Gracias", y volvió a esbozar la última sonrisa que vería de él. Luego me marché».

Aquel jueves desconectaron a Mike según lo programado, y murió. Durante el funeral, Dave reflexionó en el último encuentro que había tenido con Mike. «Fue como si Dios me dijera de manera audible: "Gracias por hacerte presente, Dave. Gracias por reaccionar ante mi indicación y estar ahí. Eso es justo lo que quería que hicieras"».

El viernes siguiente al servicio fúnebre, Dave y su esposa se acercaron a la casa de los padres de Mike para presentar sus condolencias. Los amigos, la familia y otros vecinos se reunieron en la sala, llevando bandejas con lasaña y jarrones de flores.

Después que todos los demás se marcharon aquella tarde, Dave se sentó frente a los padres de Mike en aquel cuarto vacío. Les contó acerca de la última visita que le había hecho a su hijo. Sin embargo, antes de que pudiera darles todos los detalles, la madre de Mike lo interrumpió con una cansada sonrisa en su rostro.

«Lo sabemos, Dave, lo sabemos. Cuando visitamos a Mike el miércoles por la mañana, un día antes de que lo desconectaran, escribió en su anotador que ustedes habían hecho una gran oración. Con letras enormes escribió: "Mamá y papá, ahora está todo bien". Dave, ¿qué fue exactamente lo que oraste con nuestro hijo?».

Dave repitió cada palabra y cada apretón de manos de aquella visita al hospital, y finalizó el relato diciendo: «No hay dudas de que su hijo está en el cielo». Luego observó los rostros aliviados de aquellos padres solícitos que no deseaban otra cosa más que su hijo pasara la eternidad con Dios.

No sé lo que opinas, pero me parece muy interesante que justo cuando este hombre llamado Mike estaba por finalizar sus días en este mundo, Dios lo haya puesto en la casa de sus padres en las afueras de Chicago. Es asombroso también que el Espíritu de Dios precisamente estuviera al mismo tiempo despertando una pasión en el corazón de un joven llamado Dave que también residía en las afueras de la ciudad... y que no sería disuadido con facilidad de su misión de relacionarse con las personas de su barrio.

Me da la impresión de que como Dave se comprometió a ser un proveedor de recursos en la vida de las personas que lo rodeaban y a ocuparse más de suplir las necesidades de ellos antes que las propias, Dios eligió usarlo en una iniciativa del reino sumamente interesante. En mi opinión, *todos* los seguidores de Cristo —no solo los que sean «como Dave»— deberían estar listos para influir en la vida de aquellos que los rodean; ya sea estando dispuestos a organizar maneras creativas de unir a las familias, o tal vez solo dedicándose a *conocer* a los vecinos, o quizás haciendo un hueco en la agenda para ir junto a un hombre moribundo con tal de asegurarse de que irá al cielo.

Amigo, la vida es demasiado corta —para ti y para tus conocidos— como para que no te hagas presente en sus vidas. Cuando el Espíritu te impulse a cruzar un campo de juego, un lugar de estacionamiento, un cuarto de hospital —lo que sea— corre el riesgo de mostrarte, de hacerte presente. Luego acepta hacer justo lo que el Espíritu te pide que hagas, ofreciendo cualquier recurso disponible de forma tal que otra persona más pueda estar jugando a la lucha en las calles del cielo.

Este es el paso siguiente del que jamás te lamentarás.

PREGUNTAS PARA LA REFLEXIÓN

1. En las páginas 117-118 se te recuerda que «no necesitas ser más talentoso, ni más rico, ni más delgado, ni más inteligente, ni más ni menos *nada* para ser socio de Dios. Todo lo que tienes que hacer es estar dispuesto a ser usado por él en las situaciones cotidianas». ¿Por qué crees que a la mayoría de las personas les cuesta tanto creer esto?

2. Al pensar de nuevo en la anciana que tenía que atravesar el montón de nieve, analiza la siguiente interrogante: ¿Cuán dispuesto estás a permitir que la necesidad de alguien interrumpa tu día?

   ❑ ¡Muy dispuesto! ¡Pareciera que Dios me da oportunidades como estas todos los días!

   ❑ Bastante dispuesto... pero por lo general me toma tiempo adaptarme a la interrupción.

   ❑ No tan dispuesto. Estoy en una etapa difícil de la vida, y a decir verdad, para poder suplir mis propias necesidades me hace falta un esfuerzo supremo.

3. En parte, esto de convertirte en un proveedor de recursos exige que concentres tu atención en cualquier cosa que la persona diga que revele una necesidad potencial que podrías suplir. ¿Qué te parece esto de estar concentrado en las *necesidades de los demás* cuando conversas?

4. Escribí en este capítulo que cada vez que he estado presente en el momento en que un amigo «tocó fondo», le doy muchas gracias a Dios por haberme permitido perseverar en vez de abandonar demasiado pronto la relación. ¿Has «perseverado» alguna vez en una relación y recogido los beneficios de ello? Si es así, ¿cómo ha sido la experiencia?

5. Vuelve a leer la definición del factor de «estar con», descrito en este capítulo. En este momento de tu vida, ¿con quien se cumple esto? En otras palabras, ¿quién de tus amigos o miembros de tu familia podrían afirmar que estás en todo momento con ellos: relacionándote, conociéndolos, amándolos y orientándolos de continuo hacia la fe?

6. Mientras Dave reflexiona en su relación con Mike, ¿qué pensamientos, sentimientos o emociones crees que experimenta? ¿Piensas que podrías tener esta clase de impacto en la vida de otra persona? ¿Por qué?

7. En el caso de Dave, brindarle a su comunidad un sentido de pertenencia comenzó con un simple juego de *kickball*. ¿Cuáles son los pasos sencillos que podría estar guiándote a dar el Espíritu Santo para suplir algunas de las necesidades que ves? ¿Qué significaría en tu caso «mostrarte» o «hacerte presente» en el mundo que gira en torno a ti?

TERCERA PARTE

EL PODER DE UNA HISTORIA

CAPÍTULO 6

TU PROPIO ANTES Y DESPUÉS

Nuestra afinidad hacia los relatos o cuentos comienza a una edad temprana, cuando de pequeños le rogamos a nuestros agotados padres: «¡Léelo otra vez, por favor, una vez más!». Cuando crecemos y nos convertimos en miembros contribuyentes de la sociedad, nuestra fascinación infantil hacia el poderoso héroe o el hada mágica se transforma en el simple deseo de introducirnos en la realidad de los demás con la esperanza de que la nuestra cobre sentido. Las historias nos cautivan, con personajes que se parecen mucho a nosotros, argumentos que arrojan una nueva mirada sobre la vida que nos rodea, descripciones vívidas de lugares del mundo que jamás hemos visitado y preguntas indagatorias que nos obligan a declarar en qué creemos en realidad.

No es de extrañar entonces que Jesús haya incluido profundas enseñanzas de sabiduría y lecciones teológicas de peso dentro de las historias simples. Jesús fue el mayor narrador que haya existido en este planeta, con historias acerca de todo, desde grandes banquetes hasta semillas de mostaza, y desde árboles que llevan fruto hasta ovejas y monedas perdidas.

¿El poder de una buena historia? Jesús era plenamente consciente de ello. Algunas de las historias más impactantes e intensas que relató trataron acerca de personas como tú y yo. «Un empresario necesitaba hacer un trabajo y salió a buscar colaboradores», podía comenzar uno de sus relatos. «Cierto día una mujer estaba en la cocina horneando hogazas de pan casero...», podría decir otro. La amplia variedad de las historias de Jesús fue algo legendario en su ministerio: La compasión del buen pastor. La revelación de la ley del ojo de la aguja para el rico. El ruego del hijo perdido. La enseñanza del administrador astuto. La persistencia de una viuda luchadora. Sin embargo, sin excepción, todas sus historias apuntaban a una cosa: la grandiosa historia de Dios.

Cada persona hoy en día tiene su historia. Y quizás el mayor descubrimiento que alguien puede hacer sea el siguiente: «Mi historia encaja dentro de la gran historia *de Dios*... y esa es la más grandiosa historia jamás contada». Cuando la gente capta la maravillosa verdad de que el evangelio tiene consecuencias directas en el significado de sus historias, toda clase de esperanzas surgen en su vidas.

> Puedo ser hallado como el hijo pródigo.
> Puedo ser cuidado por el Buen Pastor.
> Mis más profundas necesidades, como las de la viuda, pueden ser suplidas.
> Puedo recibir vida *abundante* aunque tenga una fe pequeñita.

Esa es la absoluta verdad: cualquiera puede ser sanado, renovado, transformado e impulsado a la vida abundante. Y como lo he mencionado ya tantas veces, una parte significativa de mi misión en la vida es ayudar a las personas que están de un lado de la cruz a tener una vida increíblemente diferente del otro lado de ella. Deseo pasar mis días ayudando a las personas a tener un encuentro con el Cristo resucitado, y al hacerlo, que comprendan que sus historias tienen una significación en el contexto de la gran historia de Dios.

Supongamos que tú y tu vecina que es convertida han forjado una amistad durante los últimos meses. Mientras más interactúan, más franca y sincera se vuelve la relación. Has tanteado las aguas espirituales varias veces y ella ya sabe que tú estás «con» Dios. Un día, ella te pregunta por qué eres tan entusiasta en lo relacionado con Dios. «Por supuesto que yo oro cuando estoy en un aprieto», aclara ella, «y también asisto a la iglesia en Navidad... pero eso es todo lo que necesito. ¿Por qué para ti es tan importante?».

Me pregunto cómo responderías ante una situación como esta. ¿Tienes una respuesta en mente? Porque la manera en que decidas usar los segundos inmediatos a una pregunta como esa equivale a lo que yo denomino un momento de *definición*.

Míralo de este modo: vivir en 3D permite sembrar la semilla del evangelismo para que eche raíces, pero ser capaz de narrar una historia efectiva es lo que lleva fruto. Lo inverso también es cierto: puedes dedicarte a desarrollar amistades con aquellos que buscan a Dios, descubrir cómo ha sido su jornada, incluso puedes indicarles algunos buenos recursos, y luego arruinarlo todo por no tener una actuación adecuada en la parte de la historia. (Créeme que es así).

Cuando las personas que viven alejadas de Dios abren una puerta y formulan preguntas sinceras acerca de tu fe, no tienes por qué paralizarte. Tampoco necesitas disparar tu ametralladora diciendo un versículo tras otro de las Escrituras que para ellos carecen de sentido. O ponerte a pontificar acerca de que deben comenzar a volar en línea recta. O empezar a sermonearles de forma improductiva.

En cambio, puedes entrenar tu mente para que tu respuesta automática exhiba la «inclusión radical» de la que hablábamos antes. Luego, con esa actitud del corazón, puedes aprender a contar tu historia... tu simple historia personal que narra el impacto que Jesucristo ha tenido en tu vida. ¿Quién sabe? Podrías estarle dando al Espíritu Santo un elemento para que atraiga a esa persona a Dios.

Volviendo a tu vecina. Hipotéticamente, la pregunta que ella hizo fue: «¿Por qué para ti es tan importante o te entusiasma tanto todo lo relacionado con Dios?». Si no consigues elaborar una respuesta natural, sincera y clara en el término de cuarenta y cinco segundos, este capítulo es para ti.

BUENAS HISTORIAS QUE TERMINAN MAL

Si parezco un tanto escéptico acerca de que los seguidores de Cristo sean capaces de contar su historia de manera eficaz es porque lo soy. Luego de casi todos los cultos de fin de semana en nuestra iglesia, me quedo junto con otros pastores y líderes a conversar con las personas todo el tiempo necesario. A veces debo salir corriendo a tomar un vuelo o a cumplir con otro compromiso, pero nueve veces de cada diez podrás hallarme en el salón de invitados hablando personalmente con cada uno de los que aguardan en la fila.

Además de estas interacciones, suelo frecuentar sitios donde me encuentro con otros cristianos. Y a esto se suman mis viajes que ocupan gran parte del año, donde me encuentro a su vez con más personas. En cada una de esas situaciones es común que me involucre en una charla que, de ser posible, me permita chequear en qué parte de su jornada espiritual se hallan. «Cuéntame tu historia», les digo. «Con libertad... soy todo oídos». Como resultado de ello, he escuchado cientos y cientos de historias. Quizás miles. Y debo reconocer que la mayoría de las veces no son de lo mejor. No porque la gente no tenga una historia que contar o porque no estén dispuestos a referirla, sino porque la manera en la que varios relatan su historia es atroz. Son innumerables las ocasiones en las que estuve frente a un bienintencionado seguidor de Cristo mientras tropezaba y trastabillaba a lo largo de un increíblemente agotador recorrido en círculos a través de los recuerdos de su vida espiritual. Todas las veces viene a mi mente el mismo pensamiento: *Si yo fuera una persona alejada de Dios y tuviera una pizca de interés en esto llamado cristianismo, luego de escuchar tu historia creo que me volvería a comprometer con el paganismo.* Sonará un poco duro, pero no me arrepiento de lo que afirmo. Todos tenemos que prestarle atención a esto. Todos los que llevamos el nombre de Cristo debemos mejorar nuestra capacidad de comunicar nuestra historia de fe, porque cuando no la pensamos de manera consciente ni la transmitimos con claridad los resultados pueden ser espantosos.

Un día, en un aeropuerto, se me acercó un joven que evidentemente quería salvar mi alma. Estábamos sentados junto a la puerta de embarque a la espera de nuestro vuelo. Por alguna razón, no tenía el mínimo interés en involucrarme con él, pero no tenía escapatoria. Comenzó a hablarme acerca de su relación íntima con Dios, y mientras hablaba y hablaba (¿alguna vez habrá notado mi presencia?), yo luchaba con un dilema. *¿Le digo que soy pastor o le permito que siga hablando con libertad mientras me dejo tomar por su siguiente proyecto de conversión?* Decidí postergar un poco esta indecisión.

—¡Jamás lo vas a creer! ¡Una noche Dios me despertó! —comenzó diciendo de forma explosiva.

La pasión y el tono de incredulidad en su voz indicaban que seguro se trataría de un relato emocionante.

—Miré el reloj despertador y decía 2:22.

El hombre hizo una pausa a la espera de mi reacción ante ese hecho.

—¡Vaya! —dije.

Y continué sentado allí, indeciso, y también cada vez más molesto mientras él seguía hablando.

—Luego, al día siguiente, Dios me volvió a despertar en medio de la noche. ¡Eran… las 3.33! —añadió a pesar de que yo

no le daba ningún pie para hacerlo, y continuó con la voz entrecortada por la emoción—. Entonces, a la noche siguiente...
Lo interrumpí sin intenciones de manifestar interés:
—Déjame adivinar... ¿4:44?
—¿Cómo lo supiste? —exclamó gritando.
En aquel momento, solo una pregunta invadía mi mente: «¿Por qué, por qué, por qué?».
¿Por qué la gente cuenta esta clase de cosas en los tan delicados primeros minutos de interacción? ¿Por qué la gente sale con alguna cosa espiritualmente estrafalaria como punto de apoyo para una conversación con alguien que suponen vive alejado de Dios? ¿Por qué?

Todos tenemos lo que yo denomino una historia extraña con Dios. Ya sabes a qué me refiero: a ese algo místico que sucede cuando no hay nadie a nuestro alrededor y que atribuyes a la intervención divina. Incluso yo lo he experimentado algunas veces. (Bueno... está bien, contaré una).

La historia extraña con Dios que he contado con mayor frecuencia en Willow es sobre una noche en la que llegué a mi casa luego de un vuelo internacional hace ya varios años. Lynne estaba en otra ciudad y mis hijos habían salido, por lo que todo era quietud.

Poco después de la medianoche, me fui a acostar e intentaba dormirme cuando de repente sentí algo que me impulsaba a bajar al sótano.

Cansado como estaba por el viaje, le hice caso omiso dos veces a esa sensación. Por último, fue algo casi corpóreo lo que me impulsó a revisar el sótano.

De manera que me levanté de la cama y me arrastré escaleras abajo para ir a revisar el lugar. Era evidente que una tubería de la caldera se había roto y salido de la chimenea, por lo que el monóxido de carbono se había diseminado por todo el sótano y comenzaba a ascender hacia el resto de la casa.

Qué interesante, pensé mientras apagaba la caldera y abría algunas ventanas del sótano.

A dormir, fue lo siguiente que pensé al dirigirme a la cama.

A la mañana siguiente, llamé a una persona para que reparara la tubería rota y le pedí que me explicara qué había sucedido. Luego de revisar toda la instalación, me dijo: «Verás, teniendo en cuenta el frío que hizo anoche, si no hubieras apagado tu caldera la misma habría funcionado toda la noche y parte de la mañana. Hubiera estado saliendo gas... y, bueno, es probable que hoy estuvieras muerto. Creo que fue una gran cosa que Dios te indicara que fueras a revisar el sótano».

Historias extrañas con Dios. Rarezas de la vida que los seguidores de Cristo reconocen que no son coincidencias ni tampoco tienen explicación a menos que sea en términos divinos. A todos nos ha pasado. Sin embargo, ¿crees que necesito contar la historia de la tubería de la caldera a un perfecto extraño?

Amigo, mi última historia extraña con Dios jamás es la primera carta que juego cuando alguien quiere saber por qué soy cristiano. ¿Te imaginas la conversación? «Bill, ¿por qué eres tan apasionado al seguir a Cristo y andar en los caminos de Dios?».

«Porque una noche, a las 2:22, Dios me habló por medio de mi caldera».

No, no hay necesidad de eso. Este es mi ruego: No comiences a contar tu historia de fe a partir de la experiencia más extraña que hayas tenido con Dios. Guárdala para más adelante. ¡Mucho más adelante!

Y como si ya no me hubiera metido en camisa de once varas, permíteme efectuar cuatro críticas más sobre las historias de fe y luego daré un giro para ofrecer algunos consejos acerca de cómo contar tu historia cuando alguien desea saber con sinceridad por qué estás comprometido a vivir para Dios. Quiero dejar algo en claro: Me gozo de que la gente quiera contar su historia. Me gozo también en el Dios que les dio historias que contar, en primer lugar. No obstante, cuando es la eternidad de nuestros oyentes lo que está en juego, considero que debemos hacer un mejor trabajo al narrarlas.

CRÍTICA NRO. 1: HISTORIA INTERMINABLE

La amplia mayoría de las historias que escucho son demasiado largas. Sin pretender ser cruel, cuando accedo a escuchar lo que debería ser un relato de tres minutos (o mucho menos... al menos esa es la idea), espero que mi ropa siga estando en buenas condiciones cuando finalice. Préstale atención al lenguaje corporal del otro mientras narras la historia. ¿Mira para todos lados? ¿Cruza lentamente los brazos e inhala profundo a medida que avanzas? ¿O algo peor? Si es así, tienes un problema entre manos.

Mantén tu historia breve y permite que tu oyente pueda formular algunas preguntas que te animen a continuar. Déjalos con el deseo de saber más y confía en que Dios abrirá el diálogo si es que se espera que digas algo más acerca de tu jornada.

CRÍTICA NRO. 2: FALTA DE CLARIDAD

Lo único peor que una historia larga es una historia larga e incoherente. Esto es algo muy común. Yo pregunto: «¿Cómo conociste a Cristo?», y oigo como respuesta media docena de relatos acerca de dieciséis personajes principales. Escucho acerca de libros que leyeron y de las situaciones sobrenaturales que experimentaron, además de las conferencias a las que asistieron hace doce años. De los pasillos por los que fueron al frente. Los ángeles que se les aparecieron en el dormitorio. Los seres amados con los que conversaron en medio de la noche.

Creo que comprendes cuál es la idea: mantén tu historia simple, que siga una línea argumental que abarque la médula de tu jornada de fe. Ampliaremos más adelante sobre cómo hacerlo.

CRÍTICA NRO. 3: VOCABULARIO RELIGIOSO

Palabras como «salvación», «nuevo nacimiento», «aceptar a Jesús» y «Señor y Salvador personal» significan muy poco para las personas que no son seguidores de Cristo. Escucho innumerables historias que parecen estar expresadas en un código o idioma divino, en un vocabulario religioso.

Cuesta mucho quitar toda esta jerga interna de nuestra historia, pero vale la pena. El mayor elogio por parte de un no creyente que nos escuche sería: «Entendí cada palabra de lo que dijiste».

CRÍTICA NRO. 4: SUPERIORIDAD

Esta última crítica por lo general me incita a dar una perorata, porque me opongo con vehemencia a tal cosa. He estado en situaciones en las que extraños me cuentan su historia y no saben todavía que soy un seguidor de Cristo. Después de unos cuantos comentarios santurrones y suposiciones altivas, me desconecto. No les interesa nada de mí. Lo único que quieren es dejar bien en claro los roles: ellos son los que hacen las cosas como Dios manda y yo soy la persona perdida, lastimosa y de inferior calidad en muchos sentidos.

No hay una forma más rápida de ahuyentar a un no creyente que jugar la carta de la piedad. Si deseas apartar de forma permanente a una persona de las cosas de Dios, inténtalo con un poco de aire de superioridad. Funciona siempre.

Antes de que avancemos con algunos consejos, quiero que sepas algo: si estas críticas han producido cierta angustia en tu corazón debido a los errores que cometiste al hablarle de Cristo a un amigo, hay una forma de enmendarte.

Muchas personas me han preguntado en diversas ocasiones qué debían hacer con respecto a los errores cometidos en las situaciones evangelísticas. Ocasiones en las que tal vez presionaron a la gente. Quizás invadieron a una persona, o trataron de hacer que alguien cruzara la línea de la fe a toda costa cuando Dios solo quería que le ayudaran a avanzar un poco. Mi respuesta es siempre la misma: «¿Por qué no pedirles perdón? No sé en tu caso, pero mis amigos no cristianos aprecian mucho cuando yo les pido perdón».

En cierta oportunidad estábamos navegando en una regata cuando nuestro equipo de pronto se vio en una situación difícil. Un par de miembros de nuestra tripulación hicieron una mala maniobra y a mí se me escapó una palabrota. (¡Dios nos libre!).

Una vez finalizada la regata, mientras limpiábamos el bote, reuní a la tripulación y les dije: «Muchachos, les debo una disculpa a cada uno de ustedes. Todos saben que intento, muchas veces sin éxito, ir por los caminos de Dios y ser alguien que lo sigue y que procura andar como él quiere. Y todos saben también que no siempre vivo a la altura de esta meta, según vieron hoy por lo que dije durante la carrera. Lo siento mucho, ¿podrían disculparme?».

¿Y sabes qué? Les encanta extender su gracia hacia mí cuando lo solicito.

Si han cometido errores al hablar de Cristo, vayan a buscar a esas personas con las que cometieron la equivocación y pídanles disculpas. «Traté de avanzar más allá de lo que el Espíritu me indicaba», o «Sé que te presioné», o «Reconozco que te aburrí y te confundí. Te prediqué de manera arrogante. Por favor, perdóname». Sin importar lo que haya ocurrido, asume la responsabilidad de lo que hiciste y da el primer paso para solucionar las cosas.

EL MODELO DE ANTES Y DESPUÉS

La promesa del poder transformador del evangelio es que cuando acudes a Cristo tu viejo yo es desalojado y llega un nuevo yo. Al narrar tu historia, el contraste principal que debes mencionar es justo este: ¿Qué diferencia produjo Cristo en tu vida? En otras palabras, ¿cómo eras *antes* de Cristo y como eres *después* que le has pedido a Cristo que intervenga?

Permíteme hacer una espantosa analogía para que puedas captar de forma plena este concepto. Supón que una amiga a la que no ves desde hace seis meses se encuentra contigo y comienza a hablarte de la dieta que hizo. Lo único que necesitas saber es si la dieta produjo o no una diferencia en su vida, ¿no? Es decir, ¿era antes más gorda o pesaba más? ¿Y después de hacer la dieta pesa menos y luce más delgada como resultado? Si ella quisiera involucrarte en la dieta, ¿qué evidencia muestra de la eficacia que tiene?

O suponte que alguien dice: «Fui a un consejero hace poco. Estoy recibiendo muchísima ayuda de esta persona. ¡Está produciendo una diferencia!». Es probable que tu primera pregunta se relacione con la manera en que ese consejero fue de ayuda: «¿Por qué decidiste ir a ver a un consejero y qué es lo que ha cambiado en tu vida?». En otras palabras: ¿Qué cambio entre antes y después produjo el consejero?

Lo mismo sucede con nuestra experiencia cristiana. Cuando alguien abre una puerta para la conversación y te pregunta por qué estás entusiasmado con tu relación con Cristo, dile lo más simplemente que puedas cómo eran las cosas antes de conocer a Cristo y cómo son después que comenzaste a seguirlo. Lo más interesante es que tu antes y después no necesita ser impactante. Tan solo necesita ser breve, conciso, coherente... y cierto.

En Juan 9, Jesús se encontraba viajando cuando se le acercó un hombre que se describe como ciego de nacimiento. Con el deseo de manifestar el poder de Dios sanándolo, Jesús escupió en el suelo, hizo un poco de barro, y lo colocó sobre los ojos de aquel hombre. «Ve a lavarte al estanque de Siloé», le ordenó Jesús. De forma milagrosa, el hombre fue, se lavó, y regreso a su casa viendo. ¡Imagina la perplejidad de los amigos, los miembros de la familia y los vecinos de esta persona! El hombre al que conocieron ciego ya no lo era más. Cuando le preguntaron acerca de la persona de Jesús, ¿sabes lo que dijo? «Yo era ciego, y ahora puedo ver».

O retrocede un capítulo más hasta Juan 8. ¿Recuerdas a nuestra amiga que recibió el bálsamo de la gracia cuando fue descubierta en adulterio? Jesús la rescató de la humillación suprema y de las piedras de los fariseos. «Ni yo te condeno», le dijo Cristo, «sino que te perdono». Y luego la animó a que iniciara una nueva vida.

A pesar de los cientos de historias que ella guardaba dentro de sí, ¿cuál es la historia que crees que relató por el resto de su vida? Te puedo garantizar que esta mujer no se anduvo pavoneando con una extraña historia acerca de la tubería de una caldera: «Bueno, una noche a las 2:22...».

¡De ninguna manera! Ella le contó a todo el mundo acerca de aquel cálido y polvoriento día en que un hombre llamado Jesús lo había transformado todo. «Había tocado fondo en mi vida», quizás contara, «y estaba muy avergonzada. Me vi atrapada en una situación embarazosa y la culpa me sofocaba. Luego, encontré a Jesucristo, y él me permitió volver a empezar. No me condenó, me mostró su gracia».

¿Cuántas veces crees que contó esta historia? Una y otra vez habrá quizás relatado aquella historia simple pero verdadera de cómo Jesús produjo un cambio en las consecuencias eternas de su mundo.

Mira el caso de Zaqueo. En Lucas 19:2 se nos dice que Zaqueo era un rico recaudador de impuestos para el cual el dinero era la razón de vivir. Él mismo se autoproclamaba un adicto al dinero, pero luego de cenar con Jesucristo todo cambió. Después de aquella comida, Zaqueo declaró que devolvería cada peso, cada centavo robado u obtenido por medio de la extorsión, y que daría la mitad de su riqueza a los pobres. ¿Tienes alguna suposición acerca de la historia que él contó en las conversaciones futuras cada vez que alguien le decía: «Oye Zaqueo, háblanos de ese asunto tuyo con Dios»?

Casi puedo escuchar a Zaqueo diciendo: «¡Te diré lo que sucedió, fue increíble! Estaba atrapado en un estilo de vida en el que todo mi mundo giraba en torno al dinero. Era como una garra de la que no podía liberarme. Fue ahí cuando conocí a Jesús. ¿Y sabes qué? Él me liberó de la tiranía de la codicia. Me enseñó a ocuparme, y a hacerlo de veras, de las personas, en especial de los pobres. Eso fue lo que Jesús hizo por mí. Me sacó de unos hábitos poco saludables y me orientó en otra dirección».

Creo que ya sabes lo que voy a preguntar. ¿Cuántas veces piensas que Zaqueo contó esta historia particular de antes y después? Sí, cientos de veces. Y según creo, contar la historia del impacto de Cristo en nuestra vida no debería ser más complicado que esto.

En este contexto de historias de antes y después, ¿qué podría haber dicho el apóstol Pablo? «Estaba sumamente atrapado en mi propia rectitud», pudo haber dicho. «Ese era mi papel. Juzgar, condenar, odiar, asesinar gente, todo porque no se comprometían con Dios de la manera en que pensé que deberían hacerlo». Pablo, como recordarás, perseguía a los del «Camino», los autoproclamados seguidores de Cristo de la época.

«Pero luego me encontré con Jesucristo en un haz de luz en el camino a Damasco», habrá seguido contando, «y fue allí que tomé conciencia de la inmensidad de mi pecado. Me topé con esto llamado gracia, y pasé de ser un acusador a ser un receptor de la gracia».

Mi propia historia ha captado horas de mi atención mientras razonaba cuál sería el principal concepto que debía mencionarles a las personas cuando me preguntaran por qué estoy dispuesto a dedicar toda mi vida al ministerio de tiempo completo. Como sabes, mi historia se relaciona con el hecho de que siendo niño vivía con la errada idea de que la única manera en que podía conseguir la aceptación divina sería por medio del esfuerzo. De modo erróneo, pensé que podía ganar más, tener mayores méritos o hacer más cosas, y entonces Dios quedaría impresionado.

Cuando la gente me pregunta por qué estoy tan entusiasmado con Dios, les digo lo siguiente: «Hubo una época en mi vida en que estaba convencido por completo de que la única manera de obtener el favor divino era haciendo cosas, obteniendo logros y esforzándome. Sin embargo, luego de conocer al Hijo de Dios de manera impactante, aprendí que la única forma de ganar su favor era aceptando su regalo de la gracia. Prácticamente de forma inmediata experimenté una paz increíble en mi alma que puso fin a mis esfuerzos inútiles y produjo una transformación revolucionaria en mi vida y en mi mundo».

El día en que tuve un encuentro personal con Cristo, las placas geológicas de mi alma se soldaron de forma permanente; de allí proviene mi pasión por ayudar a los hombres y las mujeres que están de un lado de la cruz a que experimenten una vida por completo distinta del otro lado. Eso es todo lo que deseo.

Piensa en lo siguiente en cuanto a tu propio camino: ¿Cuál es el concepto clave que se refleja en tu vida y que puede ser algo con lo que el que escucha y vive alejado de Dios se sienta identificado?

Recuerdo a un amigo al que intentaba aconsejar a este respecto. Cuando le pregunté acerca de su historia, esto es lo que me respondió: «Hasta el punto en que tuve un encuentro con Jesucristo, tenía una permanente conducta destructiva en mi vida. Entonces fue que conocí a Cristo y él me dio el poder para comenzar una vida saludable y provechosa. Así que estoy inmensamente agradecido».

Al contemplar tu propio antes y después, comienza tu investigación personal entre los seguidores de Cristo. Descubre el impacto que Cristo tuvo en sus jornadas de fe para tener una idea sobre cómo articular tu único y gran «¿Y qué?» acerca de tu andar con Jesús.

Muchos conocerán a Bob Buford, autor de libros como *Halftime* [Medio tiempo] y *Finishing Well* [Terminando bien]. En los ámbitos empresariales lo escuché narrar su historia más de diez veces. Y esto es lo que decía: «No era más que un rico aburrido. Y tuve un encuentro con Cristo. Él me hizo ir del simple éxito a la significación. En mi relación con Cristo al fin he descubierto un propósito para mi vida».

O recuerda la historia de Chuck Colson. Pasó de la Casa Blanca a una celda, luego de que se desatara el escándalo de Watergate a principios de los setenta, ¿recuerdas? Un día estaba cenando junto al presidente, y al día siguiente solo lo acompañaba su culpa. Sin embargo, luego conoció a Cristo, y para su asombro halló la gracia.

Para algunos quizás toda su existencia haya estado marcada por el temor. Has estado llevando el miedo puesto como un chaleco de fuerza que te paraliza e impide que te desarrolles con la libertad que Cristo quiere darte. Pero, luego te encuentras con Jesús, el Libertador, y de pronto la confianza comienza a desarrollarse en tu corazón.

O tal vez tu vida fue un concurso de popularidad. La única meta en tu existencia era impactar a otras personas con el manejo de tu imagen. Pero entonces encontraste a Cristo. Y ahora tus esfuerzos se dirigen al servicio, a no querer resaltar, a vivir en la libertad que se experimenta cuando dejas de intentar impresionar a todo el mundo.

A lo mejor conoces a alguien que puede afirmar lo siguiente: «Antes de conocer a Cristo yo tenía este persistente sentimiento de soledad. Me crié en un hogar disfuncional. Pasaba el día solo, también las noches. ¡Y luego conocí a Cristo! Él me adoptó en su familia y ahora sé lo que significa ser deseado, protegido y amado».

Es así de simple, amigo. ¿Quién eras antes y quién eres después, como resultado de la intervención de Cristo en tu camino?

«Antes me esforzaba... pero ahora estoy agradecido».
«Iba camino a la autodestrucción...
    pero ahora estoy bien».
«Era culpable... pero ahora he sido liberado».
«Estaba atrapado por el miedo...
    pero ahora me siento confiado».
«Me sentía desesperado...
    pero ahora estoy lleno de esperanzas».

Vale la pena que examines tu alma y tu corazón para que definas las tres bases de tu historia: la palabra clave o el concepto que describe lo que eras antes de conocer a Cristo; el hecho de que luego pasaste a tener una relación con él; y la palabra clave o concepto que describe quién eres luego de andar un tiempo con el Señor.

El año pasado, durante una serie de evangelismo en nuestros cultos de mitad de semana, desafié a cada uno de los miembros de Willow con una tarea similar. «De aquí a la semana que viene», les dije, «tendrán la misión de escribir su historia en cien palabras o menos». Antes de que pudieran protestar les expliqué que mi historia, la de mi creencia en que podía ganarme la aceptación de Dios por medio del esfuerzo espiritual, tiene exactamente setenta y nueve palabras. Las he contado. Y lleva solo cuarenta y cinco segundos decirla. Creo que la he repetido más de mil veces.

«En las pantallas laterales aparecerá una dirección de correo electrónico», le dije a la congregación aquella noche, «y esto es lo que deseo que hagan: Una vez que hayan escrito su historia de cien palabras o menos, quiero que me la envíen por correo electrónico. Si no puedo evaluar cada una de las historias, solicitaré la ayuda de un pequeño equipo de trabajo. De una u otra manera recibirán una opinión rápida y sincera. Si consideramos que tu historia necesita cierta elaboración, te lo diremos.

»Si tenemos que recorrer dos páginas y media para llegar a la médula de la historia, algo te vamos a decir. Si hubiera un cierto aire de piedad o de arrogancia en tu lenguaje, apártate un poco de tu computadora cuando nuestra respuesta aparezca de forma abrupta en tu buzón de entrada. Y si tu correo contiene alguna extraña historia de Dios, te sugiero que ni siquiera enciendas la máquina por unos días.

»Sin embargo, si logras el objetivo y relatas tu historia en forma breve, enfocada y convincente, te calificaremos con un 10 y te animaremos a que salgas a transmitirla».

La respuesta a esta tarea fue formidable. Cientos de miembros aceptaron la oferta como una muestra de su deseo de mejorar a la hora de transmitir el impacto que Dios produjo en sus vidas. Los ejemplos que aparecen a continuación pertenecen a personas comunes con vidas normales que intentan vivir como Dios quiere. Ellos experimentaron dolor y frustración, soledad y desesperación, como todos nosotros, pero reconocen la intervención de Cristo y son capaces de expresarlo de forma breve pero impactante.

Cuando leas estos breves relatos, presta atención al tema con el que más te identificas. Al final de este capítulo se te solicitará también que escribas tu historia en cien palabras o menos.

«Durante años me sentí vacío. Tenía un hueco que no podía llenar y buscaba cosas que lo colmaran: una casa nueva, hijos, nuevos amigos, ropa, un nuevo empleo... Ese vacío se veía cubierto por un breve tiempo, pero jamás encontré "eso" que lo llenara por completo. Cierto día escuché un mensaje acerca de tener una relación con Jesús. Una vez que comprendí, lo acepté y crecí en mi relación con él, mi vacío por fin se colmó para bien. Ya no busco cosas que llenen mi vida».

«Solía buscar la aceptación de las personas. Probé con las drogas y el alcohol para sentir que era alguien. Pensé que Dios me había puesto en este mundo como una broma cruel. Sin embargo, luego conocí a Cristo. Él me sacó de las drogas y el alcohol y me hizo sentir valioso. Ahora sé lo que es la felicidad. El vacío de mi corazón ha desaparecido. He descubierto que tengo muchas razones para estar aquí... y una es la de contar mi historia para darle esperanza a otros. Mis días ya no son deprimentes; la vida ahora tiene significado».

«Vivía todo el tiempo enojada y deprimida, pensaba que el mundo giraba a mi alrededor y que yo no obtenía lo que me merecía. Era cínica y solitaria. No obstante, al conocer a Cristo sentí por primera vez un amor asombroso y una gran aceptación. Comencé a ver que los que me rodeaban me aceptaban como era y toda mi vida cambió. Conocí el gozo de poder relacionarme de manera auténtica con las personas, y pude hablar con sinceridad y confianza acerca de mi vida».

«En mi vida todo era vergüenza y temor. Me mantenía aislado e introvertido. La soledad me llevó a la desesperanza. Entonces fue cuando encontré a Jesús. Ahora soy libre de mi prisión de vergüenza y temor. ¡He sido perdonado y amado! Siento paz por lo que soy y por lo que Dios me está llevando a ser. El vacío interior ya está lleno de gozo... el gozo de saber que soy un valioso hijo de Dios».

«Estaba acostumbrado a luchar con las cargas de una carrera exigente, el matrimonio y la familia. Trataba de hacerle frente a todas estas obligaciones con mis propias fuerzas y basándome en mi autosuficiencia. Al final, terminé estresada, agotada, frustrada, enojada, temerosa, insegura, ansiosa, competitiva y exhausta... ¡todo el tiempo! Los desafíos siguen existiendo, pero Jesús alivia mi carga y suple mis deficiencias. Ahora me concentro en lo que le importa a Dios y él se ocupa de mí. Enfrento la vida con calma y confianza mientras disfruto de la sabiduría de Dios y de sus inmerecidas bendiciones».

Tú puedes describir tu camino de fe de forma parecida. Hazlo de forma breve, permanece enfocado, trata que sea sencilla de entender y cuéntala con un corazón humilde y sincero. Eso es todo lo que se necesita.

Quig Fletcher y Pat McDaniel son dos hombres que han formado parte de la familia de Willow desde los primeros días. Ambos dieron su aprobación para mencionarlos en este libro, de manera que por eso incluyo sus historias como grandes ejemplos de cómo presentar el antes y el después.

Quig ha presidido las reuniones del cuerpo de directores de Willow Creek durante más de veinticinco años. Sin embargo, antes de que se convirtiera en una pieza tan importante de nuestra iglesia, nuestros caminos se cruzaron en el Bueller YMCA en Palatine, Illinois. Jugábamos *raquetball* casi todas las semanas, hábito que nos llevó a desarrollar una profunda amistad.

En aquella época, Quig reconocía que no era una persona muy religiosa. Pensaba que como no podía dejar de pecar, no había esperanzas para él de ir al cielo. La primera vez que atravesé aquel vestidor para conversar con él tenía suficiente confianza en la relación como para saber que estaba dispuesto a hablar de cosas espirituales. Cuando me llegó la hora de contar mi historia, recuerdo que me sentía un tanto inseguro porque no había nada impactante en ella. Yo no era un asesino en serie reformado. Dios no me había rehabilitado de las drogas. Mi historia no era espectacular en ningún sentido.

De modo que me acerqué a Quig con mi sencilla jornada de fe, y poco después él comenzó a asistir a la iglesia... que en aquel entonces consistía en un pequeño grupo de jóvenes que se reunía en un cine. Pasaron muchos años, pero un día, a la edad de cuarenta y seis años, él conoció a Cristo y su vida cambió de manera radical. Gracias al obrar del Espíritu en su vida, Quig dejó de verse como un pecador de carrera para considerarse un santo ungido que había pasado de la desesperanza a su destino celestial.

«Cuando miro hacia atrás», me dijo hace poco Quig, «creo que habría aceptado mucho antes a Jesucristo si alguien me hubiera explicado el evangelio. Estaba dispuesto, pero nunca se me había presentado la oportunidad».

Quig ha estado sirviendo como voluntario en Willow desde entonces. Su legado será el haber sido quien encontró el terreno sobre el que se erige la Iglesia de la Comunidad de Willow Creek. La gente nos pregunta cómo es que terminamos en la esquina de Algonquin y Barrington en South Barrington, Illinois, y mi respuesta es siempre la misma: esto se debe a que un talentoso promotor de propiedades llamado Quig Fletcher se encontró con Cristo a los cuarenta y seis años, se comprometió a servir en la iglesia, y un día descubrió este lugar para nosotros.

Otro integrante de Willow, Pat McDaniel, se convirtió en un amigo gracias a que me acerqué a él en un campo de golf. Esto es irónico porque yo detesto el golf. Un par de amigos me obligaron a jugar con ellos un día, y Pat era parte de un grupo de muchachos con los que jamás me había encontrado. Crucé el campo y me presenté, y a partir de aquel intercambio al parecer insignificante nació una profunda amistad.

Un día le conté a Pat mi historia de fe... repito, una historia sin estridencias ni estilo ni nada fantástico. Sin embargo, se sintió lo suficiente intrigado como para comenzar a venir con su esposa al cine donde nos reuníamos. Cuando se estancó emocionalmente en una situación que no pudo resolver por sí mismo, Pat acudió a Cristo, el supremo solucionador de problemas. Sus problemas no se resolvieron de la noche a la mañana, pero Dios le dio a Pat el poder para sobreponerse a lo que estaba enfrentando. Y desde entonces ha estado sirviendo con fidelidad en medio de nosotros como miembro del equipo que cuenta las ofrendas, como parte de nuestro cuerpo directivo, y como uno de los mejores abogados para los pobres de la congregación de Willow. Estas cosas serán tan solo una parte del fructífero legado de Pat.

¿Hay algo de espectacular en dar unos cuantos pasos en un vestidor o un campo de golf para transmitir mi sencilla historia? Por supuesto que no. Sin embargo, Dios no siempre necesitó de la espectacularidad para cumplir con sus propósitos. A veces lo único que él desea es que alguien como yo cuente su historia poco espectacular. Al hacerlo, el Espíritu Santo podrá encender una chispa que algún día producirá un milagro en la vida de una persona. La prueba está en las historias de estos dos hombres, que sirven como fieles baluartes en una iglesia que ha sido usada para producir un impacto en el mundo.

Tu explicación simple y directa de la obra de Cristo en tu vida puede producir un impacto profundo. Vale la pena que trabajes en ella. Vale la pena que la relates bien. Vale la pena que te pongas todos los días de rodillas para decir: «Señor, si llegara a haber una oportunidad de acercarme a alguien, si hubiera alguien a quien quieres que le cuente mi historia, esa sería la mayor alegría de mi día».

Te prometo lo siguiente: te sentirás absolutamente asombrado por el poder de tu propia historia una vez que te hayas encargado de ponerla a punto, darle forma y refinarla. Cuando transmites tu historia de fe personal con sinceridad, verás como saltan chispas sobrenaturales cuando Dios la usa para su gloria y para el bien de los que te escuchan. ¿Listo para hacerlo? Las reglas son las mismas: toma una hoja de papel y escríbela en cien palabras o menos.

PREGUNTAS PARA LA REFLEXIÓN

1. Al reflexionar en lo que afirma este capítulo de que todo el mundo disfruta de una buena historia, ¿cuáles consideras que son tus historias bíblicas preferidas y por qué?

2. Pareciera que la mayoría de los personajes de la Biblia fueron conocidos por su fe. ¿Te preguntaron alguna vez acerca de tu fe? ¿Qué respuesta das por lo general cuando la gente te pregunta acerca de tu relación con Dios?

3. Este capítulo ofrece cuatro críticas principales a las historias de fe. ¿Cuál es la que te sientes más propenso a usar?

   ❑ Historia interminable
   ❑ Falta de claridad
   ❑ Vocabulario religioso
   ❑ Superioridad

4. Suponiendo que hayas escrito tu «antes y después» al final del capítulo, ¿a quién podrías escoger como «audiencia» durante esta semana? Cuéntales tu historia de fe a tres personas distintas y haz que te califiquen según el siguiente criterio:

   Brevedad (contaste tu historia en 45-60 segundos).
   Claridad (te ajustaste a una línea argumental).
   Simplicidad (evitaste el vocabulario religioso).
   Humildad (contaste la historia sin parecer santurrón ni con actitud altanera).

Las buenas nuevas de Dios

Cuando la helada bruma de la mañana del 7 de mayo de 1954 se disipó, se comenzó con la construcción del puente de ocho kilómetros de longitud que uniría la península superior con la inferior de Michigan. Era todo un logro dado que la distancia que las separaba, ocupada por las aguas del Estrecho de Mackinac, solo eran salvadas por el servicio del ferry, lo que ocasionaba demoras de hasta treinta y seis horas en los traslados.

Hicieron falta más de 1.000.000 de tornillos de hierro, 354.000 metros cúbicos de hormigón, más de 60.000 kilómetros de alambre, 11.350 obreros y cerca de 1.000 millones de dólares. Esta obra de la ingeniería por fin se inauguró al público exactamente luego de tres años y medio de duro trabajo.

Yo diría que es demasiado esfuerzo para un solo puente. Sin embargo, en el transcurso de la historia, las personas han llegado así de lejos para conseguir esta clase de obras monumentales. ¿Y sabes por qué?

Porque el deseo de zanjar un abismo es igualmente grande.

Los habitantes de una colina desean visitar a los que

viven en la otra. Los comerciantes desean llegar hasta donde están aquellos clientes. Las familias y los amigos desean poder visitarse. Y desde el inicio de los tiempos, ante la sensación de que una vasta distancia los separaba de Dios, la gente se ha visto agobiada por el deseo de conseguir salvar el abismo que los apartaba de él.

¿Pero cómo?, es la pregunta.

Sabían que Dios era *diferente*. Y por eso tendían a pensar en Dios con términos inalcanzables y remotos: perfecto, santo, admirable. En la mente de ellos, esa exclusividad divina introducía una enorme distancia entre el Creador y la creación. Las consecuencias de esta realidad fueron significativas: si ni siquiera podían alcanzar un estándar de vida aceptable para ellos mismos y Dios era un ser «diferente» a ellos, se imaginaban que el estándar divino debería de ser algo imposible de alcanzar. *Esto va a exigir un esfuerzo supremo si es que pretendemos tener éxito*, es lo que pensaban.

Desde siempre, fueron surgiendo sistemas de fe que intentaron dar respuesta al interrogante que estaba en la mente de todo el mundo: *¿Cómo podremos acercarnos a un Dios santo?* Una propuesta tras otra se puso de moda, con la esperanza de cubrir esa brecha existente, pero todas tenían una cosa en común: el esfuerzo de construcción para salvar el abismo siempre comenzaba del lado humano.

Todos parecían coincidir en que lo que las personas debían hacer para alcanzar a Dios era vivir con más rectitud, orar un poco más, ser un poco más nobles, más religiosos y hacer más obras de caridad. La idea era que los esfuerzos de construcción masivos de la gente, acumulados durante toda la vida, podrían de alguna manera aproximarlos a Dios. *Si somos afortunados*, pensaban, *para cuando nuestra vida llegue a su fin, habremos conseguido alcanzar el otro lado donde podremos disfrutar de una emotiva y apasionante relación con Dios por toda la eternidad.*

Estudia las religiones por ti mismo. Fíjate si no es cierto que todas las religiones principales sugieren que cubras esa distancia por tus propios méritos, pero al mismo tiempo no tienes ninguna evidencia o seguridad de que lo conseguirás antes de la muerte.

Todas las religiones menos una: el cristianismo bíblico. La Biblia afirma algo importante acerca de cómo salvar esa brecha entre Dios y el hombre. Dice que Dios vio el abismo que separaba de él a los hombres y las mujeres inmorales como tú y yo. Él vio la distancia infinita en su verdadera dimensión: era más inmensa de lo que los seres humanos jamás podrían siquiera imaginar. Dios sabía que no había obra humana, ninguna clase de puente, que fuera capaz de salvar un abismo tan ancho. De manera que, motivado por el amor, Dios asumió la responsabilidad de salvar esa distancia. Él sentó las bases. Construyó el puente que podría alcanzar al hombre pecador. Envió a su Hijo Jesucristo a morir en una cruz por nosotros, la cruz que sería el puente *supremo y definitivo*.

Fue muy trabajoso y costoso trazar ese único puente, pero el deseo de Dios de salvar esa distancia era igual de grande. Después de horas de trabajo penoso que exigieron sangre, sudor y lágrimas por parte de Cristo, Dios declaró que ahora el puente estaba abierto al público, listo para que lo cruzara cualquiera que estuviera dispuesto a hacerlo.

Esta es la historia de Dios, su excelente relato de redención y restauración. Y no hay mayor honor en la vida que ser los portadores del mensaje de las más grandiosas noticias transmitidas a la humanidad. Gracias a la obra de Cristo, puedes decirle con total confianza a tus amigos y familiares que el puente que andan buscando ya ha sido construido. «Puedes quitarte el casco de seguridad, arrojar la pala y abandonar tus esfuerzos caseros de construcción», explícales, «porque la construcción ya ha sido completada y el puente de Dios está listo para ser cruzado». Amigo, la única razón por la que estamos en este mundo es para dar a conocer esta noticia: *El puente ya ha sido construido.*

Lo único que falta es saber qué harán las personas con ese puente. ¿Abandonarán sus proyectos constructivos humanos para atravesar el puente construido por Dios... o seguirán adelante con sus propios esfuerzos constructivos, orando y esperando que algún día esto sea suficiente?

Un enfoque conduce solo hacia la modificación de la conducta. El otro lleva a la transformación interior completa al cambiar la mentalidad. Los hábitos se transforman, las relaciones prosperan y toda la historia de la vida se reescribe gracias al poder incomparable de la historia de Dios.

El puente

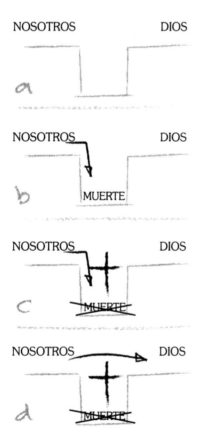

De manera que cuando vislumbras una cierta disposición espiritual en una conversación, ¿cuál es la mejor manera de comunicar este camino transformador de la vida? Yo creo que lo mejor son las imágenes. En cientos de ocasiones me he apoyado en un dibujo en particular —la ilustración del «puente»— cuando mis amigos no creyentes procuran comprender la importancia de la obra de Cristo en la cruz.

La explicación es directa y sencilla de memorizar: de un lado del puente está Dios. Del otro lado, las personas. Entre Dios y las personas hay un gran abismo, una división que existe debido a la propensión de la gente a rebelarse contra Dios para recorrer en cambio su propio camino. La Biblia le llama a esto «pecado». El dilema que enfrenta la gente es que deseamos acercarnos a Dios, pero sabemos que no podemos salvar el abismo. De manera que intentamos realizar el máximo esfuerzo humano con la esperanza de poder construir el puente. Al final, nos damos cuenta de que todo el esfuerzo humano del mundo jamás será suficiente para conducirnos al otro lado. Sin embargo, por fortuna Dios se compadeció de nuestro dilema, y como nos ama tanto, intervino para proveernos una manera de acercarnos a él. Su solución fue la de escoger a su Hijo, Jesús, para que fuera un puente.

Si no recuerdas nada de la ilustración del puente, recuerda al menos lo siguiente: Cristo vino a este mundo para ser nuestro puente, y cualquiera que lo cruce vivirá con Dios para siempre. El apóstol Juan lo expresa de la siguiente manera en Juan 5:24: «Ciertamente les aseguro que el que oye mi palabra y cree al que me envió, tiene vida eterna y no será juzgado, sino que ha pasado de la muerte a la vida».

Y hasta el día en que abandones tu cuerpo terrenal quebrantado y limitado, puedes vivir con confianza y una seguridad increíble porque, como suele decir mi colega Gene Appel, sabes quién eres, sabes hacia adónde vas y sabes también en qué te estás convirtiendo en el proceso.

El concepto del puente siempre me ha resultado significativo porque, según te imaginarás luego de leer mi testimonio, Cristo me encontró con el casco puesto, la pala en la mano y un corazón preparado para pasar todo el día trabajando en mi propio proyecto de construcción. Tenía diecisiete años cuando crucé aquel puente, reconociendo por fin que podía quitarme el casco y dejar caer la pala. Dios construyó el puente, y por fe yo pude cruzarlo para encontrarme con el rostro de mi Creador.

La verdad que descubrí siendo adolescente es la misma verdad hacia la que guío a personas de toda edad. No importa lo que hayas hecho en tu pasado, no importa cuán lejos te hayas ido, no importa con cuánta fuerza te hayas aferrado a la rueda de la vida, la invitación que Dios te hace es: «Arroja la pala y quítate el casco que has llevado puesto todo este tiempo. Tan solo cruza el puente que construí por amor a ti, de una vez y para siempre, hijo. Por favor, ven a casa».

Hacer contra Hecho

La ilustración más simple que encontré para expresar lo que hace que el cristianismo sea distinto a cualquier otra religión se denomina: «Hacer contra Hecho». Lo que les digo a las personas que están en el plan de ganarse la gracia es: «La religión se deletrea H-A-C-E-R. Al final del día, todo se trata de si *hiciste* suficientes cosas buenas para ganarte el favor de Dios. Para alcanzar la gracia de Dios, según creen, tienes que *hacer* esto y *hacer* lo otro, y esforzarte y sacrificarte, y purificar tus actos y hacer toda clase de promesas.

»Sin embargo, el *cristianismo*, por otra parte, se deletrea H-E-C-H-O. La Biblia dice que lo que Cristo hizo en la cruz es *suficiente*. Él hizo lo que tú jamás podrías hacer. Solo Cristo satisfizo los requisitos divinos para un sacrificio perfecto que se ocupara de nuestro pecado pasado, presente y futuro, y si recibes lo que él consiguió, entonces no solo estarás dentro de la gracia divina, sino que tu vida será hecha nueva. Gracias a lo que Dios hizo en la cruz tus pecados pueden ser perdonados y puedes hallar el favor a los ojos de Dios aquí y ahora mismo».

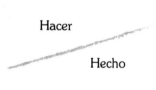

Escribir esas dos breves palabras en un trozo de papel sirve para fijar esta impactante verdad en el corazón y la mente de una persona. Ya sea que tomen o no una decisión por Cristo en ese momento, jamás olvidarán lo que diferencia al cristianismo del resto de las religiones. La obra que debe hacerse para pagar por el pecado y conseguir un acceso eterno a Dios ya ha sido *hecha*.

LA ESCALERA DE LA MORALIDAD

La ilustración de la «escalera de la moralidad» expresa la necesidad universal de Dios. Si tienes amigos que creen no ser útiles para Dios, la misma te servirá. Imagina la moralidad como los peldaños de una escalera. Dios está sentado en la parte superior de la escala porque es santo, perfectamente moral. Y, por supuesto, la gente en realidad malvada (como un asesino en serie) está en la parte inferior. El resto de la humanidad está en algún punto intermedio. Cuando hago este dibujo, les pido que marquen dónde consideran que están en esa escala, basados en la moral que tienen.

Antes de seguir avanzando, arriesgo algunas suposiciones. «Teresa de Calcuta», menciono como ejemplo, «podría quizás estar a tres cuartos del tope. Y tan solo como una suposición, Billy Graham tal vez esté en el escalón que le sigue. En mi opinión, yo estoy por debajo de esos dos». Coloco las iniciales de los tres mencionados en la escalera, dejando un espacio considerable entre BG (Billy Graham) y BH (yo). Conozco mi lugar.

Luego le doy un lápiz a la persona y de manera invariable ella escribe sus iniciales por debajo de las mías.

«Muy bien», le digo entonces. «Tengo solo una pregunta que hacerte: ¿Cuál es tu plan para cerrar esa brecha?

»Teresa de Calcuta tenía un plan para cerrar esa brecha», continúo diciendo. «Era la cruz de Jesucristo. Billy Graham tiene un plan para cerrar esa brecha entre su nivel de moralidad y la

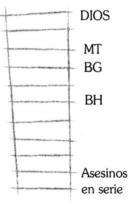

perfección divina: La cruz de Jesucristo. Así que, ¿cuál es tu plan? Si crees que puedes alcanzar el nivel de la santidad de Dios con algún programa de mejoramiento personal, pasarás el resto de tu vida andando en círculos. La verdadera libertad se encuentra cuando abandonas tus planes humanos y eliges en cambio aceptar la obra que hizo Jesús en la cruz. Puedes ser perdonado. Puedes vivir una vida abundante. Tu brecha de moralidad puede cerrarse de una vez y para siempre si eliges la fe en Cristo».

¿CREES EN EL MENSAJE?

Pienso que un alumno de tercer grado de la escuela primaria que tenga un corazón dispuesto a transmitir el evangelio y que se preocupe por la gente puede llegar a ser un evangelista exitoso. No es complicado. Es más, Cristo —el evangelista supremo— dijo que lo único que debíamos hacer era *creer* en el poder del evangelio...¡y luego *ir*! «Lleven este mensaje, el más asombroso que se haya oído, a las personas de toda raza, religión, origen y tribu», diría Jesús, «y háganles saber que la salvación puede ser de ellos. Vivan como si creyeran que este mensaje puede en verdad transformar vidas.

»En primer lugar», podría decir Jesús, «recuerda cómo el poder de la historia de Dios cambió *tu* vida. Recuerda el primer tironcito del Espíritu Santo, cómo te sentiste cuando el evangelio se adhirió a tu alma y comenzó a transformarte de una persona vacía y sin vida en una plena y floreciente. ¡Ahora ve a decirle a alguien acerca de eso! Sé un proveedor de esperanza para los hombres y las mujeres que necesitan el poder del evangelio en su vida».

He aquí una confesión verdadera. Hace varios años tuve el privilegio de encontrarme con Billy Graham, el gran predicador de cruzadas que mencioné antes. En el transcurso de nuestra conversación, reconocí que aunque cientos de millones de hombres, mujeres y niños se habían reunido en estadios y campos de juego en más de ochenta y cinco países de todo el mundo para escucharlo predicar en sus más de cuatrocientas reuniones, yo jamás había estado en una cruzada evangelística de Billy Graham. Esta no es exactamente la clase de noticia que uno desea darle a alguien cuando ese alguien es justo Billy Graham. Sin embargo, allí estábamos, Billy, yo y la vergonzosa verdad.

Tal como podrías esperar, su respuesta estuvo llena de una inmensa calidez y cortesía hacia mí, un alma arrepentida que jamás había experimentado el mayor festival evangelístico del planeta. Me invitó a un próximo evento que se realizaría en San Antonio, Texas. ¡Por fin! Tendría la oportunidad de ver una de las cruzadas de Billy en vivo.

Llegué temprano para poder recorrer el enorme estadio antes de que el programa comenzara, y pude captar la magnitud del escenario y de las interminables filas de sillas vacías que pronto serían ocupadas tanto por curiosos como por convencidos. Estaba de muy buen ánimo, pero a medida que pasaban los minutos me fui poniendo ansioso porque los operarios habían olvidado poner las últimas filas de sillas frente a la grandiosa plataforma. Desde donde estaba me daba la impresión de que podían poner todavía cerca de mil asientos más en aquel espacio, pero ¿tendrían tiempo para hacerlo antes de que comenzara el evento?

(Quizás creas que ya hice mi confesión, pero lo peor viene ahora).

En un deseo por ayudar, me dirigí directamente hacia uno de los miembros del equipo de Billy, lo miré fijo a los ojos y le pregunté con aprehensión cuándo irían a colocar aquellas sillas que con seguridad habían pasado por alto. Recuerdo su respuesta como si fuera hoy: «Bill, jamás colocamos sillas ahí. Ese espacio lo necesitamos para cuando la gente se acerca en respuesta al evangelio». Y me palmeó el hombro con compasión mientras se marchaba.

Sí, sí... por supuesto. Ya... este... lo sabía.

Cuando pude salir de mi humillación, pensé: *Eso sí que es creer, creer en realidad, en el poder de la historia de Dios.* Más tarde esa misma noche, cuando miles de personas estaban de pie en aquella zona antes despejada, me maravillé ante la demostración de confianza del equipo en el mensaje de Dios. Eso me quitó el aliento.

¿Tienes la misma confianza en que la historia de Dios puede en realidad cambiar las vidas? Mientras muchos de ustedes sí lo creen, mis estudios no científicos revelan una contradicción conflictiva entre los seguidores de Cristo de todo tipo de iglesia. La contribución es la siguiente: aunque la mayoría de los cristianos *afirma* que el evangelio puede en verdad renovar, salvar y transformar vidas, estos se vuelven tímidos cuando deben vivirlo como una realidad. «Ah, ¿el evangelio? Sí, es bueno que *alguien* les hable a las personas que necesitan redención. Y sería *grandioso* si la gente se salvara por oír la historia de Dios. ¡Espero que eso funcione!».

Los llamo los elusivos. Son seguidores de Cristo que mantienen todo embotellado. ¿Hablar acerca de la invitación a participar de la gracia de Dios? No por medio de sus vidas. (Ni para salvar la vida eterna de otros, para el caso).

Los elusivos se acercarán a las personas, sentirán que Dios les abre una puerta para que la atraviesen, y ellos de manera misteriosa se quedarán en silencio. Puede que alguien les diga: «Bueno, dime por qué vives para Dios...», y los elusivos se encerrarán de inmediato en sus propias inseguridades, pensando: *No quiero decirlo. Me rechazaron cuando lo dije antes, y no voy a hacerlo otra vez. Me da muchísimo miedo.*

En consecuencia, se cierran. En mi opinión, los elusivos toman la torta y apagan las velas de las oportunidades de ser testigos de Cristo en un mundo perdido.

En la época en que Gene Appel estaba considerando si sumarse o no al equipo de enseñanza de Willow, lo hice volar hasta nuestra oficina en South Haven, Michigan, para conversar. Pasamos la mayor parte del día recorriendo la ciudad, orando y buscando en Dios qué había en su corazón y el mío con respecto al futuro. Ya avanzada la tarde, algunos compañeros de mi tristemente célebre grupo de buscadores y apartados me llamaron para invitarme a navegar. «¡Vamos!», insistieron. «Es un día hermoso y estaremos mejor en el bote». Le dije a Gene que no me podía negar. El verano estaba por terminar, los días para salir a navegar estaban contados, y estos muchachos eran como de mi familia. Ni siquiera se atrevió a negarse.

Cuando ya habíamos anclado y estábamos disfrutando de un refrigerio, los muchachos se enteraron de que Gene era pastor en Las Vegas. Como si nunca las hubiera escuchado antes, Gene se rió ante las bromas predecibles que siguieron.

Cuando las cosas se calmaron un poco, uno de ellos miró a Gene y le dijo: «Hablando en serio, ¿qué hace una persona normal como tú siendo pastor en Las Vegas?».

E. F. Hutton no tuvo nada que ver en el silencio que se hizo en el bote aquel día. Todos los ojos estaban fijos en Gene, y hasta mi corazón comenzó a latir con más fuerza. No tenía idea de cómo iría él a responder, y recuerdo que pensé: *Con una vía de acceso tan amplia como esta, si Gene no tiene el valor para decir algo acerca de Dios, entonces definitivamente no es nuestro hombre.* Ese pensamiento atravesó mi mente con una intensidad increíble. Aunque no lo había planeado, este viaje en barco parecía ser la última entrevista laboral para Gene.

Luego de dejar que la pregunta flotara en el aire durante uno o dos minutos, Gene, con calma y nada de apologética, explicó que cuando era relativamente joven su padre murió de repente. Esta experiencia hizo que él entrara en un torbellino de curiosidad y confusión acerca de lo que existía más allá de la tumba. De seguro la vida debía ser algo más que lo que podemos ver y tocar en este mundo material...

«Comencé a estudiar al cristianismo», explicó Gene, «y lo encontré en extremo atractivo. De manera que corrí el riesgo y le abrí mi vida a Jesucristo, descubriendo que eso era muy satisfactorio. A medida que crecía en mi fe, deseaba cada vez más que mi tarea fuera decirle a todos los que estuvieran interesados que hay un Dios que los ama.

»Así fue que terminé haciendo lo que hago».

Cuando Gene terminó su relato, esperé para ver la reacción de mis muchachos. Luego de una pizca de tensión en el ambiente, uno de ellos se recostó y dijo: «¡Genial!».

Hace poco me encontré con un amigo que había estado con Gene y conmigo aquel día en el barco. Me preguntó acerca del «sacerdote de Las Vegas», y yo le respondí que el muchacho de Las Vegas ahora era un muchacho de Chicago.

—¿Lo contrataste? —me preguntó.

—Así es.

—Muy bien. Me alegro de que lo hicieras —comentó—. Es un buen muchacho... en serio, un buen muchacho.

Pensé en lo que me dijo tiempo después de aquella conversación. Esa apreciación de ser un «buen muchacho» era muy significativa, en especial viniendo de él. Y con sinceridad creo que mi amigo no hubiera pensado así de Gene si este último hubiera evitado la pregunta acerca de Dios. Según él consideraba, Gene era un «buen muchacho» porque había sido auténtico aquel día. Había hablado con valor y sinceridad, narró su historia con claridad y contó la historia de Dios con confianza y compasión.

Para ser sinceros, Gene lo hizo bien. Demostró valor al ser claro con respecto a lo que cree, y sin saber exactamente por qué, aquellos muchachos lo respetaron por eso.

Ten un poco de dominio propio a mano

Los elusivos no le hacen ningún favor a Dios en el proceso de evangelización, pero no están solos en su disfunción. Hay otro grupo al que he llamado los «eruptivos» que son igual de perjudiciales en los esfuerzos por edificar el reino.

Lo siento por los eruptivos, porque sus motivos suelen ser puros. En determinado momento, su vida cambió de manera extraordinaria y maravillosa debido a las buenas nuevas. Ellos quedaron tan cautivados por la gracia y la paz de Dios, además de por todas las riquezas del reino, que sencillamente no pueden contener más su entusiasmo.

Los eruptivos viven bajo el credo de que no es natural que los seguidores de Cristo pasen largos períodos de tiempo sin contar la historia de la milagrosa intervención de Dios en su vida. Tienen Romanos 1:16 grabado de manera permanente en sus párpados, el cual dice que debemos estar orgullosos de la historia redentora de Dios. Por eso andan siempre con una expresión en el rostro que indica: «¡Tengo buenas noticias!».

Los eruptivos viven la mayor parte del tiempo en un constante estado de optimismo, a punto de estallar porque alguien ¡sea quien sea! se cruzará en su camino y así ellos podrán transmitirle el evangelio. Como preparación para ese momento, los eruptivos se arman de todas las verdades bíblicas conocidas, incluso con referencias de capítulo y versículo, referencias cruzadas y la transliteración del hebreo o el griego. Ellos se acercarán a las personas de cualquier sitio, cualquier día, en cualquier ciudad, a veces incluso cuando no deberían. Correrán cualquier riesgo —calculado o no— para involucrar a una persona en una conversación sobre asuntos espirituales.

Y todo esto parece ser muy bueno hasta que te acercas un poco al desarrollo de la conversación. Una vez que la persona no convertida aparece en el perímetro de su zona, la misión del eruptivo puede enunciarse en seis palabras: irradiar a Cristo a cualquier costo.

En vez de escuchar con un corazón atento y compasivo, los eruptivos fingen estar atentos mientras almacenan sus municiones espirituales. ¿Balas de reproche? Listas. ¿Tiros moralistas? Listos.

Niegan el hecho de que la persona con la que hablan es una magnífica creación del Dios altísimo, pasan por alto la conexión auténtica (¿quién tiene tiempo para eso?) y en cambio toleran unos pocos segundos de breve charla mientras preparan su secuencia para disparar con todo lo que tienen almacenado.

Los eruptivos esperan... y esperan... y esperan.

Esperan hasta que ya no pueden aguantar más. Y luego... ¡cuidado! En determinado momento cósmicamente ordenado, los eruptivos disparan con la ametralladora de la verdad sobre su atónita víctima: «¡Jesús-es-el-camino-y-la-verdad-y-la-vida-y-nadie-viene-al-Padre-si-no-es-por-él-y-eso-por-definición-se-refiere-a-ti-compañero!».

La presión sanguínea de los eruptivos alcanza niveles increíbles hasta que logran eliminar la carga verbal de su pecho. Para cuando regresan a la normalidad, la magnífica creación de Dios ha retrocedido varios pasos y piensa: *¿Qué rayos ha sucedido aquí?* (Puedo garantizarte algo: sin importar lo que fuera, no tuvo nada que ver con el amor). Lo fundamental es que los eruptivos *no pueden* mostrar el amor de Cristo cuando están en el proceso de erupción. Es física, espiritual y emocionalmente imposible.

Es probable que hayas visto a un eruptivo en acción. Es más, incluso puede que tú mismo hayas sido un eruptivo en alguna que otra ocasión. Mi consejo para los eruptivos es el siguiente: Si Dios te impulsa a avanzar, si él abrió las puertas de la conversación, si te ha colocado en la zona de lo desconocido y está arreglando algo, permite que él lo maneje. Deja que el Espíritu Santo dirija el curso y el contenido de la conversación. Cohíbete de avanzar hacia un punto que es incongruente con el resto de la conversación. Recuerda que la redención para la eternidad es tarea del Espíritu Santo y no tuya.

No sé en qué punto del espectro te encuentras, si del lado del elusivo o del eruptivo. A través de los años he observado a ambos: seguidores de Cristo que experimentan una parálisis en cuanto a compartir su fe con alguien que anda buscando a Dios y que se quedan callados cuando el tema se dirige hacia lo espiritual, y creyentes tan cargados de culpa acerca de permanecer callados cuando sus amigos viven vidas alejadas de Cristo que andan por la vida metiendo la pata. Como sea, puedo asegurarte que puedes convertirte en una persona relajada, confiada y auténtica cuando te involucres en una conversación espiritual.

Cree en el poder del evangelio, amigo. Y luego, aprende algunas ilustraciones para que puedas contar la historia de Dios con pasión. Hay demasiado en juego como para que te despreocupes de tu rol de comunicar la historia de Dios, generadora de vida, a un mundo que muere.

CÓMO REMOVER LAS CARGAS DE UN MUNDO AGOBIADO

Hace un par de años, cuando terminaba de preparar un mensaje de Pascua, me enteré de que el único hermano que le quedaba a mi mamá había fallecido. Muchas décadas atrás, mi tío Jim había nacido con síndrome de Down y había luchado con todas y cada una de las tareas cotidianas cada día de su vida.

Mientras varios miembros de la familia abordábamos un avión rumbo a Michigan para consolar a mi madre y asistir al entierro del tío Jim, comencé a soñar despierto con el nuevo cuerpo glorioso que le sería dado en el cielo. ¡Qué maravilloso progreso sería para él! No más dolor, sufrimiento, tristeza ni fracaso. Ya no más dificultades durante el día ni noches sin dormir. Además de la enorme tristeza por perder a Jim en esta vida, sentí un gran consuelo en el hecho de que ahora podría danzar, brincar y regocijarse sin esfuerzo en la presencia de Dios.

A nuestro regreso, apenas había aterrizado el avión, todo el alivio que experimentaba al imaginar a mi tío en su nuevo hogar se disipó de inmediato. A través de una sucesión de llamadas nos enteramos de que la hermana de mi mamá había fallecido. ¿Puedes imaginarte el impacto que recibió mi madre? No había perdido ningún hermano en más de tres décadas y ahora dos se habían ido en cuestión de días.

La vida es como una montaña rusa emocional, solaz y paz seguidos de una caída en picada. Tiempo después, recuerdo que reflexionaba sobre el abrupto impacto que ocasiona la muerte. Sé que la tasa de muerte ronda el cien por ciento. Sin embargo, cuando alguien que conoces y amas muere, es algo inexplicablemente atroz. Creo que todos vivimos en una especie de negación, pensando que mientras la muerte puede sobrevenirle a cualquier otra persona, no nos sucederá a nosotros ni a quienes amamos.

Parte de lo que conduce a esta negación, en mi opinión, es la ambigüedad que muchos experimentan con respecto a lo que sucederá del otro lado. Deciden dejar de lado los pensamientos acerca de la muerte porque no están seguros de estar listos para encontrarse con Dios. Ni siquiera alcanzan a captar la realidad del cielo y el infierno, ni cómo hacer para acabar en el lugar correcto. Se sienten nerviosos de enfrentar cualquier realidad existente luego del último aliento, y un poco de negación consigue aliviar bastante sus temores... o al menos eso piensan.

La Biblia dice que todos enfrentaremos la muerte. Es algo inevitable. No obstante, como saben los seguidores de Cristo, la muerte es el paso que nos permite la unión eterna con Dios, si eso es lo que elegimos. Juan 3:16 es un versículo que muchas personas memorizan, pero su mensaje sigue sacudiendo los cimientos de la vida: Porque tanto amó Dios al mundo, que dio a su Hijo unigénito, para que todo el que cree en él no se pierda, sino que tenga *vida eterna*. Tú puedes tenerla, puedes conocerla, puedes tener la seguridad de que la tienes, y puedes permanecer confiado por completo en ello.

Me pregunto si conoces a alguien que necesita esa clase de seguridad. ¡De ser así, busca la manera de dársela!

Cuando sea el momento adecuado, estoy convencido de que te acercarás a ese amigo, lo invitarás a tomar un café, y comenzarás a recorrer el camino explicando el enorme abismo que existe entre la gente y Dios. «Sin embargo, él se preocupó tanto por ti que envió a su Hijo, el cual sirve como puente de acceso a Dios», le explicarás con suavidad. «Ese acceso es un regalo llamado "gracia" y está disponible para cualquiera que desee aceptarla y atravesar el puente de Dios. La decisión es tuya».

Sentirás que tu corazón late cada vez más rápido a medida que sopesas cada palabra. Y cuando llegue el momento adecuado, dirás: «Tú, allí donde estás y tal como eres, eres merecedor del amor incondicional de Dios.

»El mismo Dios que creó el universo, también te creó a ti y tiene un propósito para tu vida. Ya no tienes que llevar tus cargas solo. Puedes dejar a un lado tu cansancio, tus tristezas, tu sufrimiento, tus pesares y frustraciones. Y esto es porque un día serás hecho nuevo. Te sentirás completo, saludable, pleno y cien por ciento satisfecho. Y hasta que ese día llegue, Cristo promete andar contigo todos y cada uno de los días, llevando tus cargas, ofreciéndote su guía hacia una vida significativa, dándole sustancia a las horas, los años y la vida».

En ese momento, tal vez veas en la mirada de tu amigo una cierta indecisión. Recordarás el momento en que aprendiste por primera vez acerca de la asombrosa gracia de Dios, sin estar demasiado seguro de cómo asimilar tal información que alteraba tu vida de su bien establecida rutina. «Tómate tu tiempo», le dirás. «Es una decisión sumamente importante; pero yo estoy dispuesto a orientarte en lo que necesites».

Vivimos en tiempos de indecisión, pero las palabras de la historia de Dios tienen su peso. La Biblia dice que la Palabra de Dios es viva, eficaz y más aguda que una espada de dos filos, y útil para enseñar la verdad, para reprender el pecado, para corregir los caminos torcidos y capacitar a las personas en la rectitud. De manera que mientras enfrentamos la locura a todo nivel imaginable, descansamos en el conocimiento de que Dios nos ha provisto de un sendero hacia la paz. Todos pueden estar seguros por completo de su presencia por toda la eternidad en vez de atemorizarse con el pensamiento de enfrentar una vida después de la muerte que sea espantosa.

En la realidad celestial existe un entorno perfecto, pleno de ricas relaciones, belleza, gozo, paz y descanso. ¡Imagínate! No habrá preocupación por la recesión, ni temor al terrorismo, ni angustia por la enfermedad, ni confusión, ni caos. Solo perfección, una perfección pura y no adulterada.

¡Qué gran honor es entonar las palabras de la canción

del amor de Dios para que surtan efecto en la vida de otra persona! Y qué día será cuando por fin puedas ver a tu amigo, al miembro de tu familia, dar esos primeros pasos para cruzar el puente de Dios.

Greg Ferguson, un líder de adoración de uno de nuestros equipos de fin de semana, cierta vez le puso letra al tema de esperar aquel día en que pasaremos de esta vida a la siguiente. Deja que estas palabras penetren en tu corazón al pensar en tus amigos y en los miembros de tu familia que puedan querer saber que ha llegado su hora de dejar el casco, la pala y los proyectos de construcción iniciados por ellos. A partir de ahora pueden esperar con ansias una eternidad junto a Dios, quien los modeló, los hizo como son, los creó, tiene un propósito con ellos y los amará por siempre con un amor incondicional.

QUÉ DÍA SERÁ ESE

Greg Ferguson

Qué día será ese
Cuando por fin tu corazón cautivo latirá en libertad,
Y todo tu ser cante,
En la armonía celestial.

Qué dulce alivio para tus temores más oscuros,
El sonido de la risa, perdido durante años,
Ya no derramarás ni una sola lágrima,
Porque tu triste corazón, finalmente,
Finalmente canta.

Aleluya, qué día será ese.
¡Aleluya, qué día será ese!
Todos esos ángeles que jamás habías visto
Te observarán detrás de escena,
Por fin habrán alcanzado su meta
De presentarte restaurado y completo.

Tan solo observa la risa y la sonrisa del Padre
Que toma en sus brazos a su gozoso hijo,
Y escucha a las huestes del cielo cantar
En un dulce y conmovedor coro angelical,
Cantando, aleluya, qué día será ese.
¡Aleluya, qué día será ese!

Aquí y ahora, mientras tanto,
Podemos escribirlo como un sueño imposible,
Pero para mí es mucho más que un sueño,
Aun ahora puedo ver lo suficiente como para creer,
Y no sé cuánto falta todavía
Ni cuántas veces ha de quebrarse nuestro corazón,
Yo estaré caminando a tu lado,
Y no importa por dónde debamos ir.

No obstante, aun ahora si escuchamos con atención
Podemos escuchar un atisbo de las huestes celestiales.
Escucha las dulces voces santas tarareando
Como muestra de la canción que se aproxima,
Y que dice: «¡Aleluya, qué día será ese!».

PREGUNTAS PARA LA REFLEXIÓN

1. ¿Sabes sin sombra de dudas que la razón por la que Dios
   construyó un puente para ti fue porque su deseo de salvar
   el abismo que te separa de él era *muy grande*?

   ❑ Sí ❑ No

2. Elige uno o dos de los siguientes pasajes de las Escrituras
   para meditar en él. Permite que sean recordatorios del inmenso amor de Dios por ti.

Salmo 27:10	Romanos 5:5
Salmo 55:22	Romanos 5:8
Salmo 71:17-18	Romanos 8:35, 38-39
Salmo 147:3	2 Tesalonicenses 2:16-17

3. ¿Cuál de las ilustraciones presentadas en este capítulo refleja más tu experiencia de acercarte a Cristo?

   El puente: Dios te amó tanto que le pidió a su Hijo
   que fuera un puente que salvara el abismo que te separaba de él.

   Hacer contra hecho: No necesitas ganarte el favor de
   Dios; la obra que Cristo llevó a cabo en la cruz declaró que
   el pago por tus pegados había sido «hecho».

La escalera de la moralidad: Más allá de lo bueno que seas, estás lejos de ser perfecto. La única manera de zanjar la «brecha moral» que se presenta entre tu estándar de vida y el de un Dios perfecto y santo es apoyándote en la persona de Cristo.

4. ¿Puedes imaginarte comentando alguna de estas ilustraciones con un amigo que esté alejado de Dios? ¿Qué temores o preocupaciones pueden evitar que lo hagas?

5. Los elusivos contra los eruptivos. Suena como el anuncio de un encuentro de lucha mal pagado, ¿no es verdad? En una escala donde el 1 represente a los elusivos y el 10 a los eruptivos, ¿dónde te ubicarías? ¿Cómo definirías un saludable término medio en la escala de los elusivos/eruptivos?

Cuando aparecen las oportunidades espirituales...

Tiendo a cerrarme   Tiendo a lanzar la verdad
                                     sobre las personas

1	2	3	4	5	6	7	8	9	10

6. Al final de este capítulo leíste que «en la realidad celestial existe un entorno perfecto, pleno de ricas relaciones, belleza, gozo, paz y descanso». Piensa en tres amigos que podrían estar interesados en conocer esta verdad. En una hoja de papel anota sus nombres y los motivos por los que podrían querer conocerla. Pídele a Dios que te revele maneras en las que puedes comenzar a transmitirles esta información.

LECCIONES DEL MAESTRO

Hojeaba una revista de negocios en un largo vuelo un día y me topé con una sección desprendible que anunciaba: «Vídeos con lecciones de los maestros». Y ahí estaban Tiger Woods que enseñaba cómo ser un gran golfista; Pavarotti que brindaba instrucciones operísticas; Russell Coutts, el timonel del equipo de Nueva Zelandia que obtuvo la copa de los Estados Unidos, que transmitía los secretos para el éxito en las regatas de veleros.

El despliegue publicitario prometía resultados incomparables. «Elimina de tu camino los obstáculos que antes parecían insalvables... ¡Alcanza hoy mismo tus más altas metas!». Solo unos centavos por día me ayudarían a evitar vergonzosos errores, me darían confianza para participar en los emprendimientos que me interesaran y me catapultarían a las altas esferas donde se encuentran otros grandes talentos.

Varias semanas más tarde, mientras preparaba una charla para nuestro culto de mitad de semana, cavilaba sobre cómo presentar una explicación fresca y relevante del evangelismo efectivo. Me puse a pensar en lo que Cristo sugeriría de estar conmigo en aquel lugar. ¿Cómo evitaría quedarse paralizado en una conversación espiritual? ¿Qué diría para aliviar el temor, la timidez y las inseguridades que las personas enfrentan al hablar de Dios?

Me puse a reflexionar en aquella serie de vídeos. ¡Qué magnífico regalo sería si existiera un vídeo de capacitación de *nuestro* Maestro sobre cómo acercar con éxito a la gente a Dios! Sería tan útil observar un ejemplo paso a paso acerca de cómo desarrollar amistades, descubrir historias y discernir los próximos pasos... todo desde la perspectiva de Jesús.

Casi podría imaginármelo. Las advertencias del FBI desaparecen mientras se introducen los impactantes gráficos que presentan el verdadero material del vídeo. Un presentador avanza hacia la cámara, con las mangas de su camisa enrolladas y las manos en los bolsillos. «¿Tienes algún plan interesante para hoy? Te encuentras ahí, en tu sillón favorito, con una vieja camisa y tus pantalones de pijama frente a la pantalla de tu televisor, dispuesto a pasar otra displicente tarde de sábado. Sin embargo, supongo que estarías dispuesto a un poco de aventura si algo fuera a presentarse. ¿Qué pasaría si te digo que hoy tu vida predecible y rutinaria podría involucrarse en la vida de otra persona y cambiarla para mejor por siempre?».

Y se detiene en esas palabras: *por siempre*. ¿Acaso no desearíamos involucrarnos en algo que dure por siempre?

Mi mente trabajaba a toda velocidad mientras intentaba visualizar la trama de ese vídeo. Necesitaba contenido, datos, hechos que hicieran aportes a este nuevo contexto para explicar cómo inició Jesús las conversaciones con los extraños que encontraba en su camino. Pruebas de lo que pasaba por su mente cuando hablaba con alguien acerca de su Padre. Hasta dónde era capaz de llevar una determinada conversación y cómo sabía cuándo era suficiente.

De inmediato, comencé a analizar el Nuevo Testamento, leyendo y releyendo sus interacciones con la gente, con la esperanza de recopilar algunas lecciones del verdadero Maestro en cuanto a cómo llevar a la gente a la fe de una manera natural, práctica y apropiada.

Una conversación sobresalía.

La que considero la mayor y más sabia demostración de inteligencia relacional, el tan bien conocido relato del encuentro de Jesús con una mujer junto a un pozo, resultó ser algo nuevo por completo para mí aquel día. Tomé una taza de café, apoyé la espalda en el asiento, y concentré mi atención en Juan capítulo 4 a medida que se desarrollaba la primera escena.

UNA TRANSFORMACIÓN EN EL LUGAR MENOS PROBABLE

Había sido un día agobiante de calor y Jesús y sus discípulos habían estado caminando por una zona árida del Medio Oriente, deteniéndose a cada tanto en su recorrido para refrescarse y tomar un poco de agua. El sol comenzaba a descender por el occidente y la noche se aproximaba poco a poco, trayendo alivio al ardiente desierto.

Sus discípulos acaban de partir rumbo a la ciudad para comprar comida mientras Jesús se inclina hacia delante sintiendo chocar la parte posterior de sus muslos contra el borde del enorme pozo. *Ah, sentarse por unos minutos*, piensa él, luego de haber viajado todo el día. Inclina su cabeza y cierra los ojos para evitar el contacto directo con el sol, cuando una mujer se acerca proveniente de algún pueblo cercano en busca de agua.

Después de esto ella regresará al pueblo. Se trata de una rutina típica de un día cualquiera, excepto por el hecho de que Jesús está en medio. Cuando la mujer se aproxima, Jesús la observa y nota que es una samaritana, una mestiza para la época. Las archiconocidas reglas para relacionarse con los samaritanos inundan su mente, pero Jesús las ahuyenta como si fueran insectos molestos. Permanece sentado, mira a la mujer a los ojos y le dice: «Dame un poco de agua».

La mujer se demora en reaccionar. Asombrada, gira la cabeza para mirar por encima de sus hombros y luego fija la mirada en aquel hombre. *¿Alguien más escuchó eso?* Mira a Jesús y mantiene la compostura haciendo a un lado su incredulidad y su incomodidad. «¿Cómo se te ocurre a ti, un judío, pedirme agua a mí que soy una mujer samaritana?».

A modo de aclaración, sería bueno decir que no solo había un enorme prejuicio entre los judíos y los samaritanos en el aspecto político y teológico, sino que en aquel entonces también existía una alta discriminación de sexo. Los hombres judíos rara vez reconocían la presencia femenina en público, y mucho menos consideraban el hecho de hablarles. Basta con decir que un judío no debía conversar en público con una samaritana. Ni un hombre debía conversar en público con una mujer. Sin embargo, en medio de aquella tensión, Jesús pasa por alto las convenciones y formula su pregunta.

Volvamos ahora a la escena. «¿Cómo se te ocurre pedirme agua, si tú eres judío y yo soy samaritana?». El tono es duro pero Jesús no reacciona. La respuesta de la mujer viene en forma de interrogante. Para Jesús eso era una puerta abierta al diálogo.

Él vislumbra en los ojos de ella un aire de mundanalidad y cansancio, mientras apoya las manos junto a sus piernas en el caliente ladrillo del borde del pozo. Jesús alza sus ojos a la vez que se pone de pie para ir hasta el otro lado. *¿Con qué estaría dispuesta esta mujer a relacionarse?*, se pregunta mientras continúa avanzando. *Algo sencillo en lo que involucrarse y que sea una conversación natural, eso es lo que necesito...*

No le llevó nada de tiempo hallar el tema de conversación correcto. Ambos están junto al pozo para obtener una cosa. De manera que se ponen a hablar del agua.

«Si supieras lo que Dios puede dar, y conocieras al que te está pidiendo agua», contestó Jesús, «tú le habrías pedido a él, y él te habría dado agua que da vida».

Y la mujer responde: «Señor, ni siquiera tienes con qué sacar agua, y el pozo es muy hondo; ¿de dónde, pues, vas a sacar esa agua que da vida?».

El pozo de Jacob era conocido como el pozo más profundo de la región. *Con seguridad no crees ser mayor que nuestro padre Jacob*, piensa ella. Se siente recelosa, pero hace un gran trabajo ocultando su preocupación. *¿Quién será este extranjero tan raro que habla del «agua que da vida»?* Su imaginación comienza a vagar. En aquellos días, el *agua que da vida* significaba «agua que corre», pero por alguna razón ella percibe una connotación diferente en las palabras de Jesús.

Al detectar una oportunidad clara para pasar de lo superficial a las cosas espirituales, Jesús persiste. Él sabe que el mundo espiritual y el mundo material no están tan apartados como esta mujer parece creer. «Todo el que beba de esta agua volverá a tener sed», respondió Jesús, «pero el que beba del agua que yo le daré, no volverá a tener sed jamás, sino que dentro de él esa agua se convertirá en un manantial del que brotará vida eterna».

Esto le suena muy raro a la mujer, toda esa conversación acerca de manantiales mágicos que de repente brotan del interior de la persona. Después de todo, ¿qué sabe ella acerca de las cosas espirituales y de ser fortalecida por el Espíritu de Dios?

La mujer lo mira con curiosidad y se pregunta si en realidad quiere decir lo que dice. Su interés se hace evidente cuando muerde la carnada. «Señor, dame de esa agua para que no vuelva a tener sed ni siga viniendo aquí a sacarla». *Puede que no comprenda toda la charla demencial de este hombre*, piensa ella, *pero si él puede decirme cómo evitar este viaje diario que me rompe la espalda, ¡estoy* interesada!

Jesús sabe que la solución que le ofrece a ella no saciará su sed una sola vez sino toda la vida. Eliminará su necesidad no solo durante una etapa sino por toda la eternidad. Sin embargo, ella no consigue captar esto todavía. Él sabe que sus palabras son tonterías para ella, que no tiene la capacidad de comprender las profundas verdades que le revela. Mirando hacia el poblado de donde provenía, cambia de tema: «Ve a llamar a tu esposo, y vuelve acá», le dice Jesús.

El pedido la sorprende con la guardia baja. «No tengo esposo», respondió la mujer. Esto era técnicamente cierto. La mujer no estaba casada en aquel momento, pero vivía con su novio. Jesús, que está capacitado de modo sobrenatural para saberlo todo, es del todo consciente de su situación.

«Bien has dicho que no tienes esposo. Es cierto que has tenido cinco, y el que ahora tienes no es tu esposo». Este misterioso discernimiento con relación a su vida no pasa inadvertido para la mujer. Es más, Jesús intenta reafirmar el hecho de que al menos ella no mintió acerca de sus circunstancias, si bien es cierto que lo expresa con cierto sarcasmo. Él reconoce la cuidadosa selección de palabras que ella hace para evitar el juicio y la vergüenza de reconocer que está involucrada en una relación extramatrimonial. Es casi como si le dijera: «¿Sabes? Podrías haberme mentido de forma directa, pero decidiste expresarlo de otra forma. Te doy crédito por eso».

Ella permanece de pie, sintiéndose cada vez más incómoda y preguntándose acerca del rumbo que está tomando la conversación con este rabí judío tan fuera de lo común. Recobra la compostura y trata de ser evasiva: «Ah, me doy cuenta de que eres un profeta», dice riendo mientras le da un giro a sus ojos. Bueno, si es así, responde entonces a esto, Sr. Sabelotodo. Nuestros antepasados adoraron en este monte, pero ustedes los judíos dicen que el lugar donde debemos adorar está en Jerusalén, ¿no?».

Jesús le permite por un momento la pregunta, pero luego regresa al tema que estaban tratando. «Créeme, mujer, que se acerca la hora en que no interesará dónde adoren. Es más, ese momento ha llegado. Ahora que estoy aquí lo que interesa es si tienes fe en mí. La clase de adoración que mi Padre desea no se basa en rituales ni ceremonias... menos en lugares geográficos. Solo se basa en la fe. Tu cuerpo terrenal puede estar en cualquier sitio, en la cima de una montaña o en un templo... o incluso junto a un pozo en una tarde muy calurosa, y aun así tu espíritu puede adorar a Dios.

»Mira, yo conozco tu pasado», siguió diciendo, «pero por ser quien soy puedes aún recibir el agua de vida que mencioné. Más allá de tus luchas del pasado y de tu situación actual, esta agua está disponible para ti, y es gratis».

Y a medida que Jesús rodea a esta mujer herida por el pecado con su gracia y su aceptación, la helada capa que cubre su corazón comienza a derretirse poco a poco. Sus ojos se nublaron con las lágrimas y su alma sedienta absorbió las primeras gotas de una buena y tradicional lluvia.

Me levanté para volver a llenar mi taza de café y me di cuenta de que había permanecido sentado en la misma posición durante casi una hora. Aquel texto en particular de Juan 4 me resultó sumamente cautivante porque en verdad era un manantial de lecciones evangelísticas provenientes de nuestro Maestro... recogidas todas de aquella sencilla y polvorienta porción de tierra de Samaria en el siglo primero.

Con la historia todavía fresca en la mente, creció mi esperanza acerca de la capacidad de los seguidores de Cristo para aprender cómo comunicar el evangelio de manera adecuada y eficaz. Quizás Jesús había dejado su propio vídeo con las «Lecciones del Maestro», después de todo. Considera si estas ideas son de ayuda para ti como lo fueron para mí.

Lección Nro. 1: Tiende un puente sobre el abismo

A la mayoría de los seguidores de Cristo de estos días se les ha dicho desde que eran niños que debían separarse del mundo. Se les advirtió acerca de los sitios donde jamás deberían estar y las clases de personas que debían evitar... consejo que solo sirve para hacer que los cristianos sean impotentes, paranoicos y estén aislados. La primera lección que Cristo nos enseña en esta historia es que no debemos dejarnos intimidar por las diferencias que observamos en otras personas, ya sea que tales diferencias estén basadas en la raza, la religión, el sexo o la política. En cambio, podemos ser más parecidos a Cristo y aprender a imitar su fascinación para crear puentes en vez de profundizar las brechas.

La misión de Jesús se ve reafirmada cuando los que están errantes vuelven al hogar. Y mientras él estuvo aquí en la tierra, supo que la mejor manera de conducirlos al hogar era hallándolos donde estaban, relacionándose con ellos tal y como eran, y caminando luego a su lado paso a paso hacia el Padre.

En mi opinión, esta es la descripción perfecta de la primera D de vivir en 3D: desarrollar amistades. Con los que sean agradables. Con los que no lo sean. Con los exitosos y con los que no lo son. Con los extrovertidos y con los introvertidos. Con los aceptados y con los excluidos. Con los que son como nosotros y con los que son muy distintos. He intentado forzarme a estar en situaciones sociales antinaturales e incómodas con el propósito explícito de extender mis límites en cuanto a esto. Y lo que descubrí es que las personas que son diferentes a mí son infinitamente enigmáticas y fascinantes.

Hace poco tuve una experiencia poco común. Algunos líderes mundiales me invitaron a integrar un comité de expertos que se reunía en el centro de Manhattan con el objetivo de encontrar soluciones a los problemas actuales. Me solicitaron que me ocupara de disminuir la tensión entre musulmanes y cristianos. Como ya sabes, el estado general de las cosas en la actualidad no es el mejor. Los cristianos se están poniendo cada vez más a la defensiva y los musulmanes están cada vez más desconfiados. Y la retórica que va y viene solo aumenta con el paso del tiempo.

Sentados junto a mí aquel día estaban algunos importantes representantes del mundo musulmán, así como también varios líderes occidentales de alto vuelo, tres o cuatro de los cuales eran cristianos. Dedicamos muchas horas a conversar sobre cómo llevarnos mejor en el mundo. Esperaba que aquel encuentro fuera intenso, pero lo que no imaginaba era cuán estimulante podría llegar a ser.

Finalicé aquella experiencia con una mejor comprensión del pueblo islámico y una renovada motivación para permanecer involucrado en la búsqueda de una solución. Estaba increíblemente agradecido por haber podido ser parte de la conversación, y mucho más por haberme podido poner a prueba de manera tan significativa.

Considera lo siguiente: Jesús podría haberle vuelto la espalda a la mujer en el pozo y decirle: «Tú sabes, no me relaciono con personas de otra fe...». Sin embargo, de forma afortunada no lo hizo. En consecuencia, hay varias preguntas que debemos formularnos todo el tiempo.

- ¿Le presto atención al Espíritu Santo en las situaciones en que estoy con personas de otras religiones, trasfondos o ideologías políticas?
- Al interactuar con la gente en las conversaciones cotidianas, ¿me concentro en derribar los estereotipos y en cambio construir puentes?
- ¿Procuro de forma activa hallar maneras de ser puesto a prueba, como sentarme con alguien de otra generación, ir a restaurantes donde los dueños o los que sirven son de otra etnia, o interesarme en una cultura distinta de la propia?

Da grandes pasos. Da pasos pequeños. Da todos los pasos que puedas en cuanto a esto, para que la actitud de Cristo de salvar abismos se desarrolle a plenitud en tu persona.

Lección Nro. 2: Formula una pregunta

Hemos dejado en claro que Jesús se acercaba de manera intencional a las personas que eran distintas a él. Sin embargo, siendo igual de importante, él se preocupaba por la primera frase que salía de su boca cuando interactuaba con ellas. Con la mujer junto al pozo, según recordarás, utilizó una pregunta. Jesús formuló una pregunta sencilla en forma tentativa para ver si ella estaba dispuesta a seguir conversando.

Hace poco me detuve en una cafetería para recargar energías antes de pasar la tarde en una seguidilla de reuniones. Busqué detenerme allí de manera intencional porque el dueño por lo general estaba en el negocio y yo había tratado de alimentar una relación durante varios meses. Al ingresar y recorrer con la vista el salón, traté de encontrarlo.

Como siempre sucede en ese negocio en particular, el servicio aquel día fue impecable. Cuando llegó mi turno pedí lo acostumbrado y luego me hice a un lado, pero con la mirada seguía escrutando cientos de rostros anónimos. En el momento que giraba para marcharme vi que el dueño se aproximaba con su acostumbrada sonrisa en el rostro. Nos saludamos al tiempo que nos apartábamos para evitar el movimiento constante de clientes. En referencia a lo que acababa de experimentar, le pregunté: «¿Cómo capacitas a tus empleados para que sean tan buenos? ¡Siempre son amables, bien entrenados y manifiestan entusiasmo! ¿Cómo lo haces?».

La pregunta no era para nada profunda, pero la respuesta me ofreció una puerta abierta para seguir conversando. Es probable que yo le hubiera podido preguntar lo que fuera y él se hubiera involucrado. Así es la naturaleza de la intervención divina. Y quién sabe los tipos de conversaciones que podremos tener en el futuro bajo la dirección del Espíritu Santo. Una vez más, no es mi función determinar el desenlace. Mi rol es avanzar por fe, iniciar una conversación, formular una pregunta y explorar si hay una puerta abierta. Y debo dejar el resto en las manos de Dios.

En todo el Nuevo Testamento, si alguien se negaba a escuchar a Jesús y cerraba la puerta, él no insistía. ¡Podemos aprender algo de esto! He aquí el poder del enfoque de Jesús: formular preguntas le permitía calcular la disposición del corazón de la otra persona y evitaba que asumiera de forma inconsciente que había alguna profunda lucha espiritual en ellos. Él formulaba una pregunta que hacía al otro pensar y luego aguardaba la respuesta para decidir si avanzar más rápido o más lento en la conversación.

En 1 Corintios 2:14-16 (RVR 1960) se nos dice que «el hombre natural [el que no es creyente] no percibe las cosas que son del Espíritu de Dios, porque para él son locura, y no las puede entender, porque se han de discernir espiritualmente ... Mas nosotros [los creyentes] tenemos la mente de Cristo». Aquí la idea es que las personas que todavía no invitaron a Cristo a su vida no están familiarizadas con las conversaciones espirituales. Y si tú avasallas con tu mensaje a la persona antes de establecer cualquier credibilidad relacional, te encontrarás con que te cierran la puerta en la cara (o lo que es peor, terminarás con un ojo morado) sin saber del todo por qué.

Si no te resulta cómodo ponerte a pensar en las preguntas que podrías formular, entonces haz lo que hizo Jesús. Cuando estaba junto a un pozo, Jesús eligió preguntar acerca del agua. ¿Crees que la mujer pudo identificarse con eso? Ella era alguien que hacía una larga caminata hasta el pozo, arrojaba el balde hacia la profundidad para llenarlo de agua, y luego regresaba a su casa con dificultad. Y eso lo hacía todos y cada uno de los días. Por supuesto que sabía de lo que le hablaba.

Para encuadrar este concepto en un marco más reciente, tú y yo hemos experimentado algo muy similar durante los días y los meses que siguieron al 11 de septiembre. Resulta interesante que en medio de tanto dolor y de algo tan traumático para toda la nación se produjera una disposición sin precedentes en el corazón y la mente de las personas hacia las cuestiones espirituales.

Muchos seguidores de Cristo tuvieron la oportunidad de preguntarles a las personas en un ambiente social dónde habían estado el 11 de septiembre. «¿Qué sentiste al darte cuenta de lo que estaba sucediendo?», preguntaban. ¿Te preguntaste si alguien estaba a cargo de eso?». Y a menudo, luego de preguntarle a la persona alejada de Dios cómo manejó esos sentimientos que surgieron luego de un hecho tan terrible, Dios abrió una gran puerta que permitió el diálogo espiritual y redentor.

Todos podemos mejorar en esto. Todos somos capaces de aprender a formularles a las personas preguntas que los lleven a pensar y que nos conduzcan a conversaciones más profundas. Garry Poole escribió un libro hace varios años titulado *The Complete Book of Questions* [Libro completo de preguntas].[5] Lo recomiendo ampliamente. Jamás te quedarás sin preguntas cuando se te presente un momento divino ante tus ojos.

He aquí algunas para estimular tu apetito:

* ¿Por qué crees que hay tantas religiones en el mundo?
* ¿Crees que es posible que alguien sepa en realidad si existe un Dios?
* ¿Cuáles crees que son los principales errores generalizados que la gente tiene acerca de Dios?
* ¿Crees que en realidad existe lo que se denomina «amor incondicional»?
* ¿De qué manera afectó tu vida tu fe o tu falta de fe en Dios?
* ¿Crees que Dios está involucrado de forma activa en nuestro mundo?
* ¿Existe el «destino»?
* ¿Qué esperas que sea cierto acerca de Dios?

Puedes adaptar las preguntas enunciadas para que se ajusten a tu entorno y tu estilo, o puedes pensar varias por ti mismo. Eso no importa; lo que *sí* importa es que por el bien del reino no descanses hasta que te conviertas en un buen interrogador.

LECCIÓN NRO. 3: PRACTICA LA PACIENCIA

Al analizar el relato de Juan 4, ¿te has maravillado alguna vez ante la paciencia manifestada por Jesús hacia la mujer samaritana? Esto es lo que yo pienso: Jesús comprendía que no estaba tratando con un proyecto evangelístico, sino que lidiaba con una persona real con necesidades reales. Él sabía que antes de que ella se ocupara del tema de sus pecados debía convertirse primero en creyente. Como había establecido de manera correcta sus expectativas, Jesús podía tratarla con dignidad y aliento en vez de con juicio y condenación. Como segunda persona de la Trinidad, él tenía acceso a la totalidad de la información del universo acerca de esta mujer, la cual ni tú ni yo podríamos haber tenido. Sin embargo, a pesar de conocer su pasado cargado de problemas, no se lo restregó en su cara. En cambio, eligió fomentar una futura llama en ella. «Los días que tienes por delante no necesitan ser igual», quizás le dijo.

Por cierto, este era justo el rayito de esperanza que ella necesitaba. El texto dice que una vez que la mujer recibió la gracia, corrió de regreso al poblado a contarles a todos sus amigos acerca de este hombre que «me ha dicho todo lo que he hecho». Debido a la prisa, dejó el cántaro de agua junto al pozo, lo cual no deja de ser significativo pues el agua era un bien muy preciado en aquellos días. Y allí estaba, una mujer herida por el pecado que recién se había convertido. Ahora, por sobre todas las cosas (incluso el agua que necesitaba para el día), ella deseaba decirles a todos cómo Jesús le había dado un nuevo futuro y una nueva esperanza. Más allá de los infinitos detalles que la Biblia podría habernos dado acerca del estado mental, espiritual y físico en que ella estaba cuando recibió la gracia por primera vez, lo que sabemos es que ella abandonó todo y salió corriendo a darles las buenas nuevas a sus amigos. La paciencia de Cristo tuvo su recompensa, ¿no crees?

Tú y yo hemos sido redimidos y restaurados con un propósito similar. Un propósito que es tan notable como pasar la eternidad con Dios en el cielo. Se espera y se nos alienta a que transmitamos nuestra salvación a los demás de manera que el propósito final de Dios se cumpla: que todas las personas puedan conocerle como Padre.

LECCIÓN NRO. 4: TEN CUIDADO CON LOS CAMBIOS DE TEMA

Esta es una de mis preferidas: ¿Notaste cómo cuando las cosas se pusieron un tanto tensas en la conversación la mujer samaritana trató de cambiar de tema? Jesús intentaba mantenerse concentrado en la necesidad que ella tenía de Dios, y la mujer comienza a discutir sobre en cuál montaña se debe adorar. A mí me sucede todo el tiempo. Doy un pequeño paso para orientar a la persona hacia Dios y al instante salen corriendo. Toman cualquier rumbo, cambiando de tema, con tal de no hacer una decisión por Cristo. Le he llamad a esto «déficit de atención espiritual».

No sé cuál sea tu experiencia, pero en mi mundo pareciera que cada vez que una conversación comienza a orientarse hacia lo espiritual surgen de repente las más asombrosas interrogantes: «¿Qué me dices de los hipócritas que rondan los círculos cristianos?», o «¿No crees que estás siendo un poco excluyente? Es decir, ¿no consideras que todos los caminos conducen a Dios?», o «Todo esto suena muy lindo pero, ¿puede ser que mil millones de musulmanes estén equivocados?, o «Yo te estoy escuchando todo lo que tienes para decir acerca de Dios y todo eso, pero ¿y qué de aquellas personas en las tribus de Mongolia que jamás escucharon algo de esto?».

En esos escasos segundos cruciales, debemos discernir si la pregunta es para cambiar de tema o una duda real de la persona.

En cierta oportunidad había conseguido avanzar bastante con un muchacho luego de varias semanas y su nivel de interés en las cosas espirituales iba en aumento. No pasó mucho tiempo antes de que sintiera el impulso de hacerle tomar una decisión, de manera que dibujé el plan de salvación en una servilleta. Y ahí todo se vino abajo. De la nada, me preguntó: «Antes de que sigas avanzando, Bill, ¿cuál es el problema que existe entre la creación y la evolución?».

En tan solo tres segundos debía evaluar esa pregunta. ¿Se trataba de una interrogante aleatoria, para cambiar de tema, o era en realidad algo que debía responder antes de seguir adelante? Confiando en que el Espíritu Santo me guiaba, le dije: «Mira, eso es una discusión que personas con varios títulos han debatido a altos niveles académicos durante siglos. Si quieres investigar sobre ese asunto, me encantaría recomendarte algunos libros que puedes leer sobre el tema o que podemos leer juntos. Te aseguro que tendremos oportunidad de hacerlo más adelante. Sin embargo, ahora es importante que nos ocupemos de cómo puedes ponerte a cuenta con Dios...». ¿Y sabes qué? La solución le pareció perfectamente aceptable.

Creo que lo único que necesitaba saber era que yo estaba dispuesto de forma auténtica a responder cualquier interrogante sincera que me formulara, siempre y cuando no tuviéramos que responderlas todas juntas en ese momento.

No obstante, habrá veces en que estarás en medio de una conversación espiritual y la persona con la que hablas presenta un tema infranqueable que requiere atención inmediata.

Cierta vez estaba en un punto crítico de una discusión cuando la otra persona dijo: «Entiendo la mayor parte de lo que dices, pero todo parece basarse en la Biblia. ¿Cómo podemos saber que la Biblia es verdad? Si me pides que tome una decisión importante como esta, basado en un libro que no creo que sea verdad... bueno, no puedo hacerlo».

Como te imaginarás, abandoné la presentación del evangelio y elegí otro curso de acción. Tuve que ayudarlo con ese tema fundamental antes de que pudiera dar un paso más, así que leímos libros juntos, escuchamos casetes, tuvimos varias charlas sobre el tema y demás. Habría sido una pésima decisión forzarlo cuando él tenía una duda fundamental que pesaba sobre su mente y su corazón.

LECCIÓN NRO. 5: DALE ESPERANZA A LOS DESESPERANZADOS

¿Quieres una más? Como Cristo, todos debiéramos ser audaces al mencionar los asombrosos beneficios de participar en la fe cristiana. ¡Debemos decirle a la gente con confianza lo que el Padre promete! A la mujer sedienta que Jesús encontró en el pozo, le ofreció agua «viva»… agua que da vida, satisface el alma y levanta el espíritu. Para las personas con las que te encuentras, las ofertas son ilimitadas:

- A los que están llenos de vergüenza: «Puedes recibir gracia y perdón en tu vida».
- A los que están atrapados en hábitos destructivos: «Cuando el Hijo te libertare, serás en verdad libre».
- A los débiles: «Una gran fortaleza de parte de Dios podrá ser tuya con solo pedirlo».
- A los cansados: «Jesús promete descanso para tu alma».
- A los pobres: riqueza de espíritu.
- A los que tienen escasez: provisión a su debido tiempo.
- A los que sufren: consuelo.
- A los enfermos y a los que mueren: vida eterna y nuevos cuerpos en la vida en el más allá.

Una de las canciones de Greg Ferguson, «Peacemaker» [Conciliador], declara de manera excepcional algunos de los beneficios de permanecer conectados al corazón de Dios. ¿Qué promete Dios ser y hacer en la vida de sus hijos? Dejaré que la letra de Greg responda eso:

> Pacificador. Aquel que desecha el temor. Bálsamo para el alma. El que calma la tormenta.
> Luz brillante. Quien encuentra al perdido. Disipador de nubes. Liberador.
> Aclarador de mente. Oidor de suspiros. Sostenedor de la mano. Consolador.
> Sanador de heridas. Enjugador de lágrimas. Quien otorga poder. Proveedor.
> Sanador del corazón. Padre amoroso.
> Mi conciliador.

Amigo, *este es* el Dios al que servimos.

Cuando Jesús orientaba a las personas hacia la fe, les decía de manera no apologética que la vida que él ofrecía era el mejor tipo de vida que cualquier ser humano podría haber experimentado jamás. En el Evangelio de Mateo, él la compara con una perla de gran precio por la que, según sus palabras, bien vale la pena dar todo para conseguirla. «Si deseas una vida plena», dijo él, «si deseas alta definición, sonido envolvente y una acción que acelera los latidos del corazón, hay un solo lugar donde podrás hallarlo. Una vida como esa es una vida entregada por completo al Dios del universo».

Espero que renovemos nuestro compromiso de exhibir este nivel de confianza y pasión cuando hablemos de nuestra fe. ¿Hay un mensaje más importante que el que le estamos llevando al mundo?

El alimento que en verdad satisface

La historia de Juan 4 da un giro interesante una vez que los discípulos regresan a la escena. Retomándola desde donde la dejamos, Juan 4:27 revela que mientras la mujer probaba por primera vez la gracia, los discípulos de Jesús regresaron y se horrorizaron al verlo conversando con una persona tan indigna. Quizás no lo expresaron con palabras, pero sus rostros lo evidenciaron a las claras. ¡No podía ser que el Mesías se estuviera mezclando con esta mujer pecadora! Ellos no podían creer que *ciertas* personas pudieran ser transformadas.

Haciendo caso omiso de las miradas mordaces de los discípulos, la mujer samaritana pasó corriendo junto a ellos para contarle al resto del pueblo acerca de la magnífica interacción que había tenido con cierto rabí que había encontrado. Ahora que ella ya no estaba en escena, los discípulos intentaron que Jesús comiera algo. Ellos habían comido en la ciudad y sabían que tal vez él estaría hambriento al permanecer en el intenso calor durante horas después del agotador viaje que habían hecho desde Judea.

Era evidente que sus jóvenes aprendices no tenían idea de todo lo que había sucedido mientras ellos se habían marchado. «¿No lo ven? Acabo de disfrutar de una maravillosa comida», les dijo. Los discípulos se miraron unos a otros confundidos. *¿De qué rayos habla? ¿Le habrá pedido comida a alguien cuando nos fuimos?*

Sin embargo, Jesús no se refería a una comida de carne y papas, sino que hablaba del alimento para el *alma*. Y esta clase de alimento lo satisfizo en gran manera. Mientras sus hombres estaban en la ciudad alimentándose con unas grasosas aceitunas y un par de panes rancios, ¡Cristo había disfrutado del equivalente a una comida que constaba de siete platos! El resultado de la «comida» de Jesús fue increíble. Más adelante leemos que la mujer samaritana regresó a la escena luego de reunir a la mitad del pueblo y conducirlos hasta el pozo para que vieran a Jesús. Lo siguiente que sabemos es que escucharon la enseñanza de Jesús y muchos hicieron una decisión de fe en aquel momento. Y todo porque un hombre aprovechó una oportunidad dada por Dios de ofrecerle esperanza a una mujer que la necesitaba en forma desesperada.

«¡Miren a su alrededor!», habrá reprendido Jesús a sus discípulos al finalizar aquel día. «¿Cuántas cosechas más consideran que podrían dar estos campos samaritanos? ¿No están de acuerdo en que estas personas necesitan ser rescatadas de su egoísmo y su falsa religión? ¡Muchachos, es la hora de la cosecha! Si son pacientes y se comprometen a perseverar con un nivel de celo por las almas perdidas similar al de esta mujer, cosecharán mucho más fruto del que jamás hayan visto».

Mientras cavilaba sobre este texto aquella tarde en mi oficina, me asombré una vez más por lo rápido que la mujer samaritana cambió de la hostilidad al respeto, de la obstinación a la flexibilidad, de estar centrada en sí misma a ser más parecida a Cristo. Y todo en apenas cuatro versículos. Solo Dios sabe cuándo la salvación está a la vuelta de la esquina para alguien. Nuestra tarea es mantener el curso, caminar cuando se nos indica que avancemos, hablar cuando se nos dice que hablemos, permanecer quietos cuando hace falta guardar silencio, y confiar en Dios en cuanto a al resultado de redimir a las personas heridas y marcadas por el pecado.

Pasos que transforman el mundo

Piensa en lo siguiente: debido a la transformación de una mujer, innumerables vidas fueron transformadas. ¿Puedes imaginar su vida quince o veinte años más adelante? Yo imagino a toda su familia reunida, con hijos y nietos que disfrutan de la comunión cristiana y de las misericordias de Dios. La familia entera disfruta unida, cuentan historias de su vida, su linaje, sus añoranzas. Y uno de los nietos pregunta desde una esquina del cuarto: «¿Y cuándo comenzó todo esto? Tú sabes, nuestra fe».

La mujer samaritana que había sido redimida responde desde el otro extremo de la habitación, mientras sostiene a una nieta en su regazo y se balancea de atrás hacia adelante. «Niños, todo comenzó junto a un pozo... el pozo de Jacob, para ser más precisos. Nuestra herencia de fe comienza en una zona polvorienta donde Jesucristo en persona, el Mesías echo carne, abandonó su círculo de comodidad y atravesó la arena para acercarse al terreno propicio del alma de su abuela.

»Jesús dio esos primeros pasos para alcanzarme y extendió una mano de amor y compasión en un momento en que nadie más podría haberlo hecho. Y ahora, gracias a que él se ocupó tanto de nosotros, niños, nosotros nos ocuparemos de otros... en especial de aquellos que todavía no lo conocen».

Piensa un momento en tu propia historia. ¿Cómo terminaste en el reino de Dios? Al considerar esto, comencé a desafiar a las personas para que le prestaran atención a esa pregunta. En términos de «cruzar la habitación» o «acercarte a ellos», creo que diez de cada diez personas coincidirían en que al considerar su experiencia de salvación pueden comprobar que esta siempre involucró a una persona que tomó la decisión de acercarse a ellos y extender una mano de amistad. Alguien que corrió un riesgo por ellos al salvar un abismo étnico, religioso o socioeconómico. Alguien que invirtió tiempo en preguntarse acerca del destino eterno de estas personas. Alguien que realizó un pequeño esfuerzo para interesarlos en la posibilidad de que podían conocer el amor de Dios y ser libres de su pecado un día.

Así como lo experimentó la mujer samaritana, el mismo cuidado y la misma compasión que te introdujeron a ti al reino son tuyos para que los demuestres hacia alguna otra persona ahora. Puedes mejorar en esto de tratar de evitar errores vergonzosos cuando transmites tu fe. Puedes mejorar para tener más confianza al explicar la esencia de la historia redentora de Dios. Puedes mejorar a la hora de relacionarte con las personas como magníficas creaciones en vez de como proyectos.

La poderosa y redentora historia de la mujer junto al pozo es mucho más que un excelente ejemplo de cómo vivir en 3D. Y Cristo es más que un mero experto en el tema que está dispuesto a sugerir algunas pistas para el éxito del evangelismo. Amigo, Cristo es nuestro compañero permanente y vive dentro de nosotros para impulsarnos a ser más como él, y también obra por medio nuestro para guiar a otros hacia la fe.

Dios dice que si eres seguidor de Cristo, él ha derramado en ti agua pura y te ha lavado hasta hacerte limpio. Te ha dado un nuevo corazón, reemplazando el corazón de piedra por uno dispuesto a servir a Dios y no a nosotros mismos. Él puso su Espíritu en ti, lo que posibilita que hagas lo que te solicita para que puedas vivir todos los días en libertad. El agua de vida que le ofreció a la mujer junto al pozo hace tantos años está brotando, recorriendo e inundando todo tu ser.

¡Y está allí adentro por una razón! Existe no solo para saciar tu sed eterna, sino para que puedas acudir a tu trabajo cada día y decidir estar enfocado en algo más aparte de «lo que tienes entre manos». Para que seas sensible a los impulsos del Espíritu que te pide que atravieses un complejo de oficinas, una obra en construcción o un edificio escolar. Para que recuerdes la sangre de Cristo, que ha sido derramada por cada una de las personas que ves. Para que le añadas a tu fe acción mientras te acercas a una persona, la miras directo a los ojos y le preguntas: «¿Quisieras un vaso de agua?».

Preguntas para la reflexión

1. Así como la mujer junto al pozo, ¿te has sentido alguna vez sucio, cansado y agobiado por la vida? ¿Qué experiencia recuerdas?

2. La respuesta de Jesús a la mujer del pozo fue de aceptación más que de condenación, y de perdón en vez de reproche. ¿Cómo has experimentado la aceptación y el perdón de Dios en tu propia vida?

3. Una de las lecciones de este capítulo es que, como seguidores de Cristo, deberíamos estar en el negocio de edificar puentes que salven el abismo. En la página 192 leíste que es importante desarrollar amistades «con los que sean agradables. Con los que no lo sean. Con los exitosos y con los que no lo son. Con los extrovertidos y con los introvertidos. Con los aceptados y con los excluidos. Con los que son como nosotros y con los que son muy distintos». Al evaluar los patrones de tus amistades, ¿a quiénes sueles acercarte por lo general?

☐ Personas agradables	O	☐ personas a las que cuesta amar
☐ Personas exitosas	O	☐ personas que tienen dificultades
☐ Personas extrovertidas	O	☐ introvertidas
☐ Personas fáciles de aceptar	O	☐ aquellas que son excluidas
☐ Personas como tú	O	☐ personas muy distintas a ti

¿Por qué piensas que Cristo alienta a sus seguidores a que acepten de forma radical a *todas* las personas?

4. La canción de Greg Ferguson, «Peacemaker» [Conciliador] menciona varias de las promesas de Dios a sus hijos. ¿Cuá-

les de las siguientes cosas necesitas más que Dios lleve a cabo en tu vida hoy y por qué?

❑ Pacificador
❑ Bálsamo para el alma
❑ Luz brillante
❑ Disipador de nubes
❑ Aclarador de mente
❑ Sostenedor de la mano
❑ Sanador de heridas
❑ Quien otorga poder
❑ Sanador del corazón

❑ Aquel que desecha el temor
❑ El que calma la tormenta
❑ Quien encuentra al perdido
❑ Liberador
❑ Oidor de suspiros
❑ Consolador
❑ Enjugador de lágrimas
❑ Proveedor
❑ Padre amoroso

5. ¿Hay personas en tu mundo que también podrían necesitar saber que Dios puede ser un bálsamo para su alma, calmar sus tormentas y enjugar todas sus lágrimas? Pídele a Dios que te revele de manera sobrenatural las necesidades de aquellos que te rodean y luego halla la forma (ya sea por teléfono, correo electrónico, carta o con una visita) de decirles con confianza que hay un Dios en el cielo que los creó, los ama, va delante de ellos y será su conciliador eterno si ellos deciden que lo sea.

CUARTA PARTE

LA VISIÓN MAYOR POR LA CUAL VIVIR

C A P Í T U L O 9

INVITACIONES A PESCAR EN GRANDE

D urante los tres años de su ministerio de enseñanza, Jesús tuvo un hábito bastante interesante. Recorría un lugar, observaba a las personas que necesitaban ayuda, y luego llegaba al extremo de suspender las leyes naturales que gobiernan el universo con tal de ayudarlos. De pronto, el enfermo era sanado, el ciego veía, el sordo escuchaba, el mudo cantaba y el paralítico se levantaba y comenzaba a bailar. Y todo por la intervención de Jesucristo.

Según la historia registrada, esto sucedió al menos cuarenta veces, y como era de esperar, este tipo de conducta extraña recibió reacciones variadas. Mientras algunas personas estaban encantadas con tal demostración de poder, la mayoría de los habitantes palestinos del siglo primero no tenían idea de qué hacer con un hombre cuya vida estaba marcada por tal peculiaridad.

En mi opinión, si tomamos en cuenta los distintos milagros que efectuó, hay uno que parece ser el más extraño de todos. Es probable que recuerdes el hecho. No se trata de una ocasión en que devolviera la sanidad, la audición o la vista, sino de la vez que le dio una enorme cantidad de peces a un par de pescadores frustrados.

Lucas 5 dice que Simón Pedro y su hermano Andrés estaban lavando las redes en la costa del Mar de Galilea luego de una larga e improductiva noche de pesca. En otras circunstancias habría sido un día excepcional junto a las aguas azules de aquel lago interior. Sin embargo, como los peces no cooperaron con la «gran pesca» planeada la noche anterior, la tarea de clasificar los peces y retirarlos de las redes terminó siendo una desilusión.

Mientras estaban ocupados en su tarea, vieron a Jesús que le enseñaba a un grupo un poco más allá. Era evidente que a la audiencia le agradaba lo que le decía, porque mientras más enseñaba, más personas se reunían. (Me llama la atención que en mi caso se produce el efecto contrario...).

Al final, el grupo que rodeaba a Jesús se hizo tan grande que debió hallar la manera de poder distanciarse de ellos para que todos pudieran escucharlo y verlo. Enseguida halló la solución. Si remaba un poco mar adentro en un bote, podría seguir predicando desde el púlpito flotante. Y al parecer, entre todos los botes que estaban en la costa, Jesús escogió el de Pedro. Sin mayores explicaciones, se subió al bote y le pidió a Pedro que lo alejara un poco de la orilla, y desde allí continuó enseñando.

Cuando finalizó su prédica, la mayoría de las personas se dispersaron, mientras Jesús se sentaba a conversar con Pedro en el bote. En determinado momento de la conversación, Jesús le hizo un pedido interesante a su cautivo oyente. «Lleva la barca hacia aguas más profundas, y echa allí las redes para pescar», le dijo.[6] *Vamos por un poco de diversión*, habrá pensado Jesús.

Pedro se mostró escéptico. Él y sus compañeros habían estado pescando toda la noche sin resultado. Quizás sea mi impresión, pero al leer el texto me imagino que Pedro se habrá sentido un tanto molesto con Jesús, que evidentemente había estado durmiendo mientras él y los demás habían trabajado hasta el cansancio en el mar. Y ahora Jesús, que para Pedro no tenía idea de las artes de la pesca, tenía la audacia de decirle a él, un pescador de carrera, cómo debía pescar. Es probable que tú también hubieras imitado su actitud si hubieras estado en sus sandalias.

Sin embargo, el buen juicio ganó, y Pedro dejó a un lado sus dudas para acceder al pedido de Jesús. Arrojaron las redes del otro lado de la barca, y la pesca que resultó de su obediencia fue tan grande que debió pedir refuerzos. «¡Muchachos, no van a creer esto!», debió de haber gritado a sus compañeros que miraban arrobados desde la costa. «Tengo el bote lleno de peces... ¡de veras! ¿Podrían ayudarme a cargarlos? ¡Y pronto!».

Jacobo y Juan echaron su bote al mar y remaron con todas sus fuerzas para ayudar a su compañero. Los tres pescadores alzaron las redes repletas de peces marrones y plateados que se sacudían con energía. Al llegar a la orilla, me imagino a los rezagados de la multitud que se reunieron para ver de qué se trataba tanta conmoción, mientras aplaudían y vitoreaban ante el monstruoso esfuerzo realizado por los pescadores.

Eufóricos por el desenlace de los acontecimientos, Pedro, Jacobo y Juan saltaban, gritando y chillando al celebrar la mayor de todas las pescas. Jesús los observaba, pensando que la pasión y la energía de aquellos hombres jóvenes eran algo jamás visto. Él sabía que había algo especial en estos tres, así que los atrae por unos instantes con la visión de esta pesca con la esperanza de permanecer en el mundo de ellos un poco más.

DINERO VS. DESTINOS

Imagino a Jesús riendo mientras intentaba sin éxito captar la atención de estos hombres en medio del jolgorio. «¡Eh, muchachos! ¿Esto les parece la gran cosa? ¿Piensan que atrapar un puñado de escamosas criaturas del mar fue algo divertido? Traten de tener por un segundo un pensamiento mayor... Escuchen, ¿qué les parece la idea de multiplicar por mil esta diversión que gozaron en estos últimos minutos?

»No digo que haya algo *malo* en pescar peces. Sé que

se están ganando la vida y llevar peces al mercado todos los días para ganar unas monedas es algo correcto. Sin embargo, en vez de embolsarse algo de dinero, imaginen lo que sería conseguir algunos *destinos*.

»¡*Ahí es donde está la verdadera acción!*».

Es probable que los ojos de Jesús brillaran con un destello de entusiasmo al llegar a este punto, mientras los hombres lo escuchaban embelesados. «Pedro, Jacobo, Juan», les dijo mirándolos a los ojos, «hasta ahora han pasado sus días como pescadores. Yo quiero invitarlos a que a partir de ahora se conviertan en pescadores de hombres y mujeres. En vez de invertir su precioso tiempo y energía en conseguir peces de quince centímetros... ¡vayamos tras los que miden un metro ochenta! Les pido que abandonen todo lo que tienen y todo lo que son por el bien de las almas de las personas. ¡Vengan conmigo y verán de qué se trata la *verdadera* vida!».

Ahora bien, permítanme hacer una pausa en la escena por un segundo. ¿No concuerdas en que llenar de manera sobrenatural unas redes de pesca es una manera bastante extraña de reclutar a unos discípulos? A mí me parece algo raro, pero he aquí lo que más me impacta de este milagro: Creo que el mismo demuestra uno de los aspectos más críticos de la enseñanza de Jesús, esta idea de los peces pequeños frente a los peces grandes. Porque desde que apareció en escena hasta el día de hoy, Jesús le ha estado preguntando a toda clase de personas —pescadores, empresarios, amas de casa, maestros, predicadores, abogados y demás— lo siguiente: *¿Vas a desperdiciar la única vida que tienes en conseguir peces pequeños o te arriesgarás y arrojarás tus redes a la espera de atrapar a los que tienen tamaño humano?*

Y te encantará ver cómo Jesús aprovecha la oportunidad perfecta para ocuparse de esto. Él esperó hasta que estos tres recios trabajadores experimentaran el éxito en cierta medida (aquella pesca tal vez haya sido su mejor día comercialmente hablando) para luego llamarlos a un lado e invitarlos a una pesca mayor. Y los jóvenes que serían sus primeros tres discípulos aceptaron la invitación de inmediato.

«¿Pescadores de hombres y mujeres?», habrán repetido en voz alta.

«Está bien, está bien... de acuerdo. ¡Ya lo entiendo!», habrá opinado Pedro. «Ya no más peces pequeños para nosotros... ¡A partir de hoy, iremos tras los grandes!».

LA ÚNICA VIDA QUE CONOCIÓ

Es probable que Pedro esperara ganarse siempre la vida como pescador. Su hogar estaba en el mar: el movimiento, el viento, las olas, el agua salada, arrojar las redes... Esto es todo lo que él conocía.

Sin embargo, la imagen que Jesús pintó aquella tarde conmovió algo en su interior. Lo orientó en una nueva dirección, y el contraste hizo que su existencia cotidiana pareciera de pronto mundana.

¿Qué implicaba la invitación de Jesús? Los relatos de los distintos evangelios indican que la decisión de Pedro de seguir a Cristo implicaba abandonar su medio de vida, su rutina e incluso su familia. Cuando Jesús les expuso a Pedro y a sus impresionables amigos la oportunidad de ir tras los peces grandes, él se jugó el todo por el todo por la única misión en la vida que vale la pena proponerse: la misión de hallar a los que están perdidos, de servir a los que tienen menos recursos y amar a los que han sido olvidados. Eso es lo que yo llamo «la visión mayor por la cual vivir».

Y que yo sepa, Jesús jamás dejó de subirse a los botes de las personas que están dispuestas a sumarse a esta visión de mayor embergadura. Si deseas un ejemplo de cómo tendría lugar esto en nuestros tiempos, veamos el caso de mi amigo Chuck Colson y su historia de antes y después.

Chuck Colson fue jefe de los asesores del presidente Nixon desde 1969 hasta 1973. Durante años, él operó en el epicentro del poder político, social y económico. Chuck llevaba una buena vida en todo sentido. Era una persona que tenía excelentes contactos y estaba de continuo rodeado por la élite del país. Sin embargo, las cosas no siempre son como parecen.

Aunque Colson no estuvo directamente involucrado en el infame escándalo de Watergate, el cual culminó con la dimisión de Nixon, ciertas actividades periféricas lo hicieron terminar en la cárcel de Alabama durante siete meses. Se encontró cayendo en picada desde el pináculo hasta las profundidades de la vida, y todo en un abrir y cerrar de ojos. Del palacio al excusado, como dirían mis compañeros de regatas.

No obstante, otra serie de sucesos se desarrollarían primero.

Para poder comprender en su verdadera dimensión la transformación de Colson, deberías conocer con cuánta desesperación él buscó el sentido de la vida en todo menos en una relación con Jesucristo. Se esforzó en su educación universitaria, en sus honores académicos, en el reconocimiento militar, en su graduación en leyes, incluso en su experiencia trabajando al lado del presidente de los Estados Unidos (función que inició con apenas treinta y nueve años). Sin embargo, cuando el día llegaba a su fin, él seguía sintiéndose vacío, hueco, sin propósito y vencido. Ninguno de sus logros había conseguido llenar el ansia de su alma.

Luego de varias conversaciones con un empresario amigo, además de un poderoso encuentro con el libro *Mero cristianismo* de C. S. Lewis, Colson le entregó su vida a Cristo. Fue el primer paso hacia un futuro que superaría incluso el pasado notable de Chuck. Y una vez que la visión mayor lo cautivó, luego de cumplir su tiempo en la prisión dedicó el resto de su vida a hacer que las personas cambiaran el rumbo. Y lo más importante es que consagró su vida a liberar a la gente de la prisión más oscura de todas —la prisión del alma— haciéndoles conocer lo que es el propósito, la integración y la esperanza.

En su libro *How Now We Live?* [Y ahora... ¿cómo viviremos?], Colson reflexiona en las más de dos décadas dedicadas a ayudar a los antiguos presidiarios a alcanzar el potencial dado por Dios. Él relata un viaje inspirador que hizo a las Filipinas, donde las condiciones deplorables y la oscuridad reinaban a su alrededor.

Según el relato, un interno de la cárcel de Mantalupa, con mentalidad *para los* negocios, había aceptado a Cristo a través de la organización internacional de Colson (Prison Fellowship International, PFI). Luego de haber sido aconsejado, entrenado y asesorado por varios de los miembros del equipo de PFI, el antiguo convicto ideó un plan sencillo para ayudar a sus compañeros de prisión.

Con la ayuda de las iglesias locales, a los presos recién liberados se les darían ciento veinte dólares para que compraran una bicicleta con un carrito detrás. Ese vehículo era el transporte público por excelencia en las Filipinas, y se los podía ver todo el tiempo en las calles del centro de Manila. Es más, a cada uno de ellos le presentaban al Dios que los había creado y que quería ofrecerles un futuro distinto a su pasado.

Con el tiempo, los antiguos presidiarios devolverían el préstamo, el que iría a un fondo común que serviría para brindar nuevos préstamos a otro grupo de antiguos presidiarios, lo cual para muchos significaría la manera de obtener por primera vez un trabajo real.

El día en que Chuck ingresó a la sede de PFI en Manila, se sorprendió al ver treinta y cinco bicicletas impecables alineadas en el estacionamiento, con sus orgullosos propietarios y sus familias al lado de cada una.

Es probable que todos los reclusos hayan compartido un mismo pensamiento: *¡Nadie podría imaginar la montaña* *rusa en la que estuve!* Habían estado confinados en celdas de dos por dos, sin poder hablar, con escaso contacto con el mundo exterior y con apenas un tenue destello de algo positivo en su futuro. Ahora tenían independencia, un empleo y algo de respeto por sí mismos.

Mientras Chuck recorría los rostros humildes de estos hombres que estaban allí alineados, una niña de unos cuatro años que estaba a veinte metros de allí atrajo su mirada. Su corazón se derritió lleno de ternura cuando la pequeña corrió hasta donde estaba su papá y se abrazó a una de sus piernas. Su padre había sido un interno, pero ahora tenía un empleo, un ingreso, y lo más importante, un aire de seguridad que solo Cristo puede dar.

Sus brillantes ojos café se alzaban mirando a su papá como diciéndole: «Papito, estoy muy contenta de que estés de nuevo con nosotros en casa». Y el padre estaba allí, con el pecho ahora más erguido, acariciando el cabello de su preciosa hija y también su rostro mientras luchaba por contener las lágrimas que se le escapaban. Más tarde, Chuck comentó que el gozo que acompañaba a la visión de la transformación de aquellos hombres superaba ampliamente cualquier otro logro que hubiera conseguido. Aquella impactante imagen, apenas una instantánea, hizo que toda la experiencia vivida valiera la pena.

LA PRIORIDAD DE LAS PERSONAS

Chuck tiene una aptitud dada por Dios para aceptar lo inaceptable y creer lo increíble. Esta capacidad de ver a las personas como Dios las ve es un excelente modelo para cualquiera que siga a Cristo. Una y otra vez, cuando miraba a los ojos a un convicto, Chuck veía una vida plena y productiva que podía ser restaurada para el bien eterno. Y con esa imagen en mente, abandonó todo lo que captaba su atención y dijo sí a la invitación de Dios de vivir la visión mayor.

Chuck reconoció que decirle que sí a la visión mayor de Dios significaba decirle que sí a la gente. Las convicciones de Jesús con respecto a aceptar a las personas con un corazón como el del Padre eran tan firmes que cuando veía que alguien le daba un valor más alto a otra cosa que no fueran las personas, reaccionaba diciendo: «Si conocieras a mi Padre, jamás permitirías que algo se interpusiera ante el valor de las personas».

Esto se relaciona con el aspecto relacional de Dios que mencionamos en el capítulo acerca de desarrollar amistades. ¡Dios *ama* a las personas! ¿Y hay alguna imagen mejor de la postura del Padre hacia las personas que los brazos abiertos de Cristo? Jesús le dijo a sus discípulos en Juan 14:9-10 que si en verdad lo conocían, también conocían al Padre. «El que me ha visto a mí, ha visto al Padre ... ¿Acaso no crees que yo estoy en el Padre, y que el Padre está en mí? Las palabras que yo les comunico, no las hablo como cosa mía, sino que es el Padre, que está en mí, el que realiza sus obras». La idea es que todo lo que Jesucristo hizo estaba siendo dictado por los deseos de su Padre.

Los seguidores de Cristo que eligieron vivir la visión mayor recorren su camino con un sexto sentido que consiste en el interés por las personas... por *todas* las personas, sin importar dónde se encuentren espiritualmente cuando las hallan. Los adherentes a esta vida con una visión mayor poseen una capacidad sobrenatural para captar más allá de nuestros sentidos y concentrarse en cambio en el hecho de que cada una de las personas con la que se encuentra es un hijo de Dios y merecedor de la redención.

El libro de Lucas registra una ocasión en que Jesús, Jacobo y Juan se negaron a pasar por una zona de Samaria mientras iban de camino a Jerusalén. Como el orgullo étnico todavía estaba en el corazón de estos dos discípulos, le preguntaron a Jesús si él quería que hicieran descender fuego del cielo y destruyera a los infractores. «Permite que les mostremos quién tiene el poder», quizás amenazaron. Sin embargo, Jesús sacudió la cabeza, dándose cuenta de que no habían captado a plenitud el sentir del corazón del Padre, el cual le habría dado un mayor valor a la redención de los samaritanos que a restaurar el orgullo herido de un par de judíos.

En otra oración, un grupo de fariseos vio a Jesús que interactuaba con una multitud de personas no religiosas. «¿Por qué pierdes tu tiempo con estos paganos que se van derecho al infierno?», se quejaron los fariseos. Creyendo que Jesús le había dado demasiado valor a unos paganos inmerecedores, quizás se quedaron helados ante la respuesta de Cristo. «Con todo lo que aprendieron de los libros, sus doctorados en teología y su apreciado conocimiento de la ley, todavía no conocen el corazón del Padre».

¿Qué es lo que Jesús quería decir? Que reflejar el corazón del Padre siempre significa inclinarse por las personas... incluso por los perdidos. (*En especial* por los perdidos, como todos lo estuvimos una vez). ¿Por qué? Porque sabía que la puerta del reino está abierta para todos. A las personas de todo el mundo, Jesús les dice: «¡El acceso está garantizado! Eres bienvenido en nuestro grupo. Ven y únete a nosotros. El amor, la aceptación y la gracia te esperan».

Amigo, este es el mensaje profundo que debemos llevarle a las personas que están en el otro extremo de la habitación. Aquellos a los que tenemos que acercarnos.

¿QUÉ ES LO MÁS VALIOSO?

Me conmuevo profundamente cada vez que leo los relatos de los Evangelios que muestran a Jesús que acepta, incluye y ama con intensidad a las personas. Adonde fuera, con quien se encontrara —más allá de la edad, la raza, el género, la posición social y los fracasos morales— Jesús manifestaba esa «inclusión radical» que vimos en el capítulo 3 mientras hablábamos de desarrollar amistades. «¡Vengan tal y como son!», diría una y otra vez. «La puerta del reino está abierta para ti... isí, incluso para ti!».

¡Ojalá mis brazos pudieran estar tan abiertos como los suyos! ¡Si tan solo pudiera rodear a las personas con el cuidado y la compasión que él manifestaba! Imagínate lo que sucedería en nuestras iglesias si cada empleado estatal, carpintero, comandante de aerolínea, abogado, constructor o empresario que se halle entre nosotros dijera: «Me encanta mi trabajo porque estoy en el negocio de las personas. Sí, claro, mi cheque lo paga la empresa tal, pero mi misión es para Cristo. Por eso trato de demostrarles a las personas el cuidado y la preocupación de Cristo extendiendo mis brazos a los perdidos y los hallados. A los blancos y a los negros. A los ricos y a los pobres. A los jóvenes y a los mayores, todo el tiempo preguntándole al Espíritu Santo qué desea que diga y haga».

Piensa cuán lejos estuvo dispuesto a llegar Dios para probar que no hay nada más valioso que las personas. En el día más espantoso de la vida de Jesús, el deseo divino de aceptar a los quebrantados se elevó tan alto que permitió que su único Hijo sufriera y muriera a favor de ellos. Durante las agonizantes horas en que Jesús tuvo que soportar una increíble confusión emocional y una inimaginable tortura física al pagar por los pecados del mundo —los tuyos y los míos— él demostró de una vez y para siempre que aceptar a las personas heridas por el pecado es de supremo valor en la vida. Cuando los que lo ejecutaron le arrancaron sus ropas y clavaron sus manos y pies al madero con una despreocupación brutal, todo lo que Jesús hizo fue clamar: «Padre ... perdónalos, porque no saben lo que hacen».[7]

A nivel humano, ni siquiera podemos comenzar a identificarnos con su compasión y su infinita misericordia. ¿Dónde estaba la preocupación de Jesús por su propio bienestar? ¿Dónde estaban sus quejas por sus circunstancias dolorosas y desagradables? ¿Dónde estaba su odio por estos monstruosos hombres que lo estaban asesinando? ¿Dónde estaba la búsqueda de venganza?

Jesús conocía el corazón del Padre de manera tan íntima que incluso cuando se enfrentaba a la muerte no pudo abandonar su preocupación por las personas. Al inhalar su último suspiro, su corazón seguía latiendo por la gente. Mientras su ministerio terrenal llegaba a su fin, él seguía teniendo en claro su misión de servir a los demás. Y mientras pendía de aquella cruz, me pregunto si lo que pasaba por su mente eran los rostros de las personas cuyas vidas habían cambiado para siempre porque él había alcanzado lo que había venido a conseguir a este mundo.

En su vida y en su muerte, Jesús protegió con destreza y eficacia la prioridad que representaban las personas. Cada una de sus palabras y todas sus acciones proclamaban: *No hay nada mejor que entregar tu vida por el objetivo de darle la bienvenida a un alma perdida*. Es más, en Lucas 15:10 Jesús dijo en esencia: «Todas las huestes celestiales estallan en una celebración cósmica cuando un solo ser humano, plagado de pecado, dobla sus rodillas en arrepentimiento y fe». El corazón del Padre estalla de gozo, dijo Jesús, por cada pecador que se arrepiente. ¡Por cada uno!

Considera esto por un instante. ¿Crees tal cosa con respecto a tu propio proceso de redención? El día que decidiste someter tu vida al Dios del universo que te creó, todos los habitantes del cielo se pusieron de pie en medio de un aplauso ensordecedor. Tan solo imagina cómo sería la vida si tuviéramos esta misma euforia para reclamar a la gente para Dios.

Recuerdo la etapa de mi vida cuando nuestros hijos eran pequeños. Lynne y yo contratábamos a una niñera para que pudiéramos salir alguna noche los dos solos. Todas las veces, llevaba a la niñera a un lado y le recordaba que la casa, el auto y todas las cosas materiales podían desaparecer mientras estuviéramos ausentes, pero que si algo les ocurría a esos dos niños, bueno... ella no querría saber lo que sucedería. Con el rostro muy serio miraba a la adolescente que temblaba de arriba abajo y le decía: «Ten muchísimo cuidado con nuestros hijos».

Y hablaba en serio. Shauna y Todd significaban todo para Lynne y para mí. Aún es así. Y yo esperaba que la niñera los tratara con el mismo cuidado y ternura mientras estuvieran a su cargo.

Amigo, ¿comprendes que, hablando en términos humanos, *esto mismo* es lo que Dios siente acerca de sus hijos? Hijos perdidos. Hijos hallados. Hijos jóvenes. Hijos mayores. Hijos con luchas. Hijos prósperos. Hijos solitarios. Hijos populares. Él desea que todos estén rodeados de comunión y cuidado. Y cuando los seguidores de Cristo se comprometen a vivir la visión mayor, automáticamente comienzan a ocuparse de la posesión más preciada de Dios: su pueblo.

Esta es la esencia de la invitación a Pedro, Jacobo y Juan en aquella cálida tarde junto al Mar de Galilea. Y es la misma invitación que continúa extendiendo hoy en día a sus seguidores de toda forma y tamaño. «¡Ustedes también pueden sumarse!», promete. «Pueden ser parte de mi plan de tener a todos mis hijos bajo mi paraguas de amor y gracia. ¡Solo imagínalo! Imagina que *tu* vida sea usada para ayudar a alguien a que viva en forma abundante hoy y llegue al cielo mañana. Quizás estuviste toda tu vida pescando para conseguir una mísera posición, pero a partir de hoy puedes cambiar el rumbo. Puedes ponerte a mi lado para que juntos llevemos a tierra el mayor pez de todos... ¡el *alma* de una persona!».

La realidad de vivir una visión mayor es la siguiente: una vez que atrapas algunos peces grandes, la búsqueda de una posición pierde sentido. Cuando abandoné mis planes centrados en una carrera empresarial para involucrarme en un ministerio de tiempo completo, jamás volví la vista atrás. Aun hoy, no hay forma de que pueda conseguir tener el mismo nivel de entusiasmo por un mundo que gira en torno a pérdidas, ganancias y estrategias de crecimiento. Esto se debe a que durante más de treinta años he estado siguiendo la visión mayor. Ninguna otra cosa haría que yo me confortara con una visión inferior.

Ya te he presentado a mi amigo Greg Ferguson. Él y yo salimos a correr casi todas las tardes, un hábito que se inició en las primeras etapas de nuestra amistad. Sin embargo, quizás no sepas que Greg al principio escribía canciones propagandistas para empresas publicitarias en el centro de Chicago. Poco después de que Greg se convirtiera en cristiano, le comencé a rogar que reenfocara algunas cosas. «Escribe canciones que ayuden a la gente a ir al cielo», le decía. «Canta canciones que ayuden a la gente a ubicarse en el sitio correcto para toda la eternidad».

Gracias a Dios, Greg cruzó aquella línea y se está dedicando cada día a estimular las decisiones de las personas para que ellas mismas crucen también la línea de la fe. Su vida se centra cada vez más en darles a las personas una visión del cielo que les espera si así lo deciden. Y es un magnífico ejemplo de alguien que usa sus dones, anhelos y capacidades para que más personas entren al reino.

Elegir la visión mayor será distinto según sean tus circunstancias. Jesús jamás condenó la ocupación de Pedro como pescador, ni tampoco yo tengo nada en contra de cualquier tarea que desempeñes (suponiendo que sea algo legal). Sin embargo, al igual que Jesús, deseo llamarte a un nivel superior. «Hagan aquello en lo que sean buenos... en este caso pescar», les dijo Jesús a los pescadores, «pero eleven su motivación hacia las cosas que son eternas. Entreguen cada aspecto de su vida a la visión mayor. Esta es la vida que he venido a darles».

UN PASO MÁS ALLÁ

He sido un fanático de la navegación la mayor parte de mi vida y he tenido la bendición en esta última década de poder correr en regatas en todo el mundo. Por lo general, el formato de estas competencias es correr siete veces en el término de tres días. En cada carrera, los tres primeros ganan premios, como una camiseta para navegar o una gorra con el nombre de la regata bordado.

De manera que ganar esas carreras es interesante, pero lo que todo el mundo desea *en verdad* es obtener la victoria final, que se deriva de los resultados acumulativos de las siete carreras durante los tres días. Los ganadores se llevan a casa un plato de oro o plata, o trofeos con plaquetas donde están sus nombres y la información de la regata grabados. Ellos tienen el derecho de alardear por años cuando la gente admire los importantes trofeos que simbolizan el verdadero éxito alcanzado en la navegación. Sin embargo, lo más importante es que los ganadores de esa regata en particular saben que consiguieron el mayor y más valioso premio disponible.

No hace falta decir entonces que para un navegante que sea un lobo de mar, la deferencia entre unos cuantos premios parciales y la victoria total es profunda.

Un año, mi equipo competía para ganar el título final en la Harbor Spring Regatta del Lago Michigan. Lo único que teníamos que hacer para conseguir ese trofeo era mantenernos delante de uno de los competidores. No importaba en qué puesto llegáramos en esa carrera en particular, siempre y cuando le ganáramos a ese barco en específico.

En la última vuelta, vislumbré una increíble oportunidad de ganar esa carrera, pero arriesgaría la victoria final. El táctico profesional que teníamos a bordo escuchó mi sugerencia antes de responder. Cuando terminé, me miró y me dijo: «Muy bien, Bill, podríamos hacer lo que sugieres, pero tengo una pregunta que hacerte: ¿Quieres la gorra o quieres el premio mayor?».

No hace falta decir que optamos por mantener nuestro puesto y terminamos llevándonos a casa el premio de plata.

No obstante, la pregunta que me hizo aquel miembro de la tripulación fue buena y sigue resonando en mi mente desde aquella carrera. En la Regata de la Vida, ¿deseo la gorra o el premio mayor? ¿El pez pequeño o el gran pez? ¿La visión reducida o la mayor, la que tiene importancia eterna?

Permíteme ir un paso más allá en cuanto a este concepto. Hace poco recibí una carta de cinco páginas de una camarera de la zona que es miembro de Willow Creek. Antes de ser cristiana, según me enteré, era mesera de un restaurante donde muchos de nosotros íbamos a comer luego de los cultos de fin de semana, y al que asistían también creyentes de otras congregaciones.

«Por favor, permítame expresarle algunas cuestiones acerca de los cristianos desde la perspectiva de una mesera no cristiana», comenzaba su carta. «Es bien conocido en nuestro ambiente que cuando se sientan cristianos en nuestro sector, la experiencia será cualquier cosa *menos* positiva. Los cristianos son exigentes. Suelen permanecer mucho tiempo en la mesa. Con frecuencia tratan de repartir literatura. Y es muy raro que dejen propinas que valgan la pena». (¿No resuena en tu mente una campanilla que alerta sobre la vida con una visión inferior?).

La carta continuaba mientras mi mente trataba de asimilar la idea, consternada por la acusación. Explicaba que las compañeras con las que trabajaba terminaron por establecer zonas rotativas para que a determinada mesera no le tocara siempre atender a los cristianos. Cinco páginas más tarde, recordé que esta carta había sido escrita por una mujer de nuestra comunidad. *¿Qué dice esto sobre los seguidores de Cristo cuando nos negamos a hacer algo tan esencial como tratar a quien nos sirve con amabilidad, respeto y gratitud?*, me preguntaba.

Con qué facilidad nos olvidamos de que cada persona con la que nos cruzamos es alguien a quien Dios ama. Es una persona que Dios ha colocado en nuestro camino y a la que debemos respetar. ¡Alguien con quien disfrutar! Alguien a quien podemos servir tratándolo con la actitud de quien vive con una visión mayor: «Si tienes mucho trabajo y no puedes volver a llenar mi taza de café todavía, no te preocupes. Puedo esperar. Es más, estaré complacido de esperar». *Esta* debería ser nuestra actitud, porque el Espíritu Santo habita en nosotros.

¿No es verdad?

Para ser absolutamente práctico por un instante, si estás en un restaurante y tu camarera te ha visto con la Biblia abierta sobre la mesa o te ha escuchado hablar de cosas espirituales con tu grupo, por favor, haznos un favor a todos y recuerda la visión mayor. Asegúrate de que tu actitud apunte al hecho de que los cristianos están supuestos a destacarse por el amor.

Dudo en mi interior acerca de usar este ejemplo de mi propia experiencia porque puedo llegar a ser un espantoso reflejo de Cristo en muchas situaciones. Sin embargo, hay un área en la que he desarrollado cierto grado de congruencia: la mayoría de los lunes, cuando tengo que comenzar a leer para el sermón de la semana siguiente, me dirijo a mi restaurante preferido en Barrington, en las afueras de Chicago, donde permanezco casi dos horas trabajando en mis notas en una mesa del fondo.

Algunas veces pido un desayuno de cuatro dólares (lo digo solo como un marco de referencia), y dejo una propina de cinco dólares. Ahora bien, recuerda que soy alemán, de manera que dejar esta propina para mí es una experiencia fuerte desde el punto de vista emocional. No obstante, esto es lo que pienso cuando dejo el dinero sobre la mesa: Aunque no haya nadie más a quien atender, yo ocupé una de las mesas durante más de noventa minutos con una Biblia abierta frente a mí. Mi camarera, con frecuencia una madre soltera que lucha para que el dinero alcance hasta fin de mes, sabe muy bien en qué estoy trabajando.

Ella sabe que trabajo en algo que tiene que ver con Dios y el cristianismo. Así que mi propina es para que sirva como una reflexión directa en su mente de cómo se conducen los cristianos. Y una propina generosa con una sonrisa sincera puede conseguir que en su mente se solidifique —al menos por ese día— que los seguidores de Cristo tratan a los demás con amor, amabilidad y respeto.

Hay una frase que suelo decirle a quienes me sirven: «Me has atendido muy bien». Y cuando voy en reiteradas oportunidades al mismo restaurante, cuando ya les he repetido varias veces que me atendieron bien, agrego: «Y si hubiera una forma en que pudiera servirte, házmelo saber, por favor».

Vivamos con una visión mayor. No hace falta demasiado, a decir verdad. Tan solo correr un poquito el enfoque de mis necesidades y deseos hacia los de los demás, de mi agenda a los impulsos del Espíritu, de la vida con una visión inferior a la vida estimulante y abundante que Cristo vino a traernos y por la que murió.

Me encanta lo que Romanos 8 tiene para decirnos acerca de vivir con la visión mayor:

> *Y ustedes no recibieron un espíritu que de nuevo los esclavice al miedo, sino el Espíritu que los adopta como hijos y les permite clamar: «¡Abba! ¡Padre!». El Espíritu mismo le asegura a nuestro espíritu que somos hijos de Dios. Y si somos hijos, somos herederos; herederos de Dios y coherederos con Cristo, pues si ahora sufrimos con él, también tendremos parte con él en su gloria... La creación aguarda con ansiedad la revelación de los hijos de Dios, porque fue sometida a la frustración. Esto no sucedió por su propia voluntad, sino por la del que así lo dispuso. Pero queda la firme esperanza de que la creación misma ha de ser liberada de la corrupción que la esclaviza, para así alcanzar la gloriosa libertad de los hijos de Dios.[8]*

En medio de la vida en este mundo imperfecto, Romanos nos trae una necesaria dosis de aliento: podemos ser transformados mientras esperamos por la perfección del cielo. ¿Cómo? Eligiendo la vida con una visión mayor y preguntándole a Dios: «¿Y ahora qué, Señor? ¿Qué quieres que haga ahora? ¿A quién puedo aceptar radicalmente hoy mientras espero con anticipación gozosa lo que ha de venir?».

La urgencia en cuanto a la eternidad

Mientras más caminamos con Cristo, mayor urgencia sentimos en cuanto a las realidades eternas. Cuando somos transformados cada vez más a su imagen, se profundiza nuestra capacidad para reflejar su calculado sentido de la urgencia en cuanto a los hombres y las mujeres. ¿Por qué? Porque el tiempo es corto. Y si bien para el seguidor de Cristo la realidad eterna es equivalente a «la gloriosa libertad», como dice Romanos, lamentablemente existe la otra cara de la moneda.

Hace cerca de tres años, al padre de uno de mis amigos le diagnosticaron un cáncer de colon terminal, y casi enseguida le dieron la devastadora noticia de que solo le quedaban seis meses de vida. El padre de mi amigo y yo habíamos desarrollado una férrea amistad con los años, y con la idea de servirle como proveedor de recursos le envié una gran cantidad de libros, casetes y otras cosas en un intento por acercarlo a Dios.

Sin embargo, era una persona independiente que había conseguido todo sobre la base de su propio esfuerzo. Sabía que no doblaría sus rodillas ante Cristo sin que se desarrollara primero una cruenta lucha con su propio orgullo. Cuando supimos cuál era su pronóstico, comencé a visitarlo en el hospital tanto como mi agenda me lo permitía. Cada vez que abandonaba su habitación luego de haber conversado con él, mi mente recordaba antiguos versículos que parecían tener un nuevo significado ahora que veía a mi amigo yacer allí muriéndose.

«Y así como está establecido que los seres humanos mueran una sola vez, y después venga el juicio...»; «En ningún otro hay salvación, porque no hay bajo el cielo otro nombre dado a los hombres mediante el cual podamos ser salvos»; «Porque la paga del pecado es muerte, mientras que la dádiva de Dios es Cristo Jesús, Señor nuestro».[9]

Las palabras eran como un bálsamo de esperanza, pero se entremezclaban también con una sensación de desesperación. No soportaba la idea de que este hombre pudiera pasar la eternidad separado de Dios... y también separado de mí.

En mi espíritu surgió un sentido de urgencia que solo puedo describir como *arrollador* con relación a su destino eterno. Comencé a enviarle notas de edificación, más vídeos y casetes, y a orar con mayor fervor para que él le entregara su vida a Cristo. Un viernes por la mañana, en medio de un día laboral, me sentí abrumado por la conciencia de lo que estaba en juego en cuanto a su eternidad. Dejé todo —reuniones, estudios, compromiso— y corrí al hospital para estar junto a su cama. La conversación que tuvimos creo que fue el mayor riesgo evangelístico que había tenido hasta ese momento en mi vida cristiana.

Para mi sorpresa, a los pocos minutos comencé a relajarme y mi agitación se convirtió en confianza. Por enésima vez comencé a explicarle con paciencia el evangelio. *Por favor, Dios, por tu Espíritu... permite que lo entienda.* Más tarde, aquel mismo día, con una súplica audaz, le pregunté si quería abrir su corazón a Cristo para recibir el regalo de la vida eterna. No podría haber simulado la sinceridad que sentí aquel día al explicarle que en realidad podía confiar en la palabra de Cristo, que su cuerpo enfermo sería restaurado un día y que su alma herida también sería sanada. «No dejes pasar un momento más», le rogué, «sin estar absolutamente seguro de tu destino eterno».

Aquel día, justo antes del mediodía, para mi asombro él oró con sinceridad y decisión para recibir a Cristo. Veintidós horas más tarde falleció.

Presidí su entierro al otro martes, y cuando abandonábamos la sepultura junto a la familia y los amigos, reflexioné en el desarrollo de los acontecimientos en su vida. *Señor, por favor, te ruego que me ayudes a vivir cada día con la conciencia de las realidades eternas,* pensé. *No permitas que pierda esta clase de urgencia dirigida por el Espíritu que me orienta hacia tu posesión más preciada: las personas».*

¿QUÉ SERÁ?

Cierta vez estaba sentado en una reunión cuando el orador de repente desplegó una tira de etiquetas autoadhesivas que tenía en su mano. «Hay algo que todos debemos entender», dijo mientras caminaba de un lado al otro por el frente del salón. Cada cierto tiempo, se detenía y adhería una etiqueta roja a una réplica en miniatura de una casa, otra a un automóvil de colección y otra a un escritorio diminuto que representaba nuestra vida vocacional.

«Es probable que no consigan verlo desde donde están sentados, pero cada etiqueta roja tiene una palabra impresa», dijo él. «La palabra es "temporal". Y todas estas cosas sobre las que las estoy poniendo lo son. Se esfumarán y se irán dando volteretas como las hojas con el viento cuando este mundo termine.

»Si estás viviendo para estas cosas, estás viviendo una vida de placer temporal, satisfacción temporal y realización temporal». Continuó caminando por la habitación, ahora en silencio, mientras seguía adhiriendo etiquetas rojas a todo lo que veía. Yo observaba cómo sus manos declaraban la transitoriedad de lo mejor que este mundo tiene para ofrecer mientras esas etiquetas se iban adhiriendo a todos las cosas que teníamos frente a nosotros. Temporal. Temporal. Temporal. Temporal. Temporal. Temporal. Temporal.

«Hay una sola cosa en esta habitación que no es temporal», prosiguió diciendo, «una sola cosa que podrás llevar contigo al otro mundo».

Le pidió a una persona que subiera al escenario y colocó una etiqueta azul en su solapa. «Cuando llegues al final de tu vida y des el último suspiro», dijo él, «¿qué deseas que haya sido tu vida?». Mi corazón dio un vuelco mientras un pensamiento paralizaba a todos los demás.

En realidad se trataba de las personas.

Ningún artículo terrenal irá de este mundo al siguiente. Ni la tierra, ni las casas, ni las cuentas bancarias, ni los títulos, ni los logros... solo las *almas*. Amigo, Jesucristo enseñó que cada ser humano será resucitado para pasar una eternidad en comunión con Dios en el cielo o apartado de Dios en el infierno. Y como Jesús entendió estas realidades eternas y las creyó de todo corazón, concentró su atención en lo único que alcanzaría la siguiente realidad: las personas.

No sé cual será la evaluación final de mi vida terrenal cuando tenga que partir. Sin embargo, sí sé una cosa: mi tarea mientras estoy en este mundo es buscar a las personas y orientarlas hacia la fe en Dios. He intentado suficientes enfoques en mis cinco décadas de vida como para saber que invertir la vida en otra cosa que no sea la gente significa involucrarse con el propósito de una visión inferior... esa espantosa trampa de lo temporal

Si ya excediste la cuota para vivir con una visión inferior y estás listo para dar el gran salto hacia la aventura verdadera, dedícate a la tarea de reenfocar tus dones y talentos, tus capacidades y pasiones, hacia los propósitos de Dios.

La pregunta no es si tienes alguna contribución que hacer. Cada uno de nosotros tiene una contribución asombrosamente enorme que hacer. La cuestión principal es si estás o no invirtiendo tu vida en actividades que acerquen a las personas al cielo. Se trata de si estás usando tu energía creativa, tus habilidades para el comercio y tus capacidades para la resolución de problemas con el propósito de hacer que más personas vayan al cielo. Es una cuestión de si valoras a la gente lo suficiente como para transmitirle las buenas nuevas de manera creativa y atrayente.

En realidad existe un cielo y un infierno. Y en verdad son lugares eternos, destinos para la gente real que vive vidas reales justo al lado o al frente de tu casa, dos oficinas más abajo de la tuya, o al otro lado del vestidor. Son personas reales que necesitan tu sal y tu luz en su vida. Y me pregunto: ¿serás tú el que vaya a alcanzarlos? ¿Estarás presente en un servicio de la iglesia el día en que tu compañero que estaba apartado al fin se pare junto a la tina bautismal, empapado y listo para caminar en novedad de vida? Te puedo garantizar que en ese momento, quizás en medio de las lágrimas, te darás cuenta de que, como le pasó a Chuck Colson, jamás hallarás significado si no andas en la visión mayor de Dios.

Es la visión mayor o la inferior.

Es navegar por una gorra o competir por el premio mayor.

Es pescar por una mísera paga o comprometerse a pescar almas.

La elección es tuya y mía. Y debemos hacerla cada día. ¿Aceptaremos la invitación de Dios a pescar en grande? Este es mi voto: que juntos podamos hacernos eco de las palabras que el joven Samuel le expresó a Dios una noche en que estaba despierto hace tantos años: «Habla, Señor, que tu siervo escucha». Dile a Dios la verdad acerca de tu deseo de vivir en la abundancia que él te ha prometido: «Mientras seas tú el que dirija, yo actuaré en el mundo que me rodea. Viviré cada uno de los aspectos de este día con una visión mayor. Trabajaré con una visión mayor. Leeré con una visión mayor. Esperaré en la fila con una visión mayor. Cambiaré pañales con una visión mayor. Conduciré mi automóvil con una visión mayor. Cocinaré con una visión mayor. Viajaré de vacaciones con una visión mayor. Pagaré mis impuestos con una visión mayor. ¡Y sí, mientras analizamos otro milagro de Lucas 5 en el capítulo siguiente, incluso haré fiestas con una visión mayor!

PREGUNTAS PARA LA REFLEXIÓN

1. Piensa en las personas que conoces del trabajo, de tu vida social, de la iglesia, de tu familia extendida y demás. ¿Acaso la mayoría de los que conoces invierten su vida a cambio de dinero o a cambio de destinos?

2. Si la naturaleza humana nos impulsa a elegir el dinero, ¿por qué consideras que Pedro, Jacobo y Juan estuvieron dispuestos a seguir a Jesús y ocuparse de producir un impacto en el destino eterno de las personas?

3. Para Chuck Colson, la elección de vivir la visión mayor

significó un cambio radical en sus prioridades cuando fue liberado de la prisión y comenzó a invertir en el futuro de los reclusos, tanto profesional como espiritualmente. En tu situación en particular, ¿qué significaría decir que sí a la visión mayor de Dios?

4. Al reflexionar en la analogía de la navegación en las páginas 222-223, ¿existen aspectos de tu vida en los que sigues optando por las «gorras» en vez de ir tras el «premio mayor»? ¿Qué es lo que hace que vayas tras lo inferior en vez de perseguir lo mejor de Dios para tu vida?

5. ¿Cómo te sentiste al leer la historia del orador que etiquetó todo como «temporal» en la conferencia? ¿Por qué crees que muchas personas le asignan una importancia permanente a las cosas que un día se esfumarán?

6. Piensa en un aspecto de tu vida en el que decides mirar hoy a través de los lentes de vivir una visión mayor (fíjate en el último párrafo del presente capítulo para hallar algunas sugerencias)… ¡y prepárate a ver el mundo de una manera distinta como nunca antes!

EL DESEO MÁS PROFUNDO DE MATEO

La penumbra por fin cedía su paso a la noche cuando otro largo día llegaba a su fin. El sol comenzaba a ocultarse en el cielo por el occidente, y en la misteriosa y tenue luz reinante, los hombres comenzaron a relatar las aventuras del día. «¡Qué día!», expresó uno de ellos con incredulidad. «Debemos haber caminado al menos cuarenta kilómetros...».

El repaso de los detalles de la jornada estimuló todo tipo de animados diálogos acerca de las situaciones con las que se encontraron. Estaba la conversación con el centurión. La mujer que lavó los pies de Jesús con los cabellos y aquel perfume costoso. (Los discípulos no tenían idea de *qué* pensar de eso). La milagrosa curación del hijo de la viuda en Naín. (El muchacho estaba bien muerto y de golpe apareció caminando por la calle principal. ¡Los habitantes del pueblo se quedaron pasmados!).

Como ya era común en ellos, estos hombres habían ido de pueblo en pueblo sanando personas, enseñándoles e involucrándose en debates sobre cómo ser libres de la vida esclavizada por el pecado. ¡Imagina las conversaciones a la hora de la cena entre estos amigos cuando terminaban un día como este!

Mateo —también conocido como Leví y llamado hace poco «discípulo», si él no recordaba mal— estaba sentado junto a la fogata con todo el grupo, incluido Jesús, tan solo disfrutando de las riquezas de la comunión y la amistad. Durante una pausa en la charla, imagino que alguno de los bromistas del grupo comenzó a cantar con suavidad para luego ir en aumento: «Cuando en una fogata reunidos estemos...», mientras todos rezongaban y reían al mismo tiempo.

No es de sorprender que Pedro preparara el pescado para la cena. Él y su hermano Andrés habían fileteado y asado con su mano experta la tierna carne blanca, y les sirvieron a sus amigos esta maravillosa creación. Luego aguardaron a que probaran los primeros bocados. «¿Y bien?», preguntaron con ansiedad. Sus hambrientos compañeros asentían con gruñidos de satisfacción mientras seguían introduciéndose los trozos de pescado en la boca.

Aquellos hombres se recostaron sin excepción sobre las enormes rocas que los rodeaban para descansar luego de la cena que pareció durar para siempre. Felipe saltó con un comentario al sentarse cerca del fuego. «Eh, Andrés, muy bueno de tu parte cuando tomaste el camino equivocado esta tarde. ¿No sabías que toda una multitud te seguía? Deberías de haber prestado atención a lo que Jesús dijo el otro día acerca de los ciegos guías de ciegos...». Su sonrisa irónica lo traiciona. Las chanzas bienintencionadas siguieron salpicando la conversación, haciendo que estos hombres se unieran cual hermanos. Incluso para el observador ocasional era evidente que manifestaciones como el amor y la compasión, la unidad y el espíritu de servicio abundaban entre ellos.

Los pensamientos de Mateo se apartan del entorno inmediato mientras contempla los rostros familiares alrededor del círculo. Las risas. Los relatos. El candor. La camaradería. *¡No podría ser mejor!*, piensa mientras trata de hallar una categoría para la intimidad que experimenta con ellos. Para Mateo, este entorno actual es un sueño, porque hace solo unas cuantas semanas el concepto de comunidad cristiana era algo por completo extraño para él. Los cobradores de impuestos no se juntaban con los fanáticos que seguían a los rabíes. Sin embargo, Mateo había apostado por una posibilidad remota y se unió a Jesús. ¡Y qué jornada había sido esa!

Todavía perdido en sus propios pensamientos, depositó por último la mirada en Jesús. Lo habían incluido de repente en la conversación. «¿Y Mateo?», pregunta Jesús con su bien conocida sonrisa que Mateo le devuelve al Salvador del mundo. «Ay, perdón... estaba ensimismado en mis propios pensamientos. ¿Qué decían?».

En aquellos días, los judíos recaudadores de impuestos eran marginados. Incluso los líderes religiosos judíos pensaban que eran traidores hambrientos porque se les conocía por tomar el dinero ganado con esfuerzo por sus compatriotas para llenar los bolsillos del César. El sistema de recaudación de impuestos era algo así como un robo legalizado, diseñado para que los ciudadanos romanos se dieran una buena vida. Y fue en medio de este esquema de corrupción que la vida personal de Mateo dio un vuelco.

Lucas 5:27 dice que Jesús salió un día y vio a un recaudador de impuestos sentado en su puesto de cobranzas —alguien que por supuesto estaba alejado de la familia de la fe— y le dijo: «Sígueme». Estoy seguro de que los camaradas de Mateo pensaron que se había vuelto loco. ¿Por qué razón un exitoso empresario abandonaría su carrera para seguir a un rabí que no tenía ni casa? Sin embargo, Mateo al poco tiempo descubriría lo que Jesús ya sabía: que elegir la visión mayor conduce a la riqueza que el mundo solo *desea* poder obtener.

«¡Sígueme!», le dijo al atónito Mateo aquella tarde. Y de repente el inescrupuloso recaudador de impuestos lo dejó todo, incluso la caja registradora abierta, para seguir a Cristo. Al igual que su nuevo amigo Pedro, Mateo descubrió que abandonar su negocio significaba hacer a un lado su identidad y su cómoda rutina, y ni qué decir de su seguridad económica. Los recaudadores de impuestos solían ganarse la vida trabajando para empresarios acaudalados, los cuales recibían una parte de los impuestos que se recogían. Una vez que los requerimientos económicos que se les hacían a los recaudadores de impuestos eran satisfechos, ellos tenían la libertad de quedarse con el excedente. No hace falta ser un genio para darse cuenta de que el estafador más habilidoso obtenía grandes ganancias en esas condiciones. Sin embargo, Mateo se sintió tan atraído por la invitación de Cristo que abandonó sus prácticas corruptas y decidió andar tras los pasos de aquel que dijo haber aceptado a *todos* los hombres, incluyendo también a los cobradores de impuestos, según parecía.

Supongo que esta no era la primera vez que Mateo veía a Jesús. Creo que lo había visto predicando sermones y haciendo milagros en los días previos a su conversión. Sin embargo, una vez que estuvo cara a cara con el Redentor del mundo, Mateo de alguna manera descubrió que con Dios lo torcido *podía* en verdad enderezarse.

AMIGO DE LOS PECADORES

Durante semanas, Mateo había viajado con los otros once discípulos ayudando a que Jesús cumpliera la obra del reino. En cierta ocasión, Jesús le enseñaba a un grupo de personas cuando Mateo observó a la multitud y reconoció a varios de sus antiguos compañeros recaudadores de impuestos. *Me pregunto qué opinarán ellos de todo esto*, habrá pensado entonces.

De nuevo junto a la fogata, aquellos rostros habrán aparecido en su mente. *¿Me vieron junto a Jesús mientras él enseñaba? ¿Sabrán que ahora estoy de su lado?* Mientras más pensaba en ello, más interrogantes surgían. Y allí estaba Mateo, había justo experimentado el bienestar, la maravilla y la belleza de su propio círculo de comodidad, cuando una angustiosa realidad lo golpeó. *Esta noche yo estoy experimentando algo que es en verdad extraordinario*, pensó. *Y además de este increíble*

grupo de amigos con los que me relaciono, tengo la seguridad
de que una vez que mi tiempo en la tierra llegue a su fin, pasaré
el resto de la eternidad en el cielo. ¡Esas son excelentes noticias!
Sin embargo, ¿qué se supone que haga con respecto de mis
compañeros que recaudan impuestos? Ellos no tienen idea de
lo que significa esta nueva vida que tengo ahora...

Mateo se siente paralizado mientras lucha por encontrar
un modo de explicarles a sus antiguos amigos de qué se trata
su nueva vida. ¿Qué puede decir o hacer para que sirva de
puente de manera que ambos mundos no choquen? Comienza
a poner las cosas en marcha mientas esas imágenes pasan por
su mente como un vídeo que avanza a toda velocidad. Uno
a uno, se concentra en cada muchacho con el que pasó gran
parte de su juventud... esos mismos que no tienen la esperanza
de ir al cielo un día.

Bartolomé se levanta para atizar el fuego mientras
Mateo decide su plan. «¿Y si organizo una fiesta?», murmura
para sí. «A lo que me refiero es que yo *sé* cómo organizar una
fiesta. ¡Mi reputación lo prueba! ¿Y si organizo una fiesta e invi-
to a mis camaradas de la vieja vida y a mis amigos de esta vida
nueva a la misma casa, incluso a la misma habitación? ¿Y si
las personas de mi nueva vida no se reúnen en círculos cerra-
dos entre ellos, sino que se dispersan y atraviesan mi sala, y se
entremezclan con mis antiguos amigos y se manifiestan recepti-
vos a la actividad del Espíritu Santo?».

A estas alturas, algunos de los discípulos han escuchado a su amigo, que sigue concentrado de forma evidente en su
diálogo interno. No obstante, Mateo no se inmuta. «Sí», continúa diciendo, «¿y si mis amigos nuevos estuvieran dispuestos
a avanzar hacia la zona de lo desconocido, y si se encendieran
algunas llamitas espirituales, y si media docena de mis compañeros entraran al reino como yo lo hice, y todo gracias a una
fiesta? ¡Si *esto* sucediera sería maravillosamente increíble!».

Tropezando con Pedro, Jacobo y Juan, Mateo rodea el
fuego para proponerle la idea a Jesús. «¿Qué piensas, Jesús?»,
le pregunta Mateo con una súplica en sus ojos. Jesús no duda.

No solo está de acuerdo en que es un excelente plan, sino que además asegura su presencia.

Y en los días que siguen, todos los amigos de Mateo confirman su asistencia. Los viejos y los nuevos, tanto los que todavía no son salvos como los creyentes devotos.

Por fin llega la noche y las cosas se desarrollan tal y como Mateo lo soñó. En su propia casa y en su sala, en aquella noche cálida, las personas de su antigua vida y las de su vida nueva comienzan a entremezclarse y a conversar, haciendo contacto entre sí para ver si salta alguna chispa. ¿No te imaginas a Mateo observando todo, parado junto al recipiente del ponche, mientras le ruega a Dios: «Por favor, haz que algo suceda aquí esta noche. Haz algún cambio radical en el corazón de mis antiguos camaradas, tal como lo hiciste en mi propio corazón»?

Mientras Mateo solicita la intervención sobrenatural, las cosas dan un giro trágico. Aparecen los fariseos, molestos al parecer porque la lista de invitados es demasiado amplia. Mateo se queda paralizado mientras la queja legalista y aguafiestas se enfoca en Jesús, que tiene algunas palabras duras en respuesta. «Ustedes no entienden nada de nada. Mi Padre no está *preocupado* ni desconcertado por las personas que están fuera de la familia de Dios. Él está muy dispuesto, y de hecho lo hace, a *acercarse* a aquellos que más ayuda necesitan. Como un médico que anda tras la cura de alguna enfermedad terrible, él busca a las personas enfermas».

Jesús persevera y sigue explicándoles el verdadero sentir del corazón del Padre a los líderes religiosos esa noche, los cuales pareciera que jamás llegan a comprenderlo. Para ellos, el encuentro que organizó Mateo es sospechoso. Es decir, ¿cómo puede tratarse de un evento evangelístico cuando hay tanta diversión en él? Lo único que entienden con su mente estrecha es que Jesús ha resuelto socializar con los marginados de la sociedad.

A decir verdad, esto es cierto: Jesús se relacionaba con los pecadores. Lo que pasa es que la esencia de su misión lo exigía. ¿Por qué? Debido a que su naturaleza era estar más preocupado por las personas y hacia dónde se encaminaban que por dónde estaban en el momento de encontrarse con él, ¿recuerdas? Él había venido a redimir a los pecadores y saciar a las almas sedientas, y con gozo permaneció en la refriega con tal de cumplir con el propósito de Dios, que dio todo lo que tenía para que las personas como Mateo y sus camaradas pudieran ser restauradas.

La historia de Mateo me impacta cada vez que la leo. Un sujeto ensimismado en una vida egoísta que de forma inesperada es invitado a unirse a la familia de Dios. Su respuesta es dejar todo y de inmediato comenzar a vivir una vida nueva. A medida que comienza a conocer con el tiempo a Jesús, termina encariñándose con él. Encima, desarrolla una amistad con Pedro, Jacobo y Juan, disfrutando sin dudas de una gozosa comunión cristiana. En síntesis, descubre que esta pequeña comunidad de hombres y mujeres es lo mejor que haya experimentado.

Sin embargo, hay un problema. ¿Qué hará con sus antiguos amigos? Podía desaparecer y dejarlos plantados o podía elegir vivir la visión mayor y tratar de crear un puente que salvara la brecha.

Cuando por primera vez comprendió la realidad eterna de sus amigos alejados de Dios, Mateo podría haber entrado en pánico y quedado paralizado. «Estoy anonadado, Dios. Para ser sincero, creo que lo mejor es que me marche y deje que el destino siga su curso para aquellos muchachos».

No obstante, no lo hizo. Afortunadamente, haciendo que la balanza de la eternidad se inclinara a favor de ellos, Mateo halló una manera de hacer que sus amigos conocieran al Cristo vivo.

Y me imagino que una vez que los cabecillas religiosos desaparecieron aquella noche, Jesús rodeó con su brazo los hombros de Mateo y le dijo: «Mateo, estoy orgulloso de ti. Te jugaste el todo por el todo con esta fiesta y considero que ha sido una excelente idea. Eres sincero acerca de lo que eres y lo que eres capaz de hacer. Conocías las opciones evangelísticas que no servirían con tus amigos y cuáles sí. Fuiste creativo y asumiste riesgos, y te felicito por eso».

El legado de las fiestas de Mateo

En los primeros tiempos de Willow, hablamos con tanta frecuencia acerca de la historia de la «fiesta de Mateo» de Lucas 5 que se convirtió en parte de la cultura de nuestra iglesia. Actuar con la misma intuición de Mateo para discernir los próximos pasos en la vida de los buscadores se convirtió en un estilo de vida, y muchos de nosotros comenzamos a organizar «fiestas de Mateo», a falta de un nombre mejor. Las mismas no formaban parte de un esfuerzo formal que estaba dentro del programa. Eran tan solo maneras casuales de ayudar a las personas que estaban alejadas de Dios para que entraran a formar parte de su familia. Los miembros de Willow invitaban a algunos compañeros de la oficina y a otros de la iglesia para comer carne asada en el patio, disfrutar de la piscina o jugar billar en el sótano. Durante las décadas de los ochenta y los noventa nos enteramos de que muchísimas personas conocieron a Cristo como resultado de estas fiestas.

Con el tiempo, mi deseo de reflejar el extraordinario valor de Mateo siguió aumentando. Me convertí en un adicto a arriesgarme como él lo hizo, reuniendo a creyentes e incrédulos en la misma habitación y confiando en Dios para los resultados. Pasado un tiempo, aunque el entusiasmo a gran escala en Willow disminuyó un poco, continué siendo uno de esos eternos optimistas que jamás dejó de pensar en el poder de una fiesta. Jamás dejé de buscar la oportunidad de reunir a algunos amigos de la nueva vida con amigos de la anterior para ver lo que sucedía. Y nunca dejé de regocijarme en la tan particular obra del Espíritu Santo en mi vida, que usó la simplicidad de organizar una fiesta para inspirarme a ser esa clase de persona que refleja mejor el corazón del Padre.

El año pasado, para la temporada de Navidad, hice lo mismo de todos los años luego del culto de Nochebuena en Willow: organicé una fiesta de Mateo. A pesar de las innumerables reuniones, los encuentros de planificación y todas las corridas de esa semana, mi mente se mantenía concentrada en la fiesta de Mateo que se daría en mi casa. ¡No veía la hora de que llegara ese momento!

Había invitado a alrededor de veinte personas que vivían absolutamente alejadas de Dios, según ellas mismas lo reconocían. Estos hombres y mujeres jamás habían asistido a Willow antes, nunca habían estado en mi casa con anterioridad, y en el aspecto espiritual «andaban en lo suyo».

A ese grupo le sumé cerca de veinte personas del carril lento de los buscadores, podría decirse que eran cristianos en recuperación. Solo accedían a asistir a Willow en las rarísimas ocasiones en que les insistía hasta el cansancio que lo hicieran. Sin embargo, se trataba de una asistencia esporádica en el mejor de los casos, y siempre iba acompañada de resistencia y quejas de su parte. La mayoría ya había estado en mi casa antes y todos sabían que estaba «trabajando» en ellos, haciendo que avanzaran por el (muy) lento carril que los conducía a Dios. Quizás un día cruzarían la línea de la fe, pero según mis cálculos les llevaría algo de tiempo. *Mucho* tiempo.

Además de las alrededor de veinte personas alejadas de Dios y las alrededor de veinte que estaban en progreso, invité también a una docena de seguidores de Cristo bien firmes de la congregación de Willow para que se entremezclaran un poco. Sabía que no necesitaba personas en exceso entusiastas. Ni guardianes de la verdad. Tampoco cazadores de recompensas. Se trataba solo de personas normales, maduras, inteligentes para relacionarse, que tuvieran el corazón dispuesto, fueran radicalmente inclusivas, y comprendieran lo que estaba en juego aquella noche. Después de todo, los estaba colocando en una misma habitación con amigos míos que, a menos que se produjera un auténtico milagro, pasarían la eternidad alejados de Dios.

Como me sucedía todos los años, quince minutos antes de que llegaran los invitados mi corazón comenzó a latir más aprisa. Estaba seguro de que la tensión que yo sentía era por completo natural. No tenía forma de controlar el resultado de la fiesta, ni tenía forma de saber cómo irían a interactuar los invitados, tampoco había manera de prepararse para las conversaciones que surgirían y lo que Dios decidiera hacer como resultado.

Sin embargo, no hubiera cambiado esa ansiedad por nada en el mundo. Al saludar al primer invitado, me preparé para la aventura que se avecinaba. *¡Aquí vamos!*

Desearía que hubieras podido estar allí esa noche para que observaras lo que sucedió. En mi casa de Barrington, Illinois, en el siglo veintiuno, disfrutamos de una fiesta que se parecía a la experiencia de Mateo en el siglo primero. Fue algo increíble ser testigo de tantos momentos divinos, sin mencionar que la fiesta estuvo fenomenal. La primera vez que miré el reloj era bien pasada la medianoche, y los invitados se quedaron hasta las dos de la madrugada... yéndose solo porque yo se los pedí.

¿Qué fue lo que le dio ese toque tan especial? ¿Qué la convirtió en una experiencia mágica y única? Estas eran las preguntas que me formulaba en las horas y los días siguientes. ¿Quieres conocer mis conclusiones? La única y gran razón de que la fiesta fuera un éxito fue que los seguidores de Cristo de Willow a los que invité hicieron *exactamente* lo que Cristo desea que sus seguidores hagan: se acercaron a las personas.

Apenas llegaron los invitados de Willow, se reunieron en pequeños círculos con los otros miembros de la congregación, donde se hallaban seguros y conversaron sobre el tiempo, los planes para la Navidad, lo que harían en el fin de semana y otras cosas. (Por algún lado debían comenzar, supongo). Sin embargo, luego de unos veinte minutos, empezaron a actuar... y me siento muy orgulloso de lo que hicieron. Uno por uno, comenzaron a observar a su alrededor y a pedirle disculpas al grupo por ausentarse. «Bueno, no voy a permanecer en este círculo toda la noche», murmuraban mientras en su mente pensaban: *Atravesaré esta sala, extenderé mi mano y me presentaré a alguien.*

«Discúlpenme», decían, como si tuvieran una absoluta falta de confianza. Y luego, poco a poco, comenzaron a salir de su grupo para acercarse a otros. ¡Cuánto me identificaba con los pensamientos que ellos tenían en aquel momento! Yo había hecho cientos de caminatas como esa, y sabía que el corazón les debía de latir a toda velocidad, la boca estaría seca y la curiosidad iría en aumento acerca de lo que pasaría una vez que dijeran: «Hola, yo soy...».

Con cada paso que daban por mi sala aquella noche los seguidores de Cristo, pensaban: *No tengo idea de en qué irá a terminar esto. No sé si este joven querrá conversar conmigo. No sé si aquella mujer va a querer hablarme. Sin embargo, ¿sabes qué?, haré el intento. Voy a orar todo el tiempo que me lleve cruzar esta habitación, me presentaré y luego esperaré a ver si Dios va a hacer algo más.*

Los debates comenzaron enseguida. Y yo estaba muy agradecido de que el Espíritu estuviera abriendo puertas. Todos los que estaban en la fiesta habían asistido al culto de Nochebuena juntos, y esa experiencia compartida les brindaba el trampolín perfecto. Algunas personas conversaban sobre por qué nunca habían entrado a una iglesia antes. (¡Qué honor que Willow hubiera sido su primera experiencia!). Otros reconocían que necesitaban «más pruebas», y había otros que acababan de adquirir el libro *Una vida con propósito* de Rick Warren, con la intención de leerlo en las vacaciones.

Mientras zigzagueaba entre la multitud aquella noche, pensaba en todos los pedidos que le había hecho a Dios en los días previos a la fiesta. «¡Oh, si esta persona y esta otra se juntaran a conversar entre sí sería fantástico!» o «¡Si tan solo tal persona se pusiera a charlar con este amigo mío sería formidable, ya que tienen mucho en común!». Por cierto, cuando recorría mi casa aquella noche llenando vasos y asegurándome de que todos tuvieran comida suficiente, observaba que esos grupos se habían armado tal y como yo lo imaginaba. «¡Dios es bueno!», susurraba despacio. «¡Dios es tan bueno!».

Gracias a Dios, no aparecieron «fariseos» en mi casa aquella noche para apagar las pequeñas llamitas que se estaban encendiendo. Recuerdo que regresé a la cocina con una sensación de satisfacción en el alma. ¡Me llevó horas calmarme! Por último, cuando hube despedido a todos, levanté los platos que habían quedado, recogí algunos vasos, y me dirigí a la cocina aturdido por la importancia de todo lo que había sucedido.

Un rato antes de que amaneciera, mi mente seguía recorriendo los aspectos místicos de la fiesta. Pensaba para mis adentros: *Toda la cuestión tiene que ver con noches como esta. El futuro del reino de Dios depende de lo que la tropa de seguidores de Cristo haga en su vida cotidiana, justo lo que sucedió en mi casa esta noche.*

Hay una cosa cierta: la difusión del evangelio, al menos en la realidad actual, depende de si tú y yo continuamos buscando formas creativas de involucrarnos con nuestros amigos, invitándolos a explorar la abundancia de la vida del seguidor de Cristo y ayudándolos a elegir la eternidad con Dios en vez de un destino fatal cuando en esta vida esté todo dicho y hecho.

EL BUENO, EL MALO, EL PEOR

Debo haber organizado cientos de fiestas parecidas desde aquellos primeros tiempos de Willow, y en cada ocasión me siento más asombrado por el poder de la fiesta de Mateo.

Cada vez que tiene lugar una, tengo el siguiente pensamiento: *¿Y si a causa de esta sencilla fiesta una persona le dice que sí a Cristo, deja atrás todo lo demás y se entrega de lleno a la visión mayor? Todo esto valdría la pena (la preparación, los nervios, el riesgo) si tan solo una persona ve su vida transformada esta noche.*

Sin embargo, para ser sincero, tengo que reconocer que aunque hay ocasiones en que las fiestas son éxitos rotundos (como la fiesta de Navidad que describí), hay veces que son un fracaso total. Recuerdo algunas noches en que cuando recorría mi casa durante una fiesta, conversando aquí y allá y viendo si todos tenían para comer y beber, de repente me daba cuenta de que las cosas no estaban funcionando bien. Las conversaciones se limitaban a los deportes y la política. La energía era escasa. Tú conoces la sensación cuando una fiesta no parece una fiesta...

Con todo, esto no es motivo para darse por vencido por completo. Porque cuando las cosas *sí* funcionan, las consecuencias son magníficas.

VIVIR UNA VIDA QUE VALGA LA PENA

¡Si hay algo que deseo que extraigas del ejemplo de Mateo, es que tú también puedes hacer esto! Aun si mientras lees esto piensas: *Ni siquiera puedo recordar la última vez que alguien alejado de Dios estuvo en mi casa para una ocasión social,* quiero que consideres lo siguiente: con el mismo espíritu que tuvo Mateo, puedes reunir hoy a algunos amigos de la vieja vida con otros de la vida nueva, confiando en que Dios va a hacer algo místico y milagroso en medio de ellos.

¡Puedes hacerlo! Puedes planificar una comida en el patio, invitarlos a tu piscina o cualquier otra cosa que se relacione con tu personalidad y situación. Debes recordar que Mateo no tenía una capacitación especializada ni un don superior que lo calificara para hacerlo. Era tan solo un individuo a quien le importaban sus compañeros perdidos y se rehusó a quedarse quieto mientras ellos arruinaban su vida.

Las fiestas de Mateo no necesitan ser formales, costosas, elaboradas, ni perfectamente organizadas. Solo tienen que *realizarse*. ¿Recuerdas las cenas de buscadores y apartados a las que asisto todas las semanas? No hay nada de especial en ellas, aparte del hecho de que los seguidores de Cristo y las personas alejadas de Dios tienen una oportunidad segura y constante de relacionarse. El organizador de estas cenas es mi buen amigo Jim Glas. La jornada espiritual de Jim ha estado marcada por la desilusión en su época de juventud, pero él se mantiene comprometido a darle a cada miembro de nuestro grupo un lugar en la mesa del comedor, varios pares de oídos dispuestos a escuchar y un ámbito donde hay libertad para conversar de lo que sea.

Cuando eres fiel para crear esa especie de ambiente, creo que Cristo te dice lo mismo que le dijo a Mateo entonces: «Gracias por ocuparte de mí al ocuparte de mi gente. Gracias por usar los dones que te di —tu creatividad, personalidad y acceso a los recursos— para involucrar a tus amigos en el proceso de conocerme. ¡Continúa así!».

PREGUNTAS PARA LA REFLEXIÓN

1. ¿Por qué crees que Jesús eligió a pescadores comunes y a recaudadores de impuestos corruptos como discípulos en vez de escoger a personas un poco más cultas y santas?

2. ¿Qué clase de cosas dejaste a un lado para seguir a Jesús? ¿Ha valido la pena? ¿Por qué?

3. Mateo —que había sido antes un recaudador de impuestos— quizás estaba profundamente consciente de que sus antiguos socios comerciales pensarían que él estaba loco al abandonar su carrera para seguir a Jesús. Si Mateo viviera todavía y te viniera a pedir un consejo sobre cómo reaccionar ante las cejas que se alzan y las preguntas cínicas de sus antiguos amigos, ¿qué le dirías?

4. A pesar de que Mateo solo había estado siguiendo a Jesús por un corto tiempo cuando decidió dar esa fiesta, de alguna manera él sabía que podía confiar en que Jesús sería amable y comprensivo con sus amigos cercanos, la mayoría de los cuales eran también corruptos recaudadores de impuestos. ¿Crees que Jesús mantiene esa misma actitud de recibir a las personas de esta manera? ¿Por qué?

5. En las páginas 245-246 leíste que, sin importar quién seas, tú también puedes hacer esto… organizar una fiesta de Mateo y permitir que las chispas espirituales vuelen en tu propia sala. Piensa de manera creativa en la oportunidad que se te presenta. ¿Qué clase de fiesta de Mateo organizarías? ¿A quién invitarías y qué esperas que ellos puedan obtener de la experiencia?

CAPÍTULO 11

*P*UERTAS ABIERTAS

¿Listo para un cuestionario sobre las «últimas palabras famosas»? Mira a ver si puedes adivinar quién dijo cada una de las siguientes frases justo antes de morir:

«Lamento tener una sola vida para dar por mí país».

«Y ahora... el misterio».

«¿Et tu, Brute?».

«Todavía vivo».

«Deseo marcharme, Dios... llévame».

«¡Por favor! Dejen la cortina de la ducha dentro de la tina».

Muy bien, veamos cómo te ha ido. Aquí están los seis nombres misteriosos revelados: Nathan Hale, Henry Ward Beecher, Julio César, Daniel Webster, Dwight D. Eisenhower y Conrad Hilton, fundador de los hoteles Hilton a principios de 1900. (Estuve en un hotel Hilton la semana pasada y vi una placa con esas palabras en el sanitario. Pero me estoy apartando del tema).

Las últimas palabras de una persona significan algo, ¿no es así? De vez en cuando son graciosas, como las de Hilton. Sin embargo, por lo general son conmovedoras y sinceras. La mayoría de las veces las últimas palabras de una persona expresan las más profundas convicciones del corazón. Es como si dijeran: «Este es el principal pensamiento por el que deseo ser recordado...».

En los últimos dos capítulos hemos estado viendo lo que significa elegir la vida con una visión mayor por encima de las otras opciones menos satisfactorias. Y si yo pudiera señalarte un único pasaje de las Escrituras que te ayudara a vincular tu mente y tu corazón con lo que significa entregarte por completo a este tipo de vida, elegiría una porción de cinco versículos del libro de Colosenses.

Cerca del comienzo del capítulo 4 de Colosenses, Pablo presenta una carta que fuera minuciosamente escrita a la iglesia de Colosas desde una oscura y solitaria celda. Y si estudias esta carta lo suficiente, te darás cuenta de que esta porción en particular representa el contenido final y sustancial del mensaje de Pablo a la iglesia de Colosas. El resto de la carta contiene saludos finales y cuestiones personales, la clase de cosas que nosotros hubiéramos colocado en una posdata. De manera que, en esencia, al menos en lo concerniente a los creyentes de Colosas, estas fueron las «últimas palabras famosas» de Pablo. Aquí está lo que él dijo:

> *Dedíquense a la oración: perseveren en ella con agradecimiento y, al mismo tiempo, intercedan por nosotros a fin de que Dios nos abra las puertas para proclamar la palabra, el misterio de Cristo por el cual estoy preso. Oren para que yo lo anuncie con claridad, como debo hacerlo. Compórtense sabiamente con los que no creen en Cristo, aprovechando al máximo cada momento oportuno. Que su conversación sea siempre amena y de buen gusto. Así sabrán cómo responder a cada uno.*[10]

El deseo ferviente de Pablo para los habitantes de Colosas era que ellos permanecieran firmes en Cristo. Que perseveraran en la fe. Que no fueran engañados por las atractivas ideas del mundo. Y por último, que dejaran que la paz gobernara en su vida. No obstante, cuando se vio forzado a poner estas palabras en papel y así dejar asentadas sus grandes ideas, resumió sus pensamientos de la siguiente manera: «Dedíquense a la oración».

En el caso de que te preguntes qué quiso decir exactamente Pablo con esa declaración, te agradará saber que recopilé todo el material de estudio que tengo, lo coloqué sobre mi escritorio, y dediqué un tiempo a profundizar en el significado de esta frase. ¿Estás listo para conocer lo que descubrí?

Dedíquense. A la oración. (Eso es todo).

¡Esto significa que oremos, y que oremos mucho! Ora cuando estás solo. Ora cuando estas con muchas personas. Ora cuando estás en grupos pequeños. Ora cuando salgas y cuando regreses. Ora en tu habitación, en el automóvil y en tu oficina. Ora plegarias matinales, oraciones antes de las comidas y ora entre una comida y la otra. Ora con fervor, expectación y naturalidad. Ora cuando estés cargado, preocupado, enfermo o desconsolado. Ora cuando estés volando alto, impongas una marca o estés danzando en la cima de una montaña. Ora cuando te sientas optimista y cuando estés desanimado. Ora cuando tengas salud, cuando estés enfermo, cuando tengas ganas y cuando no. (En especial cuando no).

Ora cuando estés ocupado, ora cuando estés aburrido. Ora antes del gran juego, durante y después de este. En síntesis... ¡ora! Y hazlo con fervor.

Dallas Willard dice que mientras más oramos, más pensamos en orar.[11] En otras palabras, la frecuencia con la que oramos comienza a edificar una especie de impulso como el que Pablo describe en 1 Tesalonicenses 5:17, donde él alienta a los seguidores de Cristo a que «oren sin cesar» u «oren en todo momento», según lo expresa otra versión.

Cuando era un recién convertido, aquel concepto me dejaba pasmado. Orar sin cesar... ¿estaba Pablo hablando en serio? ¿Sería posible? Eso desafiaba mi entendimiento.

Sin embargo, aquellos de ustedes que se han dedicado a la oración, que se esforzaron durante años por perseverar en el diálogo con Dios, saben que esto en realidad es posible. Para ti, la oración continua es como respirar, y eliminarla de tu vida sería como enviar a un buzo a las profundidades sin un tanque de oxígeno.

Resulta interesante que en el escaso espacio que ocupan cinco versículos, Pablo nos dé el secreto del evangelismo eficaz: si esperas alguna vez llevar a alguien a Cristo, debes ser una persona dedicada a la oración. Oración y evangelismo eficaz, evangelismo eficaz y oración. Ambos están unidos de manera invariable. Y en sus instrucciones finales a los colosenses, en esencia les dice. «Ni siquiera se les ocurra hacer la obra de evangelismo sin haber orado antes».

Sus palabras se aplican también a nosotros hoy en día. Si en verdad deseamos guiar a nuestros amigos y miembros de la familia hacia Dios, mejor será que tratemos de agregarle un poco de viento a las velas de nuestra vida de oración.

ORACIONES INSTANTÁNEAS

Uno de los muchachos a los que había guiado a Cristo hace unos años atrás se acercó un día a preguntarme acerca de esta cuestión de «orar sin cesar». «¿De qué se trata?», me preguntó. «¿Se puede hacer?». Sus preguntas eran una reminiscencia del escepticismo que tuve que enfrentar décadas atrás.

Traté de hallar una analogía que arrojara un poco de luz sobre las cosas. «Muy bien, tratemos de pensarlo de la siguiente manera», le dije. «Aquí en Willow, el sistema telefónico de una parte de nuestro personal incluye una opción de "No molestar". Si un miembro del cuerpo pastoral está en una reunión, una sesión para generar ideas o una cita de consejería, y necesita contar con algunos minutos libres de interrupciones, pueden oprimir el botón de "No molestar" y tener paz y calma durante el tiempo que esté activado.

»Sin embargo, una que otra vez, cuando ya ha terminado el tiempo de permanecer concentrados, olvidan que ese botón está activado y durante días nadie puede comunicarse con ellos». (Una de mis particulares alegrías es rastrear a estos compañeros y... ¡orar con ellos!)

«Esa es la idea», continué diciendo. «A estas personas parece no importarles en lo más mínimo que hayan pasado horas, y a veces días, sin que pudieran establecer una comunicación. ¡Y esto no les perturba siquiera!

»Con esta imagen en mente, ahora compárala con los miembros del personal y los voluntarios que trabajan en el área de recepción. Ellos están tan preocupados por comunicarse con las personas que hasta llevan puestos auriculares con micrófono. A la mañana, al mediodía o a la noche, tienen los auriculares colocados en la cabeza, listos para facilitar el proceso de recibir información. A decir verdad, la peor cosa que les podría suceder sería que la comunicación interna cesara siquiera por un momento. Así de devotos son en cuanto a llevar adelante una conversación».

Luego resumí diciendo lo siguiente: «Cuando comprendes el concepto de permanecer devoto a la oración, es como si tuvieras un oído atento a la conversación que mantienes mientras que el otro oído está sintonizado con Dios. Puedes dialogar con alguien acerca de un montón de cosas —las últimas noticias, los deportes o cómo marcha el trabajo— pero le estarás preguntando a Dios de modo continuo: Señor, ¿es esta una puerta abierta? ¿Deseas que pruebe? ¿Quieres que lo aliente? ¿Qué necesitas o quieres que haga? Por favor, guíame».

Quizás hayas experimentado la dinámica de conducir o trabajar mientras de manera simultánea mantienes una conversación con Dios. Parte de tu cerebro está concentrado en los desafíos del día mientras otra parte le dice a Dios: «Hoy tengo mucho que hacer, pero sé que no tengo que enfrentarlo todo solo. Gracias, Dios, por estar conmigo y darme poder y sabiduría».

Tal vez entres a una habitación para una reunión, y mientras te concentras en la tarea que tienes por delante, le preguntas a Dios: «Estamos involucrados en este negocio y nos concentramos en la tarea que tenemos por delante, pero, ¿estamos transitando el camino correcto? Guíanos de acuerdo a tus planes y no los nuestros. Ayúdame a saber si me estoy conduciendo de manera constructiva en esta reunión o si lo estoy haciendo mal».

ORACIONES DE HABITACIÓN

En Mateo 6:6 —el pasaje del Sermón del Monte— Jesús enseña que además de ofrecer «oraciones instantáneas», continuas, a Dios, habrá ocasiones en las que preferirás ir a tu habitación, cerrar la puerta y orar a solas. Son momentos que tienen la intención de ofrecer una oración sin apuros, más formal, en la que puede tener lugar una profunda confesión de pecado, seguida de un momento de intimidad con Dios mientras te inspira, corrige, enseña y calma. Las mismas son las que yo denomino «oraciones de habitación», y son igual de esenciales para la vitalidad de la vida de oración de la persona.

Cuando no estoy de viaje, tengo la costumbre de llegar a mi oficina en Barrington temprano por la mañana, cerrar las puertas, y pasar veinte o treinta minutos en una postura de oración formal. Oro por las personas con las que me voy a encontrar ese día. Oro por lo que figura en mi agenda y le pido a Dios conocimiento para invertir cada hora del día con sabiduría. Oro por los temas del cuerpo pastoral y por las cuestiones organizativas y de visión relacionadas con mi responsabilidad en Willow, y le pido a Dios su dirección y liderazgo en mi vida y en mi ministerio. Estas experiencias de «oraciones de habitación» son siempre momentos impactantes que me permiten volver a calibrar mi mundo con el mundo de Dios.

Mi personalidad suele ser «controladora», de manera que una frase que comencé a llevar conmigo es: «Cuando trabajo, trabajo. Pero cuando oro, *Dios* trabaja». Esto me ayuda a recordar que cuando oro, el Dios de todo el universo trabaja a mi favor y el suyo es una clase de trabajo que nos conduce hacia arriba.

Si tuvieras que definir tu propio estilo, ¿qué es lo que estarías necesitando más, oraciones de habitación u oraciones instantáneas? La mayoría de nosotros somos mejores al poner en práctica las unas o las otras. Mi desafío es que trates de desarrollar tus habilidades en ambas de manera que puedas estar plenamente dedicado a ofrecer oraciones a Dios.

POR QUÉ ORAR

Pablo continúa exponiendo en Colosenses 4 su mayor y más ferviente deseo para aquella iglesia... y para nosotros. El espíritu de su comentario es el siguiente: «Por favor, oren por nosotros porque estamos luchando noche y día para hacer que Cristo sea conocido entre los que están alejados de Dios». Y lo que sigue en los versículos 3-6 son algunas de las frases más maravillosas de toda la Escritura relacionadas con nuestros amigos y los miembros de nuestra familia que se acercan a Cristo:

Intercedan por nosotros a fin de que Dios nos abra las puertas para proclamar la palabra, el misterio de Cristo por el cual estoy preso. Oren para que yo lo anuncie con claridad, como debo hacerlo. Compórtense sabiamente con los que no creen en Cristo, aprovechando al máximo cada momento oportuno. Que su conversación sea siempre amena y de buen gusto. Así sabrán cómo responder a cada uno.

Me encanta esa pepita de oro insertada en el versículo 3: «Intercedan por nosotros a fin de que Dios nos abra las puertas para proclamar la palabra», dice Pablo. Ya no es más un novato en lo referente a la evangelización. Ha estado proclamando la palabra y padeciendo los desafíos durante algún tiempo, y al acercarse el fin de sus días y su servicio a Dios, no es una coincidencia que su ruego final sea que sus hermanos y hermanas espirituales oren para que haya puertas abiertas.

¿Por qué? Porque Pablo había aprendido que sencillamente no puedes forzar a las personas a que reciban el mensaje. ¡No puedes introducir a Cristo a través de puertas cerradas!

De manera que, en esencia, él dice: «Oren para que haya puertas abiertas de receptividad en el corazón y la mente de las personas, porque sin eso nos hundimos». El mismo sentimiento lo expresa otro apóstol en Juan 6:44, que dice en principio: «Nadie viene a la fe si primero no es atraído por la actividad (o la iniciativa) de Dios».

A lgunos de ustedes sabrán que hace unos años inicié una disciplina espiritual un tanto ridícula para poder equilibrar el aspecto activista de mi personalidad. La meta era la siguiente: cada mañana, la primera parte de mi cuerpo que tocaba el piso debía ser, sin excepción, mis rodillas. Esto puede parecer sencillo, pero te desafío a que lo intentes. Hay que ingeniárselas para hacer que las caderas y las piernas giren de modo que sean las rodillas las que toquen el piso primero que los pies. Antes de hacer ese compromiso, me di cuenta de que si mis pies tocaban el piso en primer lugar, comenzaba mi carrera diaria. Apenas si le daba a Dios los «buenos días» y corría a la ducha, saltaba al automóvil e iba de inmediato a afrontar el día laboral. Marchaba a tal velocidad que Dios no podía seguirme el ritmo. (Tranquilo, estoy bromeando).

De modo que para ponerle un freno a esa tendencia, decidí salir de la cama cada día y como demostración de mi espíritu sumiso, mi deseo y mi actitud, adoptar una postura de oración. Tal cosa tiene para mí una importancia simbólica, porque envía un mensaje a mi persona y a todo el cielo de que estoy en esto —en esta vida, en este ministerio, en este día— *soli Deo gloria*, para la gloria de Dios.

Entonces, con las rodillas en el piso y los codos apoyados en la cama, comienzo a murmurar oraciones de adoración y de confesión, de acción de gracias y de sumisión. Luego oro por puertas abiertas: «Señor, ¿podrías abrir puertas para mí en este día? Puertas para tener conversaciones en las que pueda decir algo sobre ti, puertas para una nueva relación que pueda un día llevarme a conversaciones espirituales, puertas para primeros encuentros con personas que viven alejadas de ti y que puedan un día llevar a sólidas relaciones... Por favor, ve delante de mí en este día, abriendo puertas para que yo pueda avanzar en tu obra».

¿Sabes algo? ¡A Dios *le encanta* escuchar esta oración de parte de sus hijos! Él le da un enorme empujón a las puertas y luego mira cómo nos quedamos asombrados ante ello. ¿*De dónde vino eso*?, pensamos luego de una experiencia «casual», mientras alguien en los cielos sonríe ampliamente.

En los capítulos anteriores mencioné la importancia de estar atentos a las «puertas abiertas» en las interacciones con las personas. Y no lo creerías si te digo el porcentaje de coincidencia entre las veces que le pido a Dios una puerta abierta y las ocasiones en que él la abre.

Es asombroso.

En un viaje reciente a Europa, me levanté una mañana y me di cuenta enseguida de que ese día debería enfrentarme con muchas cuestiones complejas. Más que preocuparme por lo que diría en las charlas que debía dar, me inquietaba cómo salvaría las barreras idiomáticas, cómo iría a manejarme con la siempre interesante dinámica entre los franceses y los estadounidenses, y cómo haría para permanecer en sintonía con las indicaciones del Espíritu en medio de tantas distracciones. De modo que me arrodillé a orar. Antes de terminar mi oración agregué: «Señor, si quieres abrir una puerta para la conversación con alguien hoy, la atravesaré gustoso...».

Una hora más tarde, mientras estaba en el vestíbulo del hotel aguardando mi transporte, el vigilante nocturno se encontraba parado junto al mostrador y miraba de manera alternativa el periódico matutino y a mí. Iniciamos una conversación informal, y por alguna razón, sentí la libertad de preguntarle acerca de su acento.

—Tienes un acento que no suena a francés. ¿De dónde eres?

—De un lugar del que ustedes los estadounidenses nunca escucharon hablar —me respondió.

—Haz la prueba...

Con una media sonrisa que expresaba: *¡Te lo dije!*, me respondió:

—Túnez.

Como no era de darme por vencido enseguida, corrí el riesgo.

—No me digas que eres de *Hammamet*.

Había estado en Túnez una sola vez en la vida, un día me perdí y aparecí en Hammamet.

Enderezó la cabeza, alzó las cejas y me miró como si yo fuera un profeta. ¡Se quedó helado! Quizás pensó que tenía una bola de cristal en mi maletín. Antes de que se siguiera complicando la vida tratando de hallarle una explicación al asunto, le expliqué cómo había terminado en una ciudad tunesina. Iba conduciendo, me perdí, y aparecí de casualidad en Hammamet, eso fue todo. Le confesé que era la única ciudad que conocía.

—¿Y qué haces en París? —me preguntó, todavía impresionado de que yo hubiera oído de su ciudad natal.

—En realidad estoy aquí para ayudar a los pastores que difunden el amor de Cristo a las personas que transitan las calles de París.

Su respuesta permanece fresca en mi mente.

—Jamás los he visto —me dijo—, a esos pastores que se ocupan de las personas que transitan las calles de París.

—Bueno, para eso he venido —respondí con una gran compasión.

Aquel breve intercambio nos llevó a una conversación sumamente interesante acerca de los matices del Islam y el cristianismo. Me dio su tarjeta justo cuando llegaba mi transporte, y apenas retorné a los Estados Unidos continué el contacto con él para ver si podíamos retomar la conversación que habíamos iniciado en el vestíbulo de un hotel francés aquel día.

Al orar aquella noche, dije con una sonrisa de incredulidad característica: «No puedo creerlo, Dios, abriste una puerta con un hombre de Hammamet. ¿Cómo sucedió eso?».

En otra ocasión, acepté hablar en un encuentro de pastores en el sur y solo pude llegar hasta ahí alquilando un vuelo de ida y vuelta. Luego de aterrizar, me dirigí hacia el lado equivocado del aeropuerto de Palwaukee. Divisé a una señora mayor que estaba justo a la salida del pequeño edificio y le pedí ayuda.

—Creo que quieres ir al ooootro lado —dijo mientras hacía un gesto amplio con el brazo y con el índice señalaba hacia la dirección opuesta—. Sin embargo, ¿sabes qué? Tengo que ir hacia allá ahora mismo. Súbete, te llevo. ¿Hacia dónde te diriges?

—A San Antonio —le respondí mientras me sentaba en el asiento trasero y ella me contaba que había recibido entrenamiento militar en San Antonio.

Bueno, aquello no despertó absolutamente nada en mi mente cansada. Pero de todas maneras, hice el intento.

—¿En serio? ¿Y cómo fue eso? —le pregunté.

—Ah —exclamó con una carcajada—. Apenas *recuerdo* algo de toda la década de los setenta. Píldoras, bebidas y todo eso. Casi no recuerdo nada, ¿sabes?

Volví a intentarlo.

—¿Entonces cómo fueron los ochenta? —arriesgué.

—También están borrosos.

Sin temor a la respuesta seguí avanzando.

—¿Y los noventa?

—No tan malos, pero no fabulosos —respondió con un gesto de satisfacción.

—Sin embargo, con el cambio de milenio —dije riendo—, es probable que encontraras a Dios y comenzaras a enseñar en la Escuela Dominical, ¿no?

Giró la cabeza para mirar por encima del hombro y luego la agitó de un lado al otro.

—¡Oh, no! ¡Eso no sucedió! —exclamó. Y podría haber añadido: «¡Qué necio!».

—Bueno, tan solo tenía la esperanza —dije con una sonrisa.

—No te lo había preguntado antes, pero ¿a qué vas a San Antonio?

Me encantó el cambio de tema.

—Capacito pastores. Y justo es lo que vengo a hacer a San Antonio —le expliqué, y como ella no me interrumpió, proseguí—. ¿Tienes algún trasfondo espiritual?

—Para ser sincera, me considero dentro del grupo de los que están desafiados de forma *permanente* por lo religioso —me respondió.

—Entonces no creerás esto —le dije—, pero los pastores a los que enseño están todo el tiempo tratando de *alcanzar* a los desafiados de forma permanente por lo religioso.

—¡Vete de aquí! —exclamó en broma.

Y lanzó una carcajada que no olvidaré en mucho tiempo. Justo cuando llegamos a mi destino, salí del automóvil, introduje el brazo por la ventanilla del acompañante y estreché su mano.

Mirándola a los ojos, le dije:

—En realidad, somos muchos los que nos preocupamos profundamente por los desafiados de forma permanente por lo religioso... por personas como tú. Y supongo que hay buenos motivos para que seas de esa manera. Quizás tendrías que darle a Dios otra oportunidad.

Miró fijo a través del parabrisas y luego me miró a mí. Sonrió en respuesta ante la ternura con la que había terminado nuestra breve conversación.

Cuando Dios decide abrir una puerta, se producen oportunidades asombrosas. Me uno al apóstol Pablo al exhortarte: «Todos los días, ora por puertas abiertas; porque a menos que Dios vaya delante de ti abriendo camino, ablandando los corazones, preparando los espíritus, no conseguirás nada en absoluto».

Imagina lo que sucedería si cada mañana todos oráramos con fervor que Dios abriera puertas para nosotros en ese día.

Sin embargo, Pablo no se detiene en orar por puertas abiertas. También ora por todo lo que sucederá una vez que haya atravesado esa puerta abierta. Colosenses 4:4 dice: «Oren para que yo lo anuncie con claridad, como debo hacerlo». En otras palabras, Pablo dice: «Si Dios abre una puerta, por encima de todo, oren para que yo entregue un mensaje claro». No pasemos por alto el aspecto más fascinante de su pedido: Pablo no pide que oren para que sea inteligente, para gustar ni para impactar. Solo quiere ser claro.

Algunos comprenderán por completo la intensidad con la que Pablo hace su petición. Ya has experimentado la sensación de observar una puerta abierta de par en par mientras tú permaneces allí pensando: *¡Eso es!* En ese momento, sabes que has conseguido dar el primer paso. Y entonces piensas como Pablo: *¡Oh, Señor! ¡Por favor ayúdame a ser claro!*

CUANDO VEAS UNA PUERTA ABIERTA… ¡ATRAVIÉSALA!

Pablo prosigue, alentándonos a que seamos sabios en nuestra manera de actuar con los de afuera. Me encanta esto de Pablo. Se encuentra en una etapa de la vida en la que ha visto que la evangelización se ha realizado de manera tan pobre, contraproducente y lastimosa, que comienza a rogarle a sus compañeros: «Miren, no podemos mantener esas puertas abiertas, solo Dios puede hacerlo. Sin embargo, cuando él las abre, tenemos la obligación de hacer que el mensaje sea claro para las personas. Por favor, escúchenme. ¡Basta de hacerle daño a la causa! Dejen de actuar de manera necia con los incrédulos. Eliminen todo lenguaje y actitudes repelentes y odiosas, entusiastas en exceso y plagadas de superioridad, las cuales ahuyentan a la gente. Tan solo sean *sabios*. Sean inteligentes desde el punto de vista emocional y relacional. Sean sensibles. Oren y escuchen antes de predicar. Tengan sumo cuidado cuando cuenten su historia y la historia de Dios.

»Esto es lo que quiero que hagan», sigue diciendo Pablo. «Para empezar, quiero que su conversación sea llena de gracia». *Llena* de gracia... ¡qué meta tan impresionante! En esencia, lo que Pablo nos solicita es que nuestra conversación con los de afuera sea al mismo tiempo amable, encantadora y llena de gracia.

En el viaje a Europa que mencioné antes, un grupo de amigos y yo pasamos unos días navegando por distintas islas del Mar Adriático. Una mañana que estábamos en tierra, varios decidimos dar una caminata para hacer un poco de ejercicio y llegamos hasta una iglesia de mil años que tenía un enorme cementerio detrás. Paseamos entre las tumbas leyendo nombres, fechas y epitafios. Éramos tres incrédulos y yo.

Uno de los muchachos señaló una tumba y dijo: «Oye, este debe estar en el purgatorio. ¡Es probable que no haya cumplido su penitencia y haya estado en el limbo por más de doscientos años! Tú eres el especialista aquí, Hybels. ¿Por qué no nos explicas toda esta cuestión del purgatorio? Es decir, ¿cómo es la cosa con este asunto de las penitencias? Dinos de qué se trata».

Dirás que estoy loco, pero para mí esto fue una puerta abierta. Todos permanecieron expectantes, asintiendo mientras decían: «Sí, dinos».

Mi mente zumbaba. *Tengo alrededor de cuarenta y cinco segundos para dejar algo en claro. ¿Por dónde comienzo?*

¡Vivo para esos momentos! ¿Por qué? Porque no tengo la más mínima idea de lo que irá a salir de mi boca en respuesta. Sin embargo, confío en que Dios hará que diga algo lógico y que funcione. Todas las veces me hago eco de las palabras de Pablo: «Oh, Dios, por favor, haz que sea claro».

Es probable que esto no sea lo que dije exactamente, pero algo así fue lo que expresé mientras estábamos los cuatro en un cementerio desierto una ventosa mañana de mayo: «Bueno, para empezar, jamás hice un estudio profundo sobre el purgatorio y todo el sistema de penitencias. Lejos estoy de ser un experto en eso, pero hay algo que sí sé con seguridad: la Biblia enseña que Dios se siente destrozado por completo cuando alguien termina en cualquier lugar menos con él en el cielo por toda la eternidad. Y envió a Cristo, su Hijo, para que pagara por la penitencia de todos, de modo que nosotros no tuviéramos que hacerlo. Cuando le pedimos personalmente que pague nuestra penitencia, Jesús acepta hacerlo gozoso, y eso abre una puerta para que esa persona pueda estar en el cielo con Dios para siempre».

De manera sorprendente, cuando terminé de hablar, nadie aplaudió.

Tampoco hubo más preguntas sobre el tema, ni nadie que cayera de rodillas en sumisión a Cristo. Tan solo un sencillo: «Ah, ¿así que eso era?», de parte de uno de ellos. Y muchas miradas. (No obstante, más tarde ese mismo día uno de ellos se acercó y mantuvimos lo que terminó siendo una conversación espiritual fantástica).

Considerando la situación y las limitaciones de tiempo, no estoy del todo seguro de que mi respuesta haya sido la mejor que podía ofrecerles. Sin embargo, fue la que di, y confío en Dios en cuanto a los resultados. Más allá de si hubieras o no seleccionado las mismas palabras que yo en respuesta a la interrogante de mis amigos, hay al menos un cierto método en lo que dije. Cuando me encuentro en una conversación que comienza a tomar un giro espiritual y quiero decir algo acerca de Dios, hay solo tres cosas en las que me concentro. No importa el marco que esté usando (puede ser la escalera de las buenas y las malas obras, el dibujo del puente, la explicación del «hacer contra hecho» o un sinnúmero de otras ilustraciones que son adecuadas para la situación), hay solo tres ideas principales que me aseguro de transmitir. Las llamo «los ingredientes irreducibles».

INGREDIENTE IRREDUCIBLE NRO. 1:
DIOS TE AMA

La primera cosa que hago para asegurarme de que mi mensaje sea claro como el cristal es transmitir la siguiente verdad: «Nuestro Dios está lleno de amor y de compasión, no importa qué tipo de pozo hayan cavado para ti ni cuán lejos te hayas apartado. ¡Dios te ama!».

Aquella mañana en el cementerio, sabía que no tendría sentido iniciar una discusión sobre el purgatorio contra el cielo y el infierno. Sin embargo, había algo que quería que quedara absolutamente claro: Dios se siente destrozado cada vez que alguien no va al cielo. En Mateo 18:14, Cristo mismo dice: «Así también, el Padre de ustedes que está en el cielo no quiere que se pierda ninguno de estos pequeños». Yo quería que ellos supieran que los brazos de Dios están extendidos para recibir a cualquiera y a todos.

INGREDIENTE IRREDUCIBLE NRO. 2:
CRISTO ELIGIÓ PAGAR POR TI

La segunda idea importante para comunicar es que ningún esfuerzo humano podría jamás lograr que alguien fuera declarado «recto» ante Dios. El término teológico para esta idea es la *expiación sustituta*, y significa que Cristo hizo por los seres humanos lo que ellos no podían hacer por sí mismos.

Según mi experiencia, si reunieras a cien personas, noventa y nueve dirían que si alguna vez pudieran ponerse a cuentas con Dios, tendrían que hacerlo ellos mismos. Desde el aspecto cultural, va contra la intuición el considerar que Cristo ya ha construido ese puente del que hablamos en el capítulo 7. En nuestra sociedad con mentalidad independiente, la mayoría de las personas no pueden aceptar que no pueden salvarse a sí mismas. Por esa razón fue que dije en el cementerio que no se trataba de pagar una penitencia. El concepto clave que necesitaba que comprendieran era que la deuda que tenían ya había sido pagada por completo.

INGREDIENTE IRREDUCIBLE NRO. 3:
AHORA LA ELECCIÓN ES TUYA

El tercer mensaje claro que hay que trasmitir es el siguiente: hay que tomar una decisión con respecto a las dos primeras ideas. Una persona jamás alcanzará la salvación si no lo elige. No, la persona debe aceptar o no el plan de salvación de Cristo. Por esta razón le dije a mis compañeros aquella mañana que una vez que alguien le pide (punto de decisión) a Cristo que pague por su penitencia... ¡él lo hace con gozo!

Repito, hay infinitas maneras de presentar estos tres mensajes, muchas de las cuales ya han sido mencionadas en los capítulos anteriores. Cualquiera sea la presentación que elijas, tienes que asegurarte de dejar en claro que:

* Dios ama a cada persona creada (incluso a ti).
* Cristo hace por ti lo que nadie puede hacer por sí mismo.
* En algún momento, tendrás que tomar una decisión al respecto.

Permíteme volver sobre algo que Pablo solicitó en el versículo 6, acerca de que las conversaciones con los de afuera debían estar sazonadas con sal. Recuerdo varias ocasiones en las que estando en una conversación muy sensible dije algo que tuviera ese efecto: «¿Sabes? Este tema que tratamos es la cosa más importante en la que puedes poner tu mente. ¡Se trata de tu eternidad, de lo que será de ti para siempre, tu todo! Si necesitamos hablar algunos minutos más para dejarlo todo aclarado, hagámoslo. ¡Es muy importante!».

O en ocasiones suelo decir: «Si te despiertas en medio de la noche pensando en estas cosas, presta atención. ¡Perder una noche de sueño reflexionando en tu eternidad bien lo vale!». Estos son comentarios «con sal» o «incisivos», como yo los llamo. En tu esfuerzo por demostrar gracia, no te niegues a un cruce de espadas. Tal como lo expliqué un par de capítulos atrás, Jesús vivió con un alto sentido de la urgencia en cuanto a los asuntos eternos.

Uno de los maestros de todos los tiempos en conseguir este equilibrio es Billy Graham. Él enseña un mensaje claro una y otra vez. Ora para que Dios abra puertas. Trata a los buscadores con una integridad y sensibilidad increíbles. Luego procede a la invitación y dice: «Hay lugar en la cruz para ti tal como eres. Y ahora es el momento de que tomes una decisión. Tienes que decidirlo. Levántate de tu asiento ahora, porque nadie puede garantizar el mañana. La decisión más importante de tu vida es esta. ¡Elige bien!».

Amigo, tenemos que aprender esto. Debemos orar por puertas abiertas. Tenemos que hacer que el mensaje sea claro. Debemos esforzarnos por ser atractivos con los de afuera. Necesitamos estar llenos de gracia mientras también agregamos sazón. Y luego, podemos dejar con gozo todo en las manos de Dios.

LA META DE LA PERSONA QUE SE ACERCA A LOS DEMÁS

He observado de primera mano lo que sucede en la vida del ser humano cuando Cristo ocupa el lugar correcto en el corazón de un individuo. En el hogar de una familia. En el corazón de la iglesia. En medio de una comunidad. ¡La oleada de fe es asombrosa! ¿Y sabes cuándo comienza el efecto de la oleada? Cuando atraviesas una habitación para acercarte a una persona. Cuando cuentas una historia directa y sin rodeos. Cuando haces un dibujo sencillo. Cuando orientas a las personas hacia Dios. Allí es donde comienza todo. ¡Y tú puedes hacerlo! Puedes ser la inyección de adrenalina espiritual en tu esfera de influencia.

Un verano, como preparación para nuestro retiro anual de ancianos, uno de ellos se puso en secreto a averiguar la vida de quién había sido impactada por el resto de los ancianos para que le escribiera una nota de agradecimiento. Luego las enmarcó y se las regaló a cada uno. Todavía en el día de hoy no tengo idea de cómo lo consiguió, pero rastreó a uno de mis antiguos compañeros de regatas, el infame Dave Wright.

La jornada hacia la fe de Dave fue cualquier cosa menos una línea recta, pero al final llegó el día en que tomó la importantísima decisión de comenzar a seguir a Cristo… una decisión que transformó cada rincón y ranura de su corazón, alma y vida. ¡Esta sí que fue una inyección de adrenalina para todos los que nos consideramos sus amigos! Hasta el día de hoy se lo conoce como «Súper Dave», un excelente apodo para un hombre con el corazón más grande que podrías encontrar. En la actualidad, su vida influye en cientos de miles de personas por medio de su fiel servicio en la asociación Willow Creek.

Las palabras que escribió en respuesta al pedido del anciano de redactar una nota me acompañarán hasta el día que muera. Puedes leerlas por ti mismo. Esta es la carta que ahora está en un cuadro en mi oficina:

18/7/99
Bill:
¡Soy cristiano! Y te lo debo a ti y a Dios. Estoy suma-
mente agradecido de que hayas prestado atención
cuando él te impulsó a crear un equipo de regatas con
personas no cristianas. Aprecio de modo profundo y
sincero tu paciencia interminable y tu dirección durante
estos ocho años. Para mí, nuestra amistad es un tesoro
que no tiene precio.
Te quiere por toda la eternidad,
Súper

Aquellos que hayan conocido a alguien antes y después de su compromiso de fe comprenderán que no hay trofeo, promoción, placer ni posesión que se pueda comparar con lo que se siente cuando Dios nos usa para tocar la vida de otro para toda la eternidad.

En algún momento, si eres un seguidor de Cristo, te despedirás de este mundo para ir al cielo por toda la eternidad. Cuando llegues, te encontrarás con varios de mis compañeros de regatas, vecinos y amigos. Te encontrarás con una mujer que estuvo sedienta junto a un pozo una tarde, pero que sació su sed para siempre con el agua de vida que Jesús mismo le ofrecía. Te encontrarás con un hombre que estaba confinado a una silla de ruedas aquí en la tierra, pero que ahora juega a la lucha en las calles del cielo. Te encontrarás con un joven llamado Pedro que quizás lleve puesta una camiseta con una leyenda que diga: «Pesca en grande o vete a casa». Según el momento en que llegues allá, te encontrarás con un concejal de la ciudad de Illinois y un antiguo consejero del presidente Nixon, los cuales reconocieron que el poder del reino triunfa sobre el poder político. Te encontrarás con personas que una vez estuvieron perdidas pero que de alguna manera han sido halladas. Personas que iban tras el dinero pero que aprendieron que podían hacer algo para guiar a sus amigos y a los miembros de su familia hacia un destino eterno con Dios.

¿Y quién podría olvidar a Mateo? Con seguridad estarás ansioso de encontrarte con el antiguo recaudador de impuestos que experimentó personalmente aventuras alucinantes con Jesucristo… así como también verás a varios amigos suyos que antes eran recaudadores de impuestos y vieron sus vidas dar un vuelco cuando el amor de Cristo invadió sus corazones.

Si eres como yo, es probable que te acerques a él y le pidas que te cuente su historia de antes y después, para escucharla de primera mano. Y supongo que a medida que te aproximes a Mateo, despacio porque notas que él está en medio de una conversación, te sentirás henchido de gozo al descubrir que la persona con la que conversa es tu amigo, tu padre, tu vecino, tu jefe, tu maestro, tu estilista o el propietario de la tintorería a la que ibas.

Esto es increíble, pensarás mientras observas a la persona que se encuentra frente a ti. No puedes pensar en otra pregunta que hacer que no sea la interrogante que estaría en la mente de cualquiera que encuentra a un pecador de carrera del lado correcto de las puertas del cielo: «¿Cómo llegaste a aquí?».

«¿Sabes? Yo estaba sumamente enredado y bastante confundido acerca de estas cosas de Dios», comenzaría a explicar, «hasta el día en que tú te me acercaste. *Aquel* día fue cuando comencé a comprenderlo todo».

PREGUNTAS PARA LA REFLEXIÓN

1. ¿Cuáles son las conclusiones más importantes que puedes sacar de este capítulo?

2. ¿Cuál te resulta más fácil de mantener, la práctica de las «oraciones instantáneas» (frases continuas que diriges a Dios en todo momento) o la práctica de las «oraciones de habitación» (un compromiso para un tiempo de diálogo intenso y privado con él)? ¿Qué podrías ganar al desarrollar tus habilidades en la otra área?

3. Parte del pedido de Pablo en Colosenses 4 es que las personas oren por puertas abiertas en su ministerio. ¿Has visto alguna vez que Dios abriera una puerta luego de que oraras pidiéndoselo? Describe tu experiencia.

4. Otra parte de la solicitud de Pablo se refiere a la manera en que deberíamos entregar el mensaje. ¿Qué consideras que significa para un seguidor de Cristo que lo que dice esté lleno de gracia?

5. Vuelve a leer este capítulo y repasa los tres «ingredientes irreducibles» de la evangelización. ¿Por qué supones que es tan fundamental que se transmita el tercer ingrediente a la persona que vive alejada de Dios?

6. Al reflexionar en la escena final de este libro, ¿qué rostros acuden a tu mente? ¿Cuáles miembros de tu familia o amigos no convencidos esperas encontrarte en las calles del cielo algún día? ¿De qué manera podría tu decisión de convertirte en una persona dispuesta a acercarse a otros aumentar sus posibilidades de estar allí por toda la eternidad?

NOTAS

1. 1997-2002 ©GlaxoSmithKline, que cita a la Asociación Médica Pediátrica Estadounidense, www.apma.org.

2. Filipenses 2:6-8.

3. Dr. Gilbert Bilezikian, *Christianity 101: Your Guide to Eight Basic Christian Beliefs* [Cristianismo 101: Guía de las ocho creencias básicas cristianas], copyright © Gilbert Bilezikian, 1993, p. 35.

4. Resumen de las declaraciones de Garry Poole en *Seeker Small Groups* [Grupos pequeños para buscadores], p. 208.

5. Poole, Garry, *The Complete Book of Questions: 1001 Conversation Starters for Any Occasion* [El libro completo de preguntas: 1001 iniciadores de conversación para toda ocasión], Willow Creek Association, South Barrington, Ill., 2003.

6. Lucas 5:4.

7. Lucas 23:34.

8. Romanos 8:15-17, 19-21.

9. Hebreos 9:27, Hechos 4:12; Romanos 6:23.

10. Colosenses 4:2-6.

11. Dallas Willard, *The Spirit of the Disciplines: Understanding How God Changes Lives* [El espíritu de las disciplinas: comprendiendo cómo Dios cambia las vidas], HarperCollins, Nueva York, 1998, p. 185.

Nos agradaría recibir noticias suyas.
Por favor, envíe sus comentarios sobre este libro
a la dirección que aparece a continuación.
Muchas gracias.

Vida@zondervan.com
www.editorialvida.com

CPSIA information can be obtained at www.ICGtesting.com
Printed in the USA
LVOW07s1918230316

480485LV00002B/2/P